UTB **3183**

Eine Arbeitsgemeinschaft der Verlage

Böhlau Verlag · Köln · Weimar · Wien
Verlag Barbara Budrich · Opladen · Farmington Hills
facultas.wuv · Wien
Wilhelm Fink · München
A. Francke Verlag · Tübingen und Basel
Haupt Verlag · Bern · Stuttgart · Wien
Julius Klinkhardt Verlagsbuchhandlung · Bad Heilbrunn
Lucius & Lucius Verlagsgesellschaft · Stuttgart
Mohr Siebeck · Tübingen
Orell Füssli Verlag · Zürich
Ernst Reinhardt Verlag · München · Basel
Ferdinand Schöningh · Paderborn · München · Wien · Zürich
Eugen Ulmer Verlag · Stuttgart
UVK Verlagsgesellschaft · Konstanz
Vandenhoeck & Ruprecht · Göttingen
vdf Hochschulverlag AG an der ETH Zürich

MARKUS POSPESCHILL | FRANK M. SPINATH

Psychologische Diagnostik

Mit 24 Abbildungen,
3 Tabellen und 88 Testfragen

UTB basics

Ernst Reinhardt Verlag München Basel

Dr. *Markus Pospeschill* lehrt und forscht als Akademischer Oberrat im Fach Psychologie an der Universität des Saarlandes u. a. in den Bereichen Methodenlehre, Forschungsmethoden und Psychodiagnostik.
Prof. Dr. *Frank M. Spinath* hat den Lehrstuhl für Differentielle Psychologie und Psychologische Diagnostik an der Universität des Saarlandes, Saarbrücken, inne.

Covermotiv:
© Stephan Dietl / Pixelio; Dirk Schelpe / Pixelio; diothara / Pixelio; MEV

Lektorat / Redaktion im Auftrag des Ernst Reinhardt Verlages: Dr. med. Martina Steinröder

Bibliografische Information der Deutschen Nationalbibliothek
Die Deutsche Nationalbibliothek verzeichnet diese Publikation in der Deutschen Nationalbibliografie; detaillierte bibliografische Daten sind im Internet über <http://dnb.d-nb.de> abrufbar.

UTB-ISBN 978-3-8252-3183-5
ISBN 978-3-497-02057-7

Grundlayout und Einbandgestaltung: Atelier Reichert Stuttgart
Satz: PTP-Berlin Protago-T$_E$X-Production GmbH, Berlin
Druck: Friedrich Pustet, Regensburg

Printed in Germany
ISBN 978-3-8252-3183-5 (UTB-Bestellnummer)

Ernst Reinhardt Verlag, Kemnatenstr. 46, D-80639 München
Net: www.reinhardt-verlag.de E-Mail: info@reinhardt-verlag.de

Inhalt

Die Concept Maps sind im Internet unter www.reinhardt-verlag.de
in großem Format abrufbar.

Vorwort

Dieses Lehrbuch führt in die Grundlagen- und Anwendungsbereiche der Psychologischen Diagnostik ein. Dazu werden die wesentlichen testtheoretischen Grundlagen, deren Umsetzung u. a. in psychodiagnostische Tests und deren Verwendung in den typischen Anwendungsfeldern der Klinischen (Neuro-)Psychologie, der Arbeits- und Organisationspsychologie und der Pädagogischen Psychologie vorgestellt. Zudem werden abschließend verschiedene Probleme, Leistungen und Herausforderungen der Diagnostik diskutiert.

Das Buch ist in besonderer Weise an die Lern- und Verstehensbedürfnisse von Studierenden der Psychologie und angrenzender Studienfächer (wie Pädagogik, Betriebswirtschaftslehre und Medizin) in Bachelor-Studiengängen orientiert, eine kompakte und gut lesbare Einführung in die Themenfelder der Psychologischen Diagnostik zu erhalten. Es ist außerdem auch für praktizierende Psychologen, Pädagogen und Lehrer interessant, die sich über zentrale Grundbegriffe und Testanwendungen in unterschiedlichen diagnostischen Arbeitsfeldern informieren möchten. Es ist allerdings nicht dazu gedacht und erhebt auch nicht den Anspruch, die breite Palette fundierter Lehrbücher zur Testtheorie und Testkonstruktion, zur Psychologischen Diagnostik und zu speziellen diagnostischen Anwendungsfeldern zu ersetzen.

Allerdings ist zu betonen, dass neben den zahlreichen Definitionen, Beispielen, Zusammenfassungen und Wiederholungsfragen in diesem Buch exklusiv sog. Concept-Maps („Wissenslandkarten") verwendet werden, die als eine besondere Technik der Elaboration von Wissen Lernbedürfnisse unterstützen, das Behalten fördern und vor allem das Verstehen von strukturellen Beziehungen in dieser komplexen Thematik erleichtern sollen. Beim Lesen ist dabei allerdings zu beachten, dass Concept-Maps keine einfachen Abbildungen darstellen, die sich ohne Kenntnis des dahinterstehenden Inhaltes lesen lassen. Stattdessen stellen sie ein kompaktes Kondensat impliziten und expliziten Wissens dar. Idealerweise sollten die diesem Buch beigefügten Concept-Maps daher beim Lesen als Orientierungshilfe und beim Lernen als Strukturierungshilfe dienen.

Die Autoren danken an dieser Stelle Frau Caroline T. A. Kuhn und Herrn Nicolas Becker für ihre Beiträge zum Manuskript, Frau Elisabeth Hahn für die Testrecherchen und Herrn Andreas Zins für seine Hilfe beim Korrekturlesen und der Vorbereitung der Abbildungen. Unser besonderer Dank richtet sich zudem an Frau Susanne Schimmer (manuskriptwerkstatt) für die exzellente Betreuung und ausdauernde Geduld und an Frau Landersdorfer vom Ernst Reinhardt Verlag für die angenehme Zusammenarbeit.

Saarbrücken, Juli 2009   Markus Pospeschill
                                                          Frank M. Spinath

Definition der Psychodiagnostik | 1

Psychologische Diagnostik gehört innerhalb der Psychologie neben den Forschungs- und Evaluationsmethoden zu den methodischen Bereichen. Dennoch ist sie eine primär anwendungsorientierte Disziplin, die ihre Grundlagen aus der Differentiellen Psychologie und Persönlichkeitsforschung bezieht.

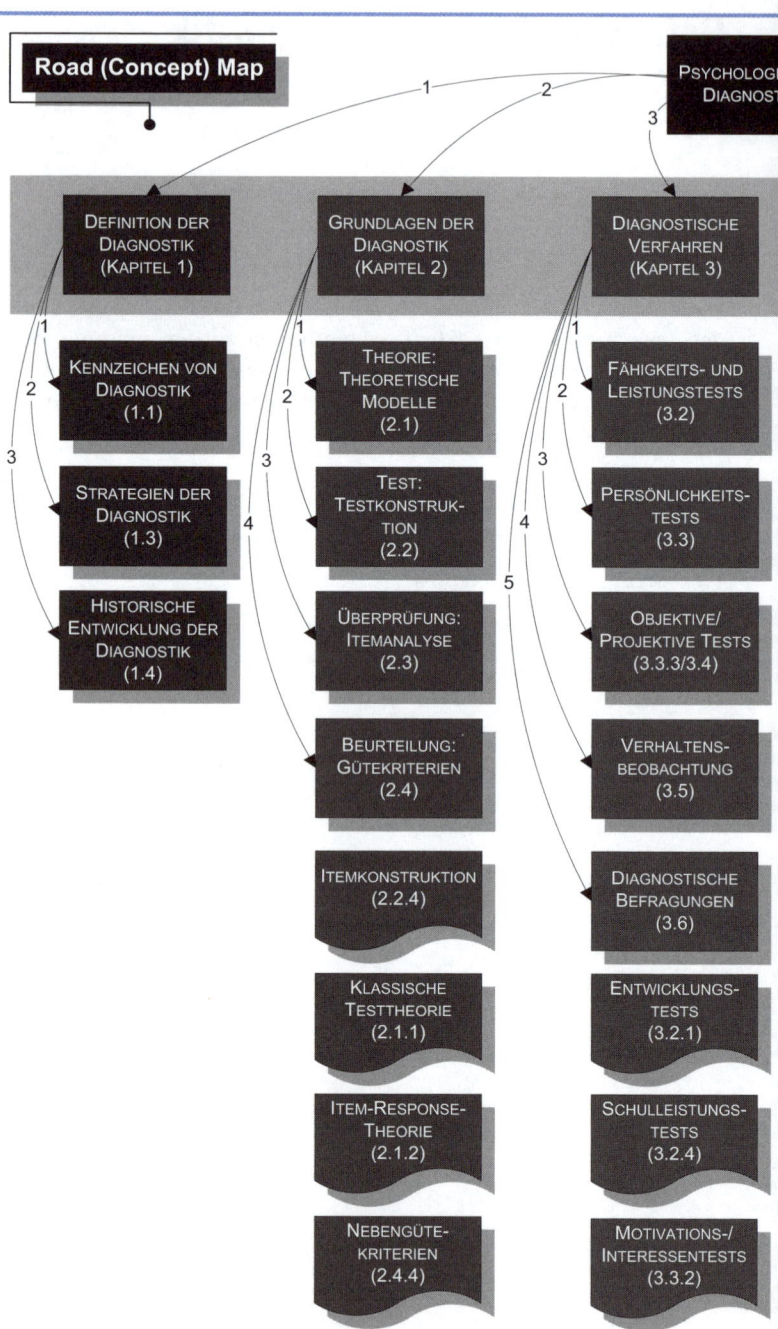

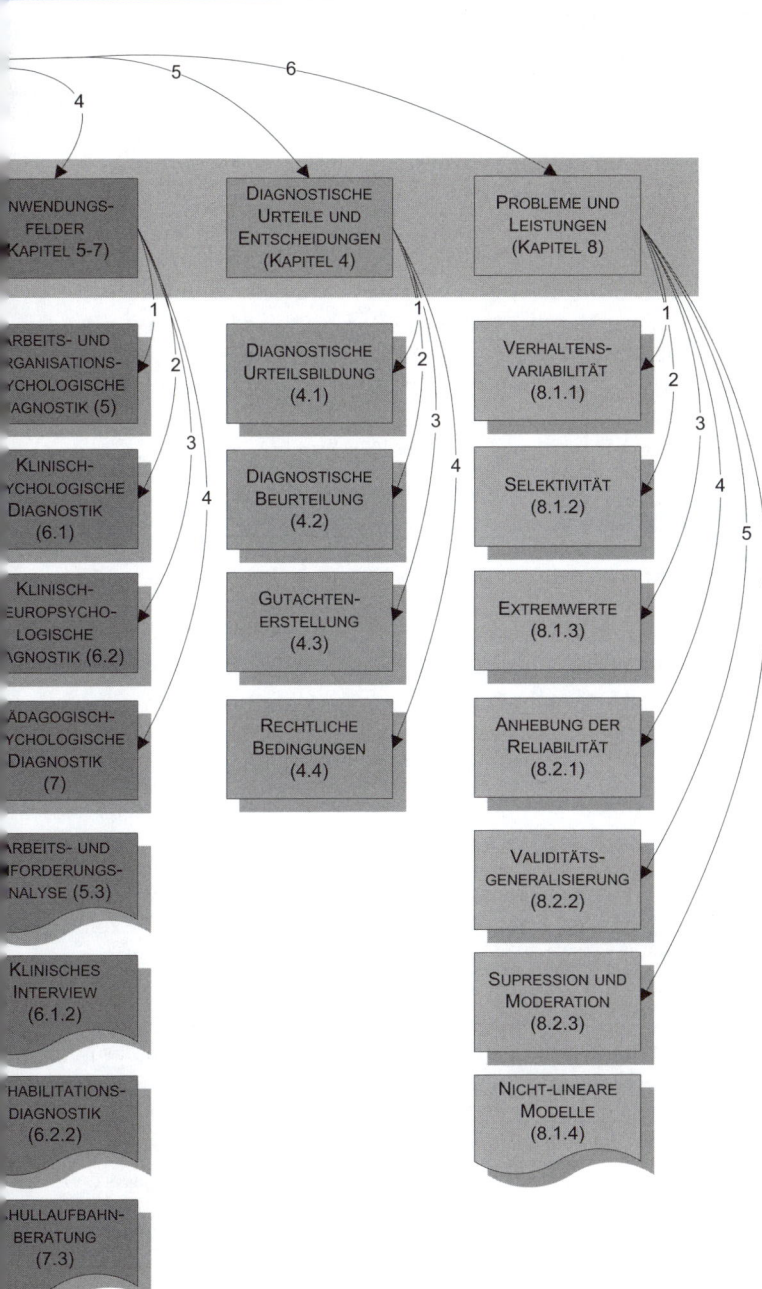

1.1 | Aufgaben, Fragestellungen und Kennzeichen der Diagnostik

Diagnose oder Prognose

Die Psychologische Diagnostik ist gekennzeichnet durch die Sammlung, Bewertung und Aufbereitung spezifischer Informationen, um daraus bestimmte Schlussfolgerungen, Prognosen oder kontrollierte Maßnahmen ableiten zu können. Daher basieren professionelle diagnostische Entscheidungen auf einem komplexen Informationsverarbeitungsprozess, bei dem auf Anleitungen, Regeln und empirische Befunde zurückgegriffen wird. Im Zuge des diagnostischen Prozesses werden dazu von bestimmten Merkmalsträgern (z.B. Einzelpersonen, Gruppen, Organisationen, Situationen oder Objekte) diagnostisch relevante Charakteristika erhoben, die nach entsprechender Aufbereitung zu einer Diagnose oder Prognose integriert werden (s. Amelang & Schmidt-Atzert, 2006).

Definition

Die **Aufgabe der Psychologischen Diagnostik** besteht in der Erhebung von Differenzen zwischen Merkmalsträgern unter standardisierten Bedingungen zum Zwecke einer diagnostischen Anwendung. Im Falle einer personenbezogenen Diagnostik wird angestrebt, solche interindividuellen Differenzen und/oder intraindividuellen Charakteristika und Veränderungen zu erfassen, die einer Prognose zukünftigen Verhaltens und Erlebens und/oder einer angestrebten Verhaltensmodifikation dienen.

Eine diagnostische Aufgabe ist in der Folge zunächst an bestimmte Fragestellungen und Interessen einerseits bzw. Personen und Institutionen andererseits gebunden. Psychodiagnostik ist eine methodische Disziplin im Dienste der Anwendung – sie wird nicht um ihrer selbst willen betrieben, sondern um praxisbezogene Entscheidungen vorzubereiten und zu fundieren. Dabei kann es sowohl um die Zuordnung als auch um die Veränderung von Personen und Situationen gehen oder auch darum, bestimmte unerwünschte Zustände zu beheben bzw. wünschenswerte veränderte Zustände zu erzielen. Psychologische Diagnostik folgt damit weniger einem kausalen als vielmehr einem finalen Denkmodell: Die im Zuge des diagnostischen Prozesses erhobenen Informationen werden nicht als Ursache, sondern als Indikatoren für die Auswahl aus Alternativen verwendet. Es wird nicht nur festgestellt, was gegenwärtig ist, sondern auch, was in Zukunft geschehen soll.

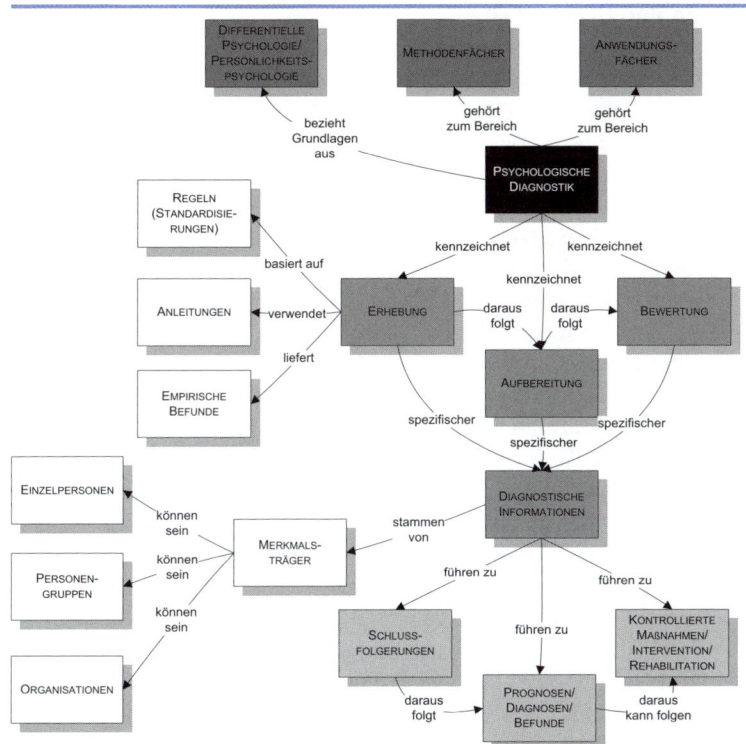

Abb 1.1

Concept-Map zu den Kennzeichen von Diagnostik

Zusammengefasst: Die Zielsetzung der Diagnostik besteht darin, inhaltlich begründete und ethisch vertretbare Entscheidungen über Personen oder Institutionen zu treffen, die mit besonderen Konsequenzen verbunden sind. Psychologische Diagnostik besitzt damit einen praktischen, für den Beruf qualifizierenden, anwendungsorientierten Teil, in dem gesichertes Wissen aus der Psychologie zum Einsatz kommt, und einen grundlagenorientierten Teil, der sich mit neuen Fragen beschäftigt und ggf. entsprechende Anwendungen entwickelt.

1.2 | Arten von Diagnostik

Je nach Anwendungsfeld kommen innerhalb der Psychologie verschiedene Arten von Diagnostik zum Einsatz.

institutionelle
Diagnostik

▶ *Arbeits- und Organisationspsychologie:* So setzt die Arbeits- und Organisationspsychologie diagnostische Verfahren bei der Ausbildungs-, Berufs- und Personalauswahl ein (→ Kap. 5). Konkrete Fragestellungen reichen von der Auswahl geeigneter Kandidaten für Fortbildungen oder Qualifikationsstellen bis hin zur Diagnostik von Arbeitsprozessen, Organisationseinheiten, kompletten Organisationen oder Institutionen. Daher wird diese Art der Diagnostik auch als *institutionelle Diagnostik* bezeichnet.

▶ *Pädagogische Psychologie:* In gleicher Weise verwendet die Pädagogische Psychologie die Diagnostik im Rahmen von Schulfähigkeits- oder Eignungsfeststellungen für bestimmte Schulen oder Studiengänge, bei der Erfassung besonderer Leistungsdefizite oder Hochbegabungen, bis hin zur Feststellung von Problemen bei der Erziehung in Familie und Schule (→ Kap. 7).

individuelle Diagnostik

▶ *Klinische Psychologie:* Im Gegensatz dazu bewegt sich die Klinische Psychologie eher im Bereich der *individuellen Diagnostik*, wenn etwa für einzelne Fälle nach den Bedingungen und Ursachen psychischer Beeinträchtigungen oder Störungen gefragt wird, um daraus Ansatzpunkte für geeignete Interventions- und Therapiemaßnahmen zu gewinnen.

▶ *Klinische Neuropsychologie:* Ein ähnliches Vorgehen zeichnet die Klinische Neuropsychologie aus: Auf der Basis neurologischer und neuropsychologischer Befunde werden für einzelne Patienten spezielle Rehabilitations- oder Trainingsmaßnahmen abgeleitet und begleitet (→ Kap. 6).

1.3 | Strategien der Diagnostik

Gesteuert wird der diagnostische Prozess durch diagnostische Strategien. Eine diagnostische Strategie basiert auf einer Konzeption, die auf erhobenen Daten aufgebaut und zur Erreichung eines bestimmten Ziels eingesetzt wird. Unterschieden werden Selektionsstrategien und Modifikationsstrategien:

Personen- vs.
Bedingungsselektion

Selektionsstrategien versuchen durch die adäquate Auswahl von Personen und/oder Bedingungen, einen optimalen Zustand zu erreichen. Diese

Strategie wird primär im Rahmen der institutionellen Diagnostik angewendet. Entsprechend wird eine *Personenselektion*, nach der unter gegebenen Bedingungen eine Person nach einem Optimierungskriterium ausgewählt wird, unterschieden von einer *Bedingungsselektion*, bei der durch
die Auswahl optimaler Bedingungen für eine Person ausgewählt wird.
Selektionsstrategien basieren in der Regel auf der Annahme zeitlicher   Statusdiagnostik
Stabilität der psychischen Beschaffenheit von Personen und der psychologischen Kennzeichnung von Bedingungen. Diese Annahme zeitlicher
Stabilität wird dem Bereich der *Statusdiagnostik* zugeschrieben, deren Resultate wesentlich auf Querschnittsvergleichen von Personen in einer
Stichprobe basieren. Anwendung finden Selektionsstrategien v. a. im Bereich der Eignungsdiagnostik.
Eine *Modifikationsstrategie* ist dadurch gekennzeichnet, dass hier durch   Verhaltens- vs.
eine spezifische Veränderung ein Zustand oder Prozess optimiert wer-   Bedingungsmodifikation
den soll. Diese Strategie ist typisch für Fragestellungen im Rahmen der
individuellen Diagnostik. Unterschieden wird dabei in personenbezogenen Kontexten zwischen einer *Verhaltensmodifikation*, bei der die diagnos-

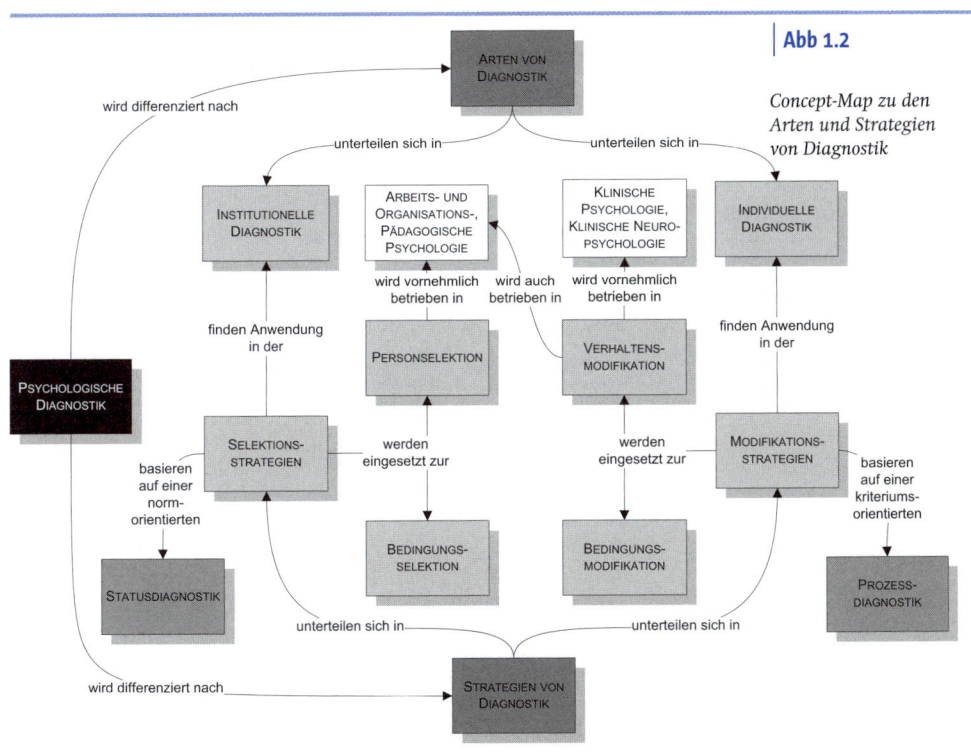

Abb 1.2

*Concept-Map zu den
Arten und Strategien
von Diagnostik*

tischen Resultate eine Entscheidung implizieren, die eine Änderung des Verhaltens zur Folge hat, und einer *Bedingungsmodifikation*, bei der durch die Veränderung von Bedingungen ein anderes Verhalten bewirkt werden soll.

Prozessdiagnostik Modifikationsstrategien basieren auf Methoden, die für einen Einzelfall die adäquate Behandlungsform diagnostizieren und deren Effektivität evaluieren. Dabei ist häufig eine längsschnittliche Betrachtungsweise gefordert, die überwiegend einer *Prozessdiagnostik* folgt, aber auch status-diagnostische Elemente beinhalten kann. Anwendung finden Modifikationsstrategien vornehmlich im Bereich klinisch-therapeutischer Diagnostik.

Definition

Selektionsstrategien basieren auf einer normorientierten Statusdiagnostik und dienen der Ermittlung eines Ausprägungsgrades optimaler Eigenschaften oder Bedingungen. **Modifikationsstrategien** basieren auf einer kriteriumsorientierten Prozessdiagnostik und dienen der Veränderung von Verhaltens- oder Bedingungszuständen.

1.4 | Historischer Entwicklungsverlauf der Diagnostik

Der Beginn der Diagnostik geht auf Leistungsprüfungen in China zurück, die bereits vor rund drei- bis viertausend Jahren entwickelt wurden (s. DuBois, 1970). Bewerber, die sich auf gehobene Staatsposten bewarben, wurden mit verschiedenen Aufgaben konfrontiert, die einem schriftlichen Teil (Aufgaben aus den Bereichen Recht, Landwirtschaft, Finanzen, Geografie, Literatur und Rechnen) und einem auf besondere Fertigkeiten ausgerichteten Teil (wie Musizieren, Reiten und Bogenschießen) entstammten. In der Folgezeit wurde daraus ein mehrstufiges Selektionsprogramm entwickelt, das in seiner Grundstruktur bis zum Jahre 1905 eingesetzt wurde. Im 19. Jahrhundert wurde dieses chinesische Testsystem von Engländern nach Europa gebracht und diente dort später Deutschen, Franzosen wie auch Amerikanern als Vorbild für die Entwicklung vergleichbarer Prüfungssysteme.

Selektion Die Vorstellung interindividueller Unterschiede und ihre wissenschaftliche Analyse entstanden allerdings erst in den letzten Jahrhunderten, in denen die Naturwissenschaften Physik, Mathematik und Biologie frühe Messmodelle lieferten. Hervorzuheben ist hier besonders die *Evolutionstheorie* von Charles Darwin (1809–1882), die den zentralen Gedanken der *Selektion* einführte und interindividuelle Differenzen als unverzichtbare Voraussetzung für systematische Selektion erkannte. Mit dem Prinzip der Selektion erklärt die Evolutionstheorie die Artenvielfalt, die Anpassungsmechanismen und die Entwicklungsfähigkeit von Organismen.

Als Vorstufe moderner Diagnostik galten die Bemühungen experimentell arbeitender Psychologen am Ende des 19. Jahrhunderts, psychische Merkmale generell messbar zu machen. Erste Forschungsbemühungen schlossen sich an, um systematische Unterschiede zwischen Menschen zu messen. Vorgenommen wurden sie etwa von Francis Galton (1822–1911), der das Konzept der *Intelligenz* als allgemeine kognitive Fähigkeiten von Menschen zu erfassen versuchte. Aus dieser Zeit stammen erste Tests zum Farbsehen, zur Diskriminationsfähigkeit visueller, auditiver und kinästethischer Reize, die unter der Bezeichnung „mental tests" in die Fachliteratur eingingen.

Bereits zu Beginn des 20. Jahrhunderts entwickelte sich die Psychologische Diagnostik jedoch weg aus den Forschungslabors hin zu einem konkreten Anwendungsgebiet. Besonderer Vertreter dieser Entwicklungsphase ist Alfred Binet (1857–1911), der schon früh Versuche kritisierte, Intelligenz über einfache sensorische Funktionen zu erfassen. Er favorisierte stattdessen komplexere Indikatoren für Intelligenz wie Problemlösen und schlussfolgerndes Denken und entwickelte zusammen mit Théophile Simon die Vorläufer heutiger Intelligenztests.

Binet machte die Beobachtung, dass kognitive Leistungen von der individuellen Intelligenz und vom Lebensalter abhängig sind. Dies bewegte ihn dazu, Intelligenz durch Aufgaben mit unterschiedlichem Schwierigkeitsgrad, die jeweils einer bestimmten Altersgruppe angemessen sind, messbar zu machen. Für dieses *Intelligenzalter* wird zunächst als altersgemäß definiert, wenn 75 % der betreffenden Altersgruppe eine Aufgabe lösen. Da aber gleiche Abstände zum Lebensalter auf verschiedenen Altersgruppen nicht gleichbedeutend sind, wird ein altersunabhängiges Intelligenzmaß angestrebt, das William Stern 1912 als *Intelligenzquotienten* (IQ) einführte: Der IQ setzt das Intelligenzalter und das Lebensalter ins Verhältnis und multipliziert diesen Quotienten mit 100. Der IQ, wie er in heutigen diagnostischen Tests berechnet wird, hat nur noch den Namen mit dem damaligen Konzept gemeinsam, weil sich der Zusammenhang zwischen Alters- und Leistungszunahme nicht durch einen einfachen linearen Anstieg, sondern nur durch eine Wachstumskurve beschreiben lässt. Diese steigt zunächst rasch an, verlangsamt sich dann und erreicht im frühen Erwachsenenalter ein Plateau. Moderne Tests verwenden einen sog. Abweichungsquotienten. Dieser standardisierte Wert drückt das Intelligenzniveau eines Individuums durch die Position innerhalb der Verteilung einer Referenzgruppe aus (→ Kap. 3.2.2).

Intelligenz

Intelligenz und Alter

Persönlichkeitsdiagnostik   Die jüngste Phase der Diagnostik – die *Persönlichkeitsdiagnostik* – begann etwa 25 Jahre nach der oben skizzierten Intelligenzdiagnostik. Sie war wesentlich durch psychiatrische Anwendungen geprägt, über Interview und Fragebogen an das subjektive Empfinden von Klienten zu gelangen. Bekanntes Verfahren ist ein Persönlichkeitstest von Robert Woodworth aus dem Jahre 1918: die *Personal Data Sheet*. Diese Sammlung von 116 Fragen sollte langwierige Psychiaterinterviews während des Ersten Weltkriegs ersetzen. Die Frageliste (wie z.B. „Haben Sie häufig Tagträume?" oder „Schrecken Sie nachts aus dem Schlaf?") zielte darauf ab, solche Rekruten zu ermitteln, die den psychischen Belastungen des Militärdienstes voraussichtlich nicht gewachsen sein würden. Von diesem ersten Fragebogen wurden im späteren Verlauf zahlreiche Varianten abgeleitet. In ähnlicher Weise entwickelte Hans J. Eysenck in den 40er Jahren Persönlichkeitsmaße auf der Grundlage klinischer Daten von Soldaten im Zweiten Weltkrieg.

Eine weitere Strömung lässt sich als lexikografischer Ansatz bezeichnen. Ihre bekanntesten Vertreter sind: Raymond B. Cattell und Warren T. Norman sowie in jüngerer Zeit Lewis R. Goldberg. Repräsentative Listen persönlichkeitsbeschreibender Begriffe aus dem Wörterbuch dienen als Grundlage moderner Modelle der Persönlichkeit. In den vergangenen beiden Jahrzehnten hat dieser Ansatz zur Etablierung des *Fünf-Faktoren-Modells* oder *Big-Five-Modells* beigetragen, das die Merkmale Neurotizismus, Extraversion, Offenheit für Erfahrung, Verträglichkeit und Gewissenhaftigkeit umfasst.

projektive Verfahren   Als ein besonderer Zweig der Persönlichkeitstests entwickelten sich die sog. projektiven Verfahren, zu denen als populäres Beispiel der 1921 veröffentlichte *Rorschach-Test* gehört. Entwickelt von Hermann Rorschach (1884–1922) soll dieser Test Reaktionen provozieren, indem unstrukturiertes Material – in diesem Fall annähernd symmetrische Tintenkleckse – vorgegeben und von den Probanden gedeutet werden sollen. Rorschach hat dazu für zehn solcher Tafeln ein formales Auswertungsschema erstellt. Es wertet die Gesamtzahl aller Deutungen für jede Figur, die Zahl der Ganz- und Detailantworten, der Form-, Farb- und Bewegungsantworten und die Deutungsinhalte statistisch aus, um sie mit einzelnen Persönlichkeitsmerkmalen in Beziehung zu setzen. Rorschach selbst hat diesen Test allerdings nicht als projektiven, sondern als Wahrnehmungstest bezeichnet, die Bezeichnung „projektiv" wurde erst später eingeführt.

1 Was können Merkmalsträger innerhalb der Psychologischen Diagnostik sein?

2 Was ist die Aufgabe Psychologischer Diagnostik?

3 Welche Arten von Diagnostik gibt es und in welchen Anwendungsfeldern werden diese eingesetzt?

4 Welchen Strategien von Diagnostik werden die Arten der Diagnostik zugeordnet?

5 Was unterscheidet eine Status- von einer Prozessdiagnostik?

6 Welches Maß führte Alfred Binet zur Bestimmung der Intelligenz ein? Was ist an diesem Vorgehen kritisch und wie versuchte William Stern das Problem zu beheben?

7 Wie heißt der Persönlichkeitstest, den Robert Woodworth 1918 entwickelte? Wozu wurde er eingesetzt?

8 Welche Merkmale umfasst das Fünf-Faktoren-Modell?

9 Woraus besteht der Rorschach-Test und anhand welcher Kriterien wird dieser ausgewertet?

2 | Grundlagen psychodiagnostischer Verfahren

Theorien und Modelle psychometrischer Tests | 2.1

Nur unter standardisierten Bedingungen lassen sich gemessene Werte   **Standardisierung**
miteinander vergleichen und als numerische Äquivalente für das beobachtete Verhalten auffassen. Zunächst wird diese *Standardisierung* durch
das gleichbleibende Testmaterial, die gleiche Instruktion und durch eine
vorgegebene Anweisung zur Auswertung sichergestellt. Darüber hinaus
muss gewährleistet werden, dass die gewählte Methode eine differenzie-
rende, objektive und sensitive Messung gegenüber dem interessierenden
Merkmal erlaubt und dabei im Idealfall gegenüber anderen Faktoren
(die nicht im Fokus der Messung stehen) robust und unempfindlich ist
(s. Rost, 2004).

Besondere Aufmerksamkeit ist zunächst der *Differenzierung* durch ei-   **Differenzierung**
nen Test zu schenken, die eine Grundvoraussetzung zur Gewinnung
verwertbarer Informationen darstellt. Damit ist gemeint, dass Tests bzw.
die dort enthaltenen Aufgaben eine mittlere Lösungswahrscheinlichkeit
für die Fähigkeits- oder Merkmalsausprägungen aufweisen müssen, in
denen sie diskriminieren sollen. Durch diese Art der Differenzierung gelingt es, zwischen den Merkmalsträgern zu unterscheiden. Demgegenüber liefern Testaufgaben, die nicht streuen (also z.B. immer richtig
oder falsch beantwortet werden), keine verwertbare Differenzierung
und sind daher in einem Test grundsätzlich verzichtbar.

Weitere wichtige Forderungen an einen Test, auf die noch im späte-   **Objektivität, Reliabilität,**
ren Verlauf (→ Kap. 2.4) genauer eingegangen wird, sind die *Objektivität* der   **Validität**
psychodiagnostischen Informationen (d.h. die Unabhängigkeit von Per-
sonen: Der beobachtete Sachverhalt muss unabhängig von der Person
des Beobachters in gleicher Weise wahrgenommen oder eingeschätzt
werden), die *Reliabilität* einer Messung (d.h. die Messgenauigkeit: Die
Messung muss im Falle ihrer Wiederholung zum gleichen Ergebnis führen) und die *Validität* einer Messoperation (d.h. die Gültigkeit: Die Messung muss dasjenige Merkmal treffen, das auch Gegenstand der Untersuchung ist).

Zusammengefasst sind damit die wichtigsten allgemeinen Grundvoraussetzungen für die Testanwendung genannt:

▶ die Standardisierung, um die Untersuchungsbedingungen konstant zu halten,
▶ die Differenzierung, um die Merkmalsträger anhand der relevanten Verhaltensvariablen maximal unterscheiden zu können,
▶ die Objektivität, um die Merkmale unabhängig vom Untersucher erfassen zu können,
▶ die Reliabilität, um messgenau auch im Wiederholungsfall unter gleichen Bedingungen bei den gleichen Personen zu gleichen Ergebnissen zu gelangen,
▶ die Validität, um durch zusätzliche Informationen und Messungen Hinweise darüber zu erhalten, ob der Test das misst, was er messen soll.

2.1.1 | Klassische Testtheorie

Die *Klassische Testtheorie* (KTT) stellt eine wichtige Grundlage für die Testkonstruktion und die Behandlung von Messwerten dar. Die Theorie formuliert verschiedene sog. Axiome (Setzungen oder Definitionen), die sich auf die beobachteten Testwerte, die wahren Testwerte und einen Messfehler beziehen. Als „klassisch" wird sie deshalb bezeichnet, weil mit der Item-Response-Theorie bzw. Probabilistischen Testtheorie ein neuerer, ergänzender Ansatz vorliegt, der die Limitationen der KTT zu überwinden versucht. Wesentlich für die KTT sind drei Axiome (s. Lienert & Raatz, 1994):

▶ Das *Verknüpfungsaxiom*: Jeder beobachtete Wert x_{tj} der Person j im Test t setzt sich additiv aus dem wahren Wert w_{tj} und einem Messfehler e_{tj} zusammen: $x_{tj} = w_{tj} + e_{tj}$. Der Messfehler wird als eine Größe betrachtet, die durch den Vorgang des Messens den wahren Wert überdeckt und damit zu Abweichungen gegenüber dem wahren Wert führt. Zustande kommt der Messfehler durch Einflüsse, die sich im Zuge der Messung unkontrolliert auf das Testverhalten der Probanden auswirken und damit das Messresultat kontaminieren (z.B. die Tageszeit des Experimentes, das Klima im Untersuchungsraum, die Person des Versuchsleiters, die Motivation und Konzentration des jeweiligen Probanden).
▶ Das *Existenzaxiom*: Statistisch wird der Messfehler als eine Zufallsvariable mit dem Erwartungswert (Mittelwert) 0 und einer Fehlervarianz s_e^2 aufgefasst, die für alle Personen gleich ist. Daraus wird die Schlussfolgerung abgeleitet, dass sowohl die Summe der Fehlerwerte einer

Person bei unendlich vielen Messwiederholungen als auch die Summe der Fehlerwerte einer Messung bei unendlich vielen Personen 0 ergeben muss. Vorausgesetzt wird dazu allerdings, dass die Wiederholungen unter konstanten Bedingungen stattfinden und jede aktuelle Messung nicht von der vorherigen Messung beeinflusst ist.

▶ Das *Unabhängigkeitsaxiom*: Die Fehlerwerte aus verschiedenen Tests sind unabhängig voneinander, was statistisch zu einer Nullkorrelation führt.

Werden die individuellen Unterschiede in einem Test betrachtet, die sich als Varianz s_{xt}^2 beschreiben lassen, so ist eine Quelle dieser Varianz, dass sich die Probanden hinsichtlich des untersuchten Merkmals in ihrem Ausprägungsgrad unterscheiden. Diese *wahre Varianz* eines Tests kann als s_{wt}^2 bezeichnet werden. Ein Teil der beobachteten Gesamtvarianz ist allerdings auch auf die *Fehlervarianz* s_e^2 zurückzuführen. Analog zum additiven Zusammenhang aus wahrem Wert und Fehler gilt daher für die Gesamtvarianz der beobachteten Werte: $s_{xt}^2 = s_{wt}^2 + s_{et}^2$. Die Varianz der tatsächlichen Werte setzt sich demnach aus der wahren Varianz und aus der Fehlervarianz zusammen. `Varianz`

Da ein Aspekt der Reliabilität die Korrelation eines Tests t mit sich selbst darstellt (dies wird als *Retest-Reliabilität* oder *Stabilität* bezeichnet), kann die Reliabilität einer Messung als Quotient aus wahrer Varianz zur Gesamtvarianz definiert werden: `Stabilität`

$$r_{tt} = \frac{s_{wt}^2}{s_{xt}^2}$$

Das bedeutet z.B. für einen Reliabilitätskoeffizienten von $r_{tt} = 0{,}85$, dass 85 % der beobachteten Varianz auf wahren Unterschieden zwischen den Personen beruhen und 15 % auf die Fehlervarianz zurückzuführen sind.

Definition

Die **Reliabilität** als ein Maß der Zuverlässigkeit oder Präzision gibt den Anteil der wahren Varianz der Werte an der beobachteten Varianz der Werte an.

Da $s_{xt}^2 = s_{wt}^2 + s_{et}^2$, kann auch geschrieben werden: $r_{tt} = 1 - \frac{s_{et}^2}{s_{xt}^2}$. Die Reliabilität nimmt demnach mit zunehmender Fehlervarianz ab. Durch Umstellung der Gleichung entsteht der sog. *Standardmessfehler*: `Standardmessfehler`

$$s_{et} = s_{xt} \cdot \sqrt{1 - r_{tt}}$$

Der Standardmessfehler ist 0, wenn die Reliabilität perfekt ist ($r_{tt} = 1$) bzw. entspricht der Streuung der beobachteten Werte, wenn keine wahre Varianz an der Gesamtvarianz vorhanden ist ($r_{tt} = 0$).

Definition

Mit dem **Standardmessfehler** wird derjenige Anteil an der Streuung eines Tests bestimmt, der auf seine Ungenauigkeit zurückzuführen ist.

Zusammengefasst: Den Axiomen der KTT ist zu entnehmen:

▶ Fehlerkomponenten und wahre Werte überlagern sich. Bei wiederholter Testung einer Person und einmaliger Untersuchung vieler Personen mit einem Test mitteln sich die Fehlerwerte zu 0. Der wahre Wert und der Fehlerwert sind unkorreliert.
▶ Die Reliabilität eines Tests ist definiert als das Verhältnis der Varianz der wahren Werte zur Varianz der beobachteten Werte.
▶ Der Standardmessfehler gibt die Streuung der beobachteten Werte um die wahren Werte an.

Minderungskorrektur

Die Fehlerbehaftung von Messwerten kann sich auch auf die Höhe der Korrelation zweier Variablen auswirken. Soll die Korrelation r_{wtwu} zwischen den wahren Werten zweier Tests t und u geschätzt werden, so ist dies möglich, wenn die Reliabilitäten der beiden Tests r_{tt} und r_{uu} sowie die Korrelation r_{xtxu} der beiden Tests bekannt sind. Es resultiert eine sog. *Minderungskorrektur* für die Korrelation (s. Lienert & Raatz, 1994):

$$r_{wtwu} = \frac{r_{xtxu}}{\sqrt{r_{tt}} \cdot \sqrt{r_{uu}}}$$

Korrigierend wirkt diese Formel dahingehend, da sie die Minderung des Korrelationskoeffizienten durch die Fehlerbehaftung der miteinander korrelierten Messwerte ausgleicht. Besitzt z.B. ein Test t eine Reliabilität von $r_{tt} = 0{,}90$ und der Test u eine Reliabilität $r_{uu} = 0{,}80$, bei einer Korrelation der Tests von $r_{xtxu} = 0{,}50$, so beträgt die Korrelation zwischen den wahren Werten von t und u: $r_{wtwu} = \frac{0{,}50}{(\sqrt{0{,}90} \cdot \sqrt{0{,}80})} = 0{,}59$; r_{xtxu} ist mit 0,50 kleiner, weil beide Tests nicht vollkommen reliabel sind.

Definition

Mit der **Minderungskorrektur** kann eine Schätzung der Korrelation zweier Variablen mit wahren Werten vorgenommen werden, wenn deren Reliabilitätskoeffizienten vorliegen. Dadurch lässt sich der Korrelationskoeffizient für den Fall korrigieren, dass die miteinander korrelierten Werte fehlerbehaftet sind.

Bezieht sich die Minderungskorrektur auf die Reliabilität eines Testwertes und eines Kriteriumswertes (= Validität) kann geschätzt werden, wie weit die Validität eines Tests durch Erhöhung der Reliabilitäten von Test und Kriterium gesteigert werden kann. In diesem Fall wird von einer *doppelten Minderungskorrektur* gesprochen, da für die unzureichende Reliabilität des Tests und die unzureichende Reliabilität des Kriteriums korrigiert wird:

doppelte Minderungskorrektur

$$_{c+t}\text{corr } r_{tc} = \frac{r_{tc}}{\sqrt{r_{tt}} \cdot \sqrt{r_{cc}}}$$

Besitzen z. B. ein Eignungstest und ein Maß des beruflichen Erfolgs eine Korrelation (= prädiktive Validität) von $r_{tc} = 0{,}40$, der Eignungstest eine Reliabilität von $r_{tt} = 0{,}80$ und das Maß des beruflichen Erfolgs eine Reliabilität von $r_{cc} = 0{,}60$, resultiert ein $_{c+t}\text{corr } r_{tc} = \frac{0{,}40}{(\sqrt{0{,}80} \cdot \sqrt{0{,}60})} = 0{,}58$. Dies ist die maximal zu erreichende Validität, wenn sowohl Test und Kriterium so optimiert werden, dass sie eine Reliabilität von 1 besitzen.

Für den Fall, dass nur die mangelnde Reliabilität einer der Variablen korrigiert werden soll, kann eine *einfache Minderungskorrektur* vorgenommen werden. Dabei wird die Reliabilität der anderen Variable (entweder Test oder Kriterium) auf 1 gesetzt. In der Folge reduziert sich die Formel im Nenner auf die Variable, deren Unzuverlässigkeit korrigiert werden soll. Wird z. B. für die mangelnde Reliabilität der Testwerte korrigiert, resultiert die Korrelation der wahren Testwerte mit den messfehlerbehafteten Kriteriumswerten:

einfache Minderungskorrektur

$$_{t}\text{corr } r_{tc} = \frac{r_{tc}}{\sqrt{r_{tt}}}$$

$_{t}\text{corr } r_{tc} = \frac{0{,}40}{\sqrt{0{,}80}} = 0{,}45$. Dies entspricht der Korrelation, die theoretisch erreicht werden könnte, wenn die Reliabilität des Tests (aber nicht die des Kriteriums) auf 1 verbessert würde.

Aus den Formeln lässt sich ersehen, dass die Korrektur des Korrelationskoeffizienten umso höher ausfällt, je niedriger die empirisch ermittelten Reliabilitätskoeffizienten sind. Dagegen resultieren bei hohen Reliabilitäten der Variablen nur geringfügige Korrekturen. Praktisch bedeutsam können solche Korrekturen dann sein, wenn einem empirischen Merkmal eine größere Stabilität zugeschrieben wird, als mit einem Test messbar und/oder mit einem Kriterium vorhersagbar.

Reliabilitätsindex   Anders ausgedrückt wird mit den Minderungskorrekturen eine Obergrenze für korrelative Zusammenhänge zwischen Variablen definiert. Eine Konsequenz der kriteriumsbezogenen Validität eines Tests ist, dass der Test nicht enger mit einer anderen Variablen korrelieren kann als mit seinen wahren Werten. Dies stellt die maximal erreichbare Obergrenze für jegliche Validitätskoeffizienten eines Tests dar. Definiert wird diese Obergrenze im *Reliabilitätsindex*, der sich aus der Wurzel der Reliabilität errechnet:

$$r_{xtwt} = \sqrt{r_{tt}}$$

Die Validität kann somit maximal die Wurzel aus der Zuverlässigkeit betragen.

Zusammengefasst: Das Konzept der Minderungskorrektur besitzt folgende Implikationen:

▶ Da in der KTT von der Annahme unkorrelierter Fehler ausgegangen wird, muss die Überlagerung der wahren Werte und Fehlerkomponenten bei zwei Variablen zu einer Minderung des korrelativen Zusammenhangs führen. Das Ausmaß der Minderung ist direkt von der Größe des Fehlers abhängig, der sich auch in der Höhe der Reliabilität niederschlägt. Die Minderung lässt sich korrigieren, um abschätzen zu können, welcher Einfluss auf die Korrelation zwischen Variablen besteht, bzw. eine Schätzung für die Korrelation der wahren Werte vornehmen zu können.

▶ Eine Minderungskorrektur lässt sich für die Schätzung der Validität eines Tests gegenüber einem Kriterium einsetzen. Ein doppelt minderungskorrigierter Validitätskoeffizient liegt vor, wenn Test und Kriterium maximal zuverlässig sind. Dagegen gibt ein einfach minderungskorrigierter Validitätskoeffizient die Validität eines Tests an, wenn entweder der Test oder das Kriterium maximal zuverlässig sind.

Aufgabenanzahl   Ein weiterer Aspekt der KTT bezieht sich auf die Abhängigkeit der Reliabilität eines Tests von dessen *Aufgabenanzahl* (also die „Länge" eines Tests). Aus den Annahmen der KTT resultiert, dass mit zunehmender Zahl an Aufgaben zu einem Merkmalsbereich die Präzision der Messung zunimmt (s. → Kap. 8.2.1). Die Addition von Messwerten aus homogenen Tests führt in der Folge zu einer Additivität der Varianzen. Dabei kann gezeigt werden, dass sich bei Verlängerung eines Tests um das Doppelte die Varianz der wahren Werte stärker anreichert (sich genau vervierfacht) als die Fehlervarianz (die sich nur verdoppelt). Folgerichtig wächst durch die Verlängerung eines Tests um den Faktor k auch die Reliabilität (s. Fisseni, 1990):

$$\text{corr } r_{tt} = \frac{k \cdot r_{tt}}{1 + (k - 1) \, r_{tt}}$$

Dies ist die sog. *Spearman-Brown-Formel*. Der Reliabilitätszuwachs ist dabei dann am größten, wenn die Ausgangsreliabilität niedrig ist. Angewendet werden kann die Formel aber nur, wenn die Testteile eine eindeutige Homogenität oder Äquivalenz aufweisen. Im Gegensatz zu einer Testverlängerung kann die Formel auch für eine Testverkürzung eingesetzt werden, wenn durch die Entfernung von Skalen aus einem Test eine kritische Reliabilitätsgrenze nicht unterschritten werden soll. Dabei ist der Faktor k zu ersetzen durch $k = \frac{\text{(die Anzahl der Items nach der Korrektur)}}{\text{(die Anzahl der Items vor der Korrektur)}}$. Soll z.B. ein Ausgangstest von 100 Items auf 60 Items gekürzt werden, ergibt sich ein $k = \frac{60}{100} = 0{,}6$. Weist der Ausgangstest eine Reliabilität von $r_{tt} = 0{,}90$ auf, resultiert für die verkürzte Version: $\text{corr } r_{tt} = \frac{0{,}6 \cdot 0{,}90}{1 + (0{,}6 - 1) \cdot 0{,}90}$ = 0,84. Die Reliabilität würde demnach durch die Verkürzung um den Faktor k = 0,6 auf r_{tt} = 0,84 absinken.

Spearman-Brown-Formel

Zusammengefasst: Damit bleibt für die Reliabilitätstheorie innerhalb der KTT festzuhalten:

▶ Es besteht ein gesetzmäßiger Zusammenhang zwischen der Länge eines Tests und dessen Reliabilität.
▶ Der erzielbare Zuwachs bzw. der hinzunehmende Verlust an Reliabilität durch eine Testverlängerung bzw. Testverkürzung kann auf der Basis der Testitems und Ausgangsreliabilitäten ermittelt werden.

Kritik

Abschließend soll auf einige kritische Punkte hinsichtlich der KTT hingewiesen werden: Die Axiome der KTT, wie z.B. die Nullkorrelation zwischen wahrem Wert und Fehlerwert, sind empirisch nicht überprüfbar und v.a. im Falle abhängiger Messungen stark kontraintuitiv. Das Theorem der Konstanz wahrer Werte scheint, wenn überhaupt, nur für entsprechend kurze Zeiträume und spezifische Merkmale vertretbar und verkennt die dynamischen Veränderungen von Leistungs- und Persönlichkeitsmerkmalen über die Lebensspanne. Die Datenqualität von Testverfahren muss nach der KTT mindestens Intervallskalenniveau betragen – ob alle Tests dieses Kriterium erfüllen, ist zumindest fraglich. Zum Teil sind die mit den entsprechenden statistischen Verfahren verbundenen Implikationen hinsichtlich des Merkmals nicht überprüfbar, wie z.B. die Voraussetzung, dass Merkmale, unabhängig vom jeweiligen Test, grundsätzlich normalverteilt sein sollen.

Ferner sind die Parameter der KTT populations- bzw. stichproben-abhängig – in der Folge schwanken die ermittelten Reliabilitätskoeffizienten, und die Verbindlichkeit der Ergebnisse ist in Frage gestellt. Dieser Aspekt verkompliziert sich abermals, wenn sich Populationen oder Stichproben in weitere Subpopulationen oder Substichproben untergliedern, die hinsichtlich der Messwerte unterschiedliche Reliabilitäten und Validitäten aufweisen.

Schließlich kann von Gruppenstatistiken (die ein Aggregat über eine Klasse von Elementen darstellen) nicht auf den Einzelfall geschlossen werden, wenn die entsprechende Reliabilität und/oder Validität unter 1 liegt. Eine Wahrscheinlichkeitsaussage gilt nämlich nur für Elemente bestimmten Umfangs, kann aber nicht für den Grad einer Vorhersagegenauigkeit bezüglich eines Einzelfalls verwendet werden. Was bleibt, sind v.a. pragmatische Gründe, an der KTT festzuhalten, da sich die darauf basierenden Tests in der Praxis mehr oder weniger gut bewährt haben.

2.1.2 | Item-Response-Theorie

manifeste und latente Variablen

Die genannten Probleme der KTT haben zur Konzeption der *Item-Response-Theorie* (IRT) geführt, die synonym auch als *Probabilistische Testtheorie* bezeichnet wird (s. van der Linden & Hambleton, 1996). Grundlegend für die IRT ist die Unterscheidung zweier Ebenen von Variablen, die als *manifeste Variablen* (beobachtbares Antwortverhalten auf Items eines Tests) und *latente Variablen* (nicht beobachtbare übergeordnete Dispositionen oder Fähigkeiten) bezeichnet werden. Um von den manifesten Variablen auf eine übergeordnete latente Variable schließen zu können, müssen als notwendige, aber nicht hinreichende Bedingung die manifesten Variablen (also die Testitems) Korrelationen aufweisen. Zusätzlich müssen die Testitems *Indikatoren* der latenten Variablen sein. Das heißt, es wird erwartet, dass die Korrelationen der Testitems nur durch die Unterschiede in der latenten Dimension hervorgerufen werden, die latente Variable also die „Ursache" für die Korrelationen der manifesten Variable darstellt. Sind diese Bedingungen erfüllt, werden die Testitems als homogen bezeichnet.

lokale stochastische Unabhängigkeit

Die Bedingung der Itemhomogenität ist dabei dann gegeben, wenn eine *lokale stochastische Unabhängigkeit* vorliegt. Geprüft werden kann die lokale stochastische Unabhängigkeit, indem die latente Variable auf einen konstanten Wert gesetzt wird. Danach werden die Korrelationen der Antwortvariablen bei den Personen untersucht, die genau diese Ausprägung aufweisen. Sind die Items homogen, verschwinden die Korrelationen zwischen den Items bei konstanter latenter Variable – eine lokale stochastische Unabhängigkeit ist gegeben (s. Moosbrugger & Kelava, 2007).

Bei der Item-Response-Theorie werden **manifeste Variablen** (für das beobachtbare Antwortverhalten auf Testitems) von **latenten Variablen** (für eine nicht beobachtbare übergeordnete Fähigkeit oder Disposition) unterschieden. Die manifesten Variablen werden von den latenten Variablen als abhängig betrachtet. Damit Testitems als Indikatoren der latenten Variablen aufgefasst werden können, müssen sie die Bedingung der lokalen stochastischen Unabhängigkeit erfüllen.

Innerhalb der Psychologischen Diagnostik besitzen *Latent-Trait-Modelle* ("Modelle latenter Eigenschaften") die höchste Verbreitung. Diese Modelle verwenden numerische Kennwerte auf einer einheitlichen Skala, die als *Personenparameter* (für die Fähigkeit oder Einstellung der Person hinsichtlich des latenten Traits) und als *Itemparameter* (für die Schwierigkeit oder Anforderung des Testitems) bezeichnet werden.

Latent-Trait-Modelle

Wie die Parameter ausgeprägt sind, wird in einer *Itemcharakteristischen Funktion* (IC-Funktion) festgelegt. Mit dieser Funktion wird mathematisch beschrieben, welche Abhängigkeit zwischen dem (manifesten) Antwortverhalten auf die Testitems und der Ausprägung der latenten Eigenschaft besteht. Unterschieden werden dabei deterministische Modelle, nach denen das Antwortverhalten vollständig durch die beiden Parameter bestimmt ist, und probabilistische Modelle, die eine stochas-

IC-Funktion

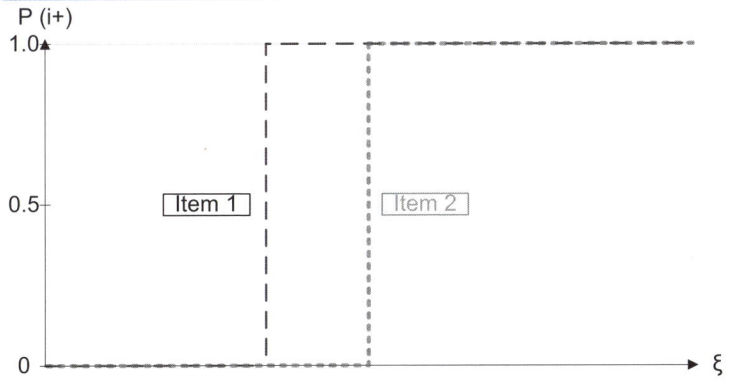

Abb 2.1

Beispiel für eine Guttman-Skala mit zwei Items. Für jedes Item steigt an einer bestimmten Stelle der latenten Variablen ξ die Lösungswahrscheinlichkeit p(i+) von 0 auf 1

tische (auf Häufigkeiten und Wahrscheinlichkeiten basierende) Beziehung zwischen den Parametern annehmen (s. Fischer, 1996).

deterministische Modelle

In *deterministischen Modellen* werden die Items z. B. nach ihrem Schwierigkeitsgrad angeordnet. Nach dem *Skalogramm-* oder *Guttman-Modell* wird für jedes Item ein bestimmter Wert angenommen, so dass angegeben werden kann, bis zu welcher Schwierigkeit ein Proband ein Item beantworten kann (s. Abb. 2.1). Die Ordnung der Items führt (im Idealfall) dazu, dass eine Person ab einem spezifischen Item alle davor liegenden Items beantwortet, während alle nachfolgenden Items nicht mehr beantwortet werden (können). Die Itemschwierigkeit wird in diesem Fall in einer ordinalen Rangordnung aller Items festgelegt und erlaubt entsprechend keine Angabe zu Distanzen zwischen Items oder Personen. Bedingt durch die engen Modellvorgaben spielen deterministische Modelle für die Psychodiagnostik allerdings nur eine geringe Rolle.

probabilistische Modelle

Bei *probabilistischen Modellen* wird hingegen jeder Ausprägung der latenten Variablen eine Wahrscheinlichkeit zugeordnet, mit der ein bestimmtes Item gelöst wird. Im Gegensatz zu deterministischen Modellen, bei denen nur eine Lösungswahrscheinlichkeit von 0 oder 1 vorgesehen ist, wird bei probabilistischen Modellen mit monoton steigenden Funktionen gearbeitet. Das bedeutet, dass die Lösungswahrscheinlichkeit mit zunehmender Merkmalsausprägung monoton zunimmt.

Als typische IC-Funktion wird dabei die *logistische Funktion* verwendet. Sie liefert Werte, die zwischen 0 und 1 variieren können, und ist durch ihre typische S-Form charakterisiert (s. Abb. 2.2). Mit ihr wird die Reaktionswahrscheinlichkeit einer Person auf ein Item durch einen *Personenparameter* ξ_v („ksi") und (in Abhängigkeit vom jeweiligen Modell) von weiteren Parametern abhängig gemacht (s. Moosbrugger & Kelava, 2007):

Abb 2.2

Beispiel einer logistischen IC-Funktion. Die Lösungswahrscheinlichkeit $p(x_{vi} = 1)$ steigt mit zunehmender Merkmalsausprägung ξ monoton an. Als Parameter werden $\sigma_i = -1{,}25$ und $\lambda i = 0{,}8$ gewählt

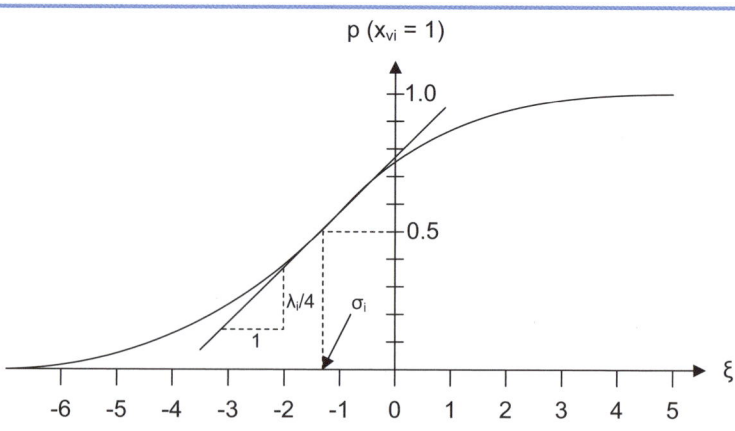

▶ beim *Rasch-Modell* (Einparameter-Logistisches Modell – 1PL-Modell) vom Itemschwierigkeitsparameter σ_i;

▶ beim *Birnbaum-Modell* (Zweiparameter-Logistisches Modell) vom Itemschwierigkeitsparameter σ_i sowie vom Itemdiskriminationsparameter λ_i und

▶ beim *Rate-Modell von Birnbaum* (Dreiparameter-Logistisches Modell) vom Itemschwierigkeitsparameter σ_i, vom Itemdiskriminationsparameter λ_i sowie vom Rateparameter ρ_i.

Angewendet werden diese Modelle vornehmlich in Fähigkeits- und Leistungstests (gelegentlich auch bei Persönlichkeits-, Einstellungs-, oder Interessentests), deren (binäre) Items gelöst oder nicht gelöst werden können. Modelliert werden entsprechend die (Funktionen der) Lösungswahrscheinlichkeiten (s. → Kap. 3).

Dichotomes Rasch-Modell: Der einfachste Fall des dichotomen Rasch-Modells nimmt für alle Items die gleiche logistische IC-Funktion an:

$$p(x_{vi}) = \frac{\exp(x_{vi}(\xi_v - \sigma_i))}{1 + \exp(\xi_v - \sigma_i)}$$

Dabei steht exp für eine Exponentialfunktion der „Euler'schen Zahl", e = 2,718. Für jede Reaktion kann eine Lösungswahrscheinlichkeit angegeben werden. Wird das Item gelöst ($x_{vi} = 1$), resultiert:

$$p(x_{vi} = 1) = \frac{\exp(\xi_v - \sigma_i)}{1 + \exp(\xi_v - \sigma_i)}$$

Wird das Item nicht gelöst ($x_{vi} = 0$), ergibt sich:

$$p(x_{vi} = 0) = \frac{1}{1 + \exp(\xi_v - \sigma_i)}$$

Die Gleichungen werden wesentlich durch die Differenz $\xi_v - \sigma_i$ bestimmt, da der *Itemschwierigkeitsparameter* σ_i darüber entscheidet, welche Anforderung das Item i an den Personenparameter (also an die Merkmalsausprägung der latenten Variable ξ) stellt. Sind beide Parameter gleich ($\xi_v = \sigma_i$), ist die Lösungswahrscheinlichkeit $^1/_2$; genau an dieser Stelle hat die logistische Funktion ihren Wendepunkt. Ist $\xi_v > \sigma_i$, wird die Schwierigkeit des Items von der Fähigkeit des Probanden übertroffen; damit steigt die Lösungswahrscheinlichkeit: $p(x_{vi} = 1) > ^1/_2$. Ist hingegen $\xi_v < \sigma_i$, übersteigt die Schwierigkeit des Items die Fähigkeit des Probanden; damit sinkt die Lösungswahrscheinlichkeit: $p(x_{vi} = 1) < ^1/_2$.

Um eine Schätzung der Item- und Personenparameter vornehmen zu können, wird ein Ausdruck benötigt, der die Wahrscheinlichkeit

Itemschwierigkeitsparameter

Likelihoodfunktion

aller beobachteten Daten angibt. Diese wird als *Likelihoodfunktion* L bezeichnet:

$$L = p(X) = \prod_{v=1}^{n} \prod_{i=1}^{m} p\left(x_{vi}\right)$$

Das Multiplikationssymbol $\prod$ bedeutet für eine Berechnung, dass für alle Reaktionen x_{vi} (die sich über n Personen und m Items erheben lassen) je eine Wahrscheinlichkeit $p(x_{vi})$ berechnet wird, die dann mit allen anderen Wahrscheinlichkeiten (pro Reaktion) zu einem Wert multipliziert wird. Als Ergebnis gibt diese Funktion die Wahrscheinlichkeit (mit Werten zwischen 0 und 1) für eine Datenmatrix X an, in der für n Personen und m Items alle Reaktionen x_{vi} abgetragen sind. Werden passende Werte für den Item- und Personenparameter verwendet, steigt die Wahrscheinlichkeit – sind die Werte hingegen unpassend, sinkt die Wahrscheinlichkeit. Dabei gelten die Werte als beste Schätzer für die unbekannten Parameter, die für die Funktion einen Maximalwert ergeben. Die Werte für die Itemparameter eines Tests werden dabei in einem Intervall von −3 bis +3 so gewählt, dass deren Summe 0 ergibt. Durch diese *Summennormierung* erhalten leichte Items negative Werte für den Itemparameter σ und schwierige Items positive Werte. Dahingegen bedeuten geringe Merkmalsausprägungen negative Werte für den Personenparameter ξ und hohe Merkmalsausprägungen positive Werte.

Prüfung der Modellkonformität   Eine wichtige Voraussetzung für die Parameterschätzung besteht allerdings darin, zu überprüfen, ob die Daten den Modellannahmen entsprechen. Die Voraussetzung der Stichprobenunabhängigkeit kann dabei durch Aufteilung der Gesamtstichprobe in zwei Substichproben anhand eines relevanten Kriteriums erfolgen. So lassen sich getrennte Itemparameter schätzen, die bei Vorliegen einer ausreichenden Modellkonformität nur zufällig variieren dürfen. Zur Prüfung der Nullhypothese, ob die Modellkonformität gegeben ist, kann ein spezieller *Likelihood-Quotienten-Test nach Anderson* verwendet werden. Ebenso existieren zur Identifizierung von Auffälligkeiten bei den Antwortmustern spezielle Personenindizes (sog. „person-fit-indices"), um einzelne Probanden hinsichtlich ihres modellkonformen Verhaltens zu testen.

Item-informationsfunktion   Die logistische IC-Funktion zeigt, dass die Lösungswahrscheinlichkeiten $p(x_{vi} = 1)$ ihren größten Zuwachs haben, wenn die Itemschwierigkeit σ_i mit der Merkmalsausprägung ξ_v übereinstimmt. Ein Vergleich zweier Personen anhand eines Items liefert anhand der Merkmalsdifferenz $\xi_i - \xi_j$ allerdings nur dann deutliche Unterschiede in den Lösungswahrscheinlichkeiten $p(x_{vi} = 1)$, wenn die Itemschwierigkeit auch im Bereich der Fähigkeiten angesiedelt sind. Eine Abweichung führt dazu, dass die Unterschiede im Lösungsverhalten geringer ausfallen. Mit einer Vergrößerung der Steigung der IC-Funktion steigt auch der Informationsgewinn durch Anwendung eines Items i bei der Person v. Analog erreicht die sog. *Iteminformationsfunktion* I_{iv} dort ihr Maximum, wo $\xi_v = \sigma_i$ ist und fällt dann zu beiden Seiten ab. Festgelegt ist die Iteminformationsfunktion I_{iv} für ein bestimmtes Item bei gegebenem ξ_v durch:

$$I_{iv} = \frac{\exp(\xi_v - \sigma_i)}{(1 + \exp(\xi_v - \sigma_i))^2} = p(x_{vi} = 1|\xi_v) \cdot p(x_{vi} = 0|\xi_v)$$

Testinformation

Die Gleichung entspricht demnach dem Produkt aus bedingter Lösungs- und Nichtlösungswahrscheinlichkeit eines Items bei gegebener Merkmalsausprägung ξ_v. Besteht ein Test aus m Items, kann für einen Probanden durch Addition der pro Item errechneten Iteminformationsbeiträge I_{iv} die *Testinformation* I_v und für die interindividuell variierende Genauigkeit der Personenparameterschätzung ξ_v ein 95 %iges Konfidenzintervall berechnet werden:

$$I_v = \sum_{i=1}^{m} I_{iv} \qquad \hat{\xi}_v - \frac{1,96}{\sqrt{I_v}} \le \xi_v \le \hat{\xi}_v + \frac{1,96}{\sqrt{I_v}}$$

Definition

Die **Iteminformation** beschreibt den Beitrag eines Items zur Messung des entsprechenden Merkmals. Je höher der Informationswert, desto mehr trägt das Item zur Messung eines Merkmals bei. Der Informationswert ist somit das Pendant zum Standardmessfehler eines Tests aus der Klassischen Testtheorie, der allerdings nicht als konstantes Merkmal des Tests, sondern als Funktion der Personkennwerte beschrieben wird.

adaptives Testen

An Voruntersuchungen validierte Itempools (sog. kalibrierte Items) mit breit gestreuten Schwierigkeitsparametern sind notwendig, um exakte Bestimmungen von Personenparametern vornehmen zu können. Dabei liefern nur die Testitems einen wesentlichen Beitrag zur Testinformation I_v, die in ihrer Schwierigkeit mit dem Fähigkeitsniveau ξ_v des Probanden übereinstimmen. Wird eine Strategie verwendet, bei der gezielt solche „passenden" Items präsentiert werden, wird von *adaptivem Testen* gesprochen. Darüber hinaus erlauben es die Informationsfunktionen, die Items so zusammenzustellen, dass eine für die konkrete Testanwendung optimale Messung resultiert.

Schwierigkeits- und Diskriminationsparameter

Dichotomes Birnbaum-Modell: Das dichotome Birnbaum-Modell erweitert das Rasch-Modell neben dem bekannten Personenparameter ξ_v durch zwei Itemparameter, die als *Schwierigkeitsparameter* σ_i und als *Diskriminationsparameter* λ_i bezeichnet werden. Dadurch kann berücksichtigt werden, dass verschiedene Items eine unterschiedliche Sensitivität besitzen, um zwischen schwächeren und stärkeren Merkmalsausprägungen unterscheiden zu können. Dabei verändert der Diskriminationsparameter λ_i die Steilheit der IC-Funktion und verändert so die Abhängigkeit der Lösungswahrscheinlichkeiten $p(x_{vi} = 1)$ von der Merkmalsausprägung ξ_v:

$$p(x_{vi} = 1) = \frac{\exp(x_{vi}\lambda_i(\xi_v - \sigma_i))}{1 + \exp(\lambda_i(\xi_v - \sigma_i))}$$

Rateparameter | **Rate-Modell von Birnbaum:** Das Rate-Modell von Birnbaum verwendet schließlich einen dritten zusätzlichen Itemparameter, der als *Rateparameter* ρ_i bezeichnet wird und damit Ratewahrscheinlichkeiten bei Items berücksichtigt:

$$p(x_{vi} = 1) = \rho_i + (1 - \rho_i)\frac{\exp(x_{vi}\lambda_i(\xi_v - \sigma_i))}{1 + \exp(\lambda_i(\xi_v - \sigma_i))}$$

Angemerkt werden muss, dass nur das 1PL-Modell hinsichtlich seiner Gültigkeit mit Modelltests überprüfbar und daher für den Einsatz vorteilhaft ist.

Zusammengefasst: Es kann festgehalten werden, dass IRT-Modelle das im Test gezeigte Verhalten einer Fähigkeit oder Eigenschaft zuschreiben, die das gezeigte Testverhalten „verursacht". Daher wird für jede Person eine Schätzung der individuellen Ausprägung ξ_v auf der latenten Variable ξ vorgenommen. Diese individuelle Schätzung des Personenparameters ξ_v stellt den IRT-basierten Testwert einer Person v dar, der in den Modellgleichungen durch spezifische Itemparameter ergänzt wird.

WTM, AID2, FAKT-II | Beispiele für Testkonstruktionen nach Rasch-Modellen sind der *Wiener Matrizen-Test* (WTM) von Forman und Piswanger (1979), das *Adaptive Intelligenz Diagnostikum 2* (AID2) von Kubinger und Wurst (2000) und der *Frankfurter Adaptive Konzentrationsleistungs-Test* (FAKT-II) von Moosbrugger und Goldhammer (2007). Die IRT liefert damit ergänzende Testkonstruktionen, bei denen v.a. durch die Separierbarkeit von Item- und Personenparametern die Skalierbarkeit, die Konstruktvalidität (Eindimensionalität) des Merkmals sowie die Item- und Personenhomogenität anhand von Modelltests empirisch überprüft werden können (zu den Tests s.a. Kapitel 3).

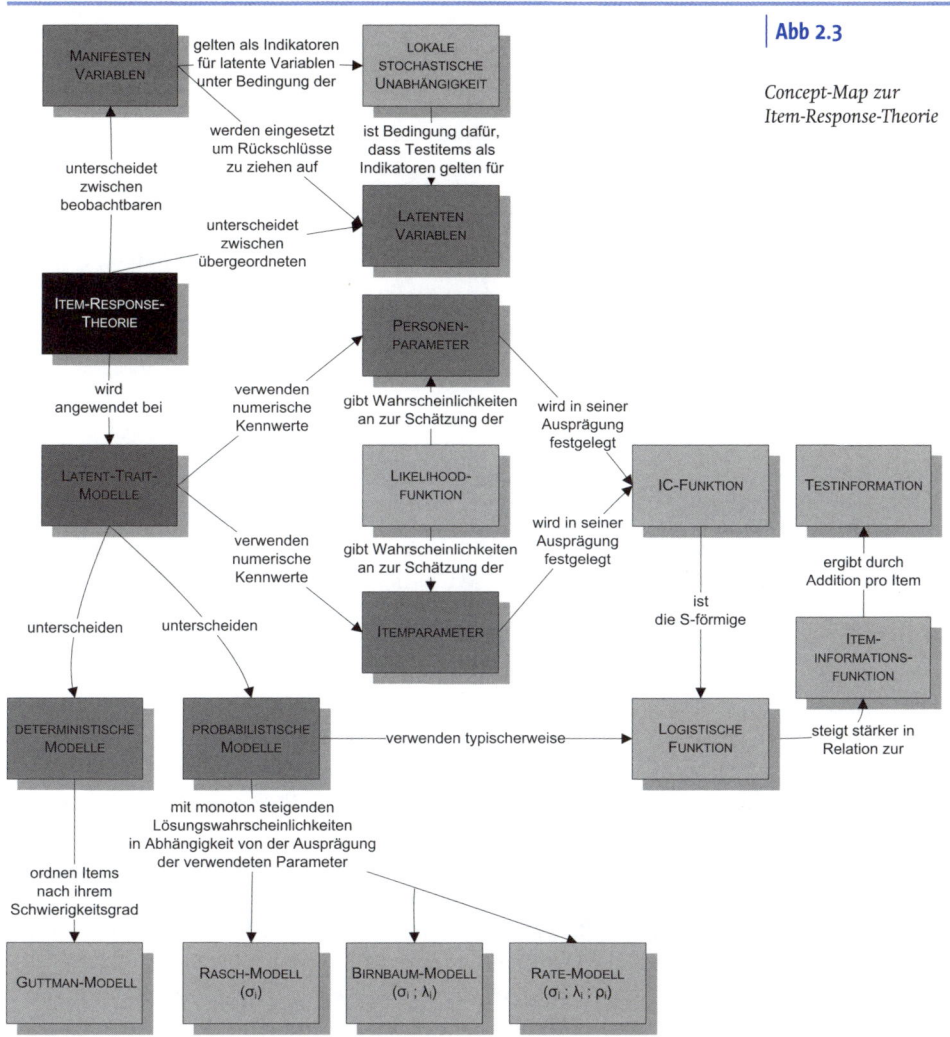

Abb 2.3

Concept-Map zur Item-Response-Theorie

Kriteriumsorientierte Tests

2.1.3

Von den konstruktvaliden Tests nach der Klassischen und Probabilistischen Testtheorie zu unterscheiden sind *kriteriumsorientierte Tests*. Sie sollen als inhaltsvalide Testverfahren feststellen, ob ein definiertes *Verhaltenskriterium* erreicht oder verfehlt wurde. Dabei werden die Testaufgaben als das bestmögliche Kriterium angesehen. Lässt sich ein Kriterium

Verhaltenskriterium

vollständig durch eine Sammlung von Items abdecken, ist die geforderte *Inhaltsvalidität* eindeutig gegeben. Andernfalls muss aus den möglichen Items eine repräsentative Stichprobe gezogen werden. Ggf. sind die Items dazu in homogene Teilmengen aufzugliedern, aus denen dann Zufallsstichproben gezogen werden.

Definition

Kriteriumsorientierte Tests sollen feststellen, ob ein konkretes **Verhaltenskriterium** erreicht oder verfehlt wurde. Ihre Güte bemisst sich daher nicht an ihrer Konstruktvalidität, sondern an ihrer **Inhaltsvalidität**.

Normwerte

Inhaltliche Validität wird v.a. bei Kenntnistests unterstellt, z.B. bei einem Schulleistungstest, der das Erreichen vorgegebener Lernziele überprüft, oder bei einer theoretischen Führerscheinprüfung, bei der die notwendigen Kenntnisse für das richtige Verhalten im Straßenverkehr abgefragt werden. Gemeinsam ist dieser Art von Testung die Definition von *Normwerten*, die von den zu untersuchenden Personen erreicht werden sollen. Für diese Normwerte ist entscheidend, dass sie sachlich gerechtfertigt und hinsichtlich ihrer Anforderungen an die gewünschten Kriterien angemessen sind.

Einfehlermodell

Durch die Anwendung der Normwerte kommt es zu einer Klassifikation von Personen, die das Kriterium erreichen bzw. verfehlen. Daher werden Trennwerte benötigt, die als Vertrauensgrenze für das Zielkriterium fungieren. Keine Fehler machen zu dürfen muss dabei aufgrund zufälliger Irrtümer als zu harte Grenze gelten. Benötigt wird stattdessen ein Zielkriterium, das eine zufallsunabhängige, mit einem Irrtumsgrad versehene Grenze festlegt. Eine Lösung dafür stellt das *Einfehlermodell* auf der Basis der Binomialverteilung dar, mit der für verschiedene Aufgabenmengen Vertrauensbereiche mit entsprechender Irrtumswahrscheinlichkeit bestimmt werden können – entsprechende Tabellen finden sich in der Literatur.

Eine Anwendung des Modells setzt allerdings voraus, dass die Aufgaben nur richtig oder falsch beantwortet werden können, die Lösungswahrscheinlichkeiten der Aufgaben stochastisch unabhängig voneinander sind und alle Items entweder gleich schwierig sind oder Zufallsstichproben von Items pro Testperson darstellen.

Aspekte der Testkonstruktion | 2.2

Erhebungsmerkmale eines Tests | 2.2.1

Da psychometrische Tests davon ausgehen, das Verhalten von Personen auf der Grundlage von Persönlichkeitsmerkmalen zu erklären, muss in einem ersten Schritt das zu messende Konstrukt möglichst exakt definiert werden. Dies geschieht z.B. auf der Basis eines psychologischen Modells oder einer psychologischen Theorie. Ist dies (noch) nicht möglich, müssen vorläufige Explikationen oder Arbeitsmodelle ausreichen, bis sie im Verlauf weiterer Forschungen präzisiert werden können (s. Fisseni, 1990).

► Erhebungsmerkmale können dabei *qualitativer* (mit kategorialen Ausprägungen) oder *quantitativer* (mit graduellen Abstufungen) Natur sein. Im ersten Fall resultieren nominalskalierte, im zweiten Fall ordinal- oder intervallskalierte Messungen.
> Qualitäten der
> Erhebungsmerkmale

► Darüber hinaus können Erhebungsmerkmale *eindimensional* (nur ein Konstrukt repräsentierend) oder *mehrdimensional* (mehr als ein Konstrukt repräsentierend) sein. Fragen zur Ein- oder Mehrdimensionalität eines Konstruktes lassen sich dabei über Exploratorische Faktorenanalysen (EFA) oder andere Korrelationsstatistiken klären und später ggf. in einzelnen Subtests (Untertests) berücksichtigen.

► Schließlich kann es sich um zeitlich stabile (sog. *Traits*) oder zeitlich veränderliche Merkmale (sog. *States*) handeln. Persönlichkeitsmerkmale werden häufig als Traits aufgefasst, während situationsabhängige Zustände als States betrachtet werden.

Zusammengefasst: Die Konstruktion eines psychometrischen Tests erfolgt im Idealfall auf der Basis einer psychologischen Theorie, aus der die psychischen Erhebungsmerkmale abgeleitet und hinsichtlich ihrer Natur, Dimensionalität und zeitlichen Stabilität präzisiert werden.

Geltungsbereich eines Tests | 2.2.2

Der Geltungsbereich legt die Anwendungsmöglichkeiten und Einsatzbereiche eines Tests fest. Mit Anwachsen des Geltungsbereichs eines Tests müssen auch mehr Informationen erfasst werden, damit die geforderten Kriterien mit ausreichender Genauigkeit vorhergesagt werden können.

In erster Konsequenz bringt ein breiterer Geltungsbereich auch das Erfordernis größerer Vielfältigkeit (höherer *Heterogenität*) der Aufgaben
> Heterogenität vs.
> Homogenität

mit sich. Wird der Geltungsbereich eines Tests enger gefasst, resultiert daraus eine höhere *Homogenität* der Aufgaben.

Zielgruppe   Mit der Größe des Geltungsbereichs wird auch festgelegt, für welchen Personenkreis ein Test konzipiert ist. Auch hier steigen mit der Breite der avisierten *Zielgruppe* die Anforderungen an die Testkonstruktion hinsichtlich der Fächerung der Inhalte und der Anforderungen eines Tests. Bereits bei der Itemanalyse (unter Einsatz einer Analysestichprobe) bzw. abschließenden Normierung (unter Einsatz einer Eichstichprobe) eines Testverfahrens muss die Entscheidung über die Zielgruppe berücksichtigt werden, wenn ein Testinstrument optimiert bzw. auf seine Kriteriumsvalidität überprüft werden soll.

Testlänge   Ferner wirkt sich der Geltungsbereich auf die *Testlänge* (die Anzahl der Testaufgaben) aus. Dabei wird mit zunehmender Anzahl der Items pro Erfassung eines Merkmalsbereichs die Messung präziser – damit steigen auch die Reliabilität und die interne Konsistenz eines Tests. Allerdings sind der Verlängerung eines Tests durch die Praktikabilität und Bearbeitungszeit eines Verfahrens Grenzen gesetzt. Wird ein Test von den Testpersonen als zu lang empfunden, sinkt häufig die Konzentration und die Motivation bei der Bearbeitung der Testaufgaben.

Testdauer   Schließlich entscheidet auch die *Testdauer* (die Zeit der Testbearbeitung) darüber, welcher Geltungsbereich angestrebt werden kann. Dabei erfordert z.B. ein Verfahren für eine differenzierte Individualdiagnose sehr viel mehr Testaufgaben als ein Screeningverfahren, bei dem nur erste Hinweise hinsichtlich der Existenz eines Merkmals gesammelt werden sollen. Auch können Tests generell eine Zeitbegrenzung besitzen, wenn es sich z.B. um einen *Speed-Test* handelt, bei dem die Schnelligkeit einer Bearbeitung erfasst werden soll, oder einen *Power-Test*, bei dem das Niveau einer Leistung mit begrenzter Bearbeitungsdauer erfasst werden soll (s. → Kap. 3.1).

Zusammengefasst: Damit ist der Einsatz eines Tests neben seinen strukturellen Eigenarten und der Testart von seinem angestrebten Geltungsbereich abhängig. Dieser legt auch die Zielgruppe fest, über die mit diesem Test eine Aussage getroffen werden soll.

2.2.3 | Konstruktionsstrategien von Tests

Die Entscheidung für eine oder mehrere Strategien zur Testkonstruktion ist von den vorgenannten Kriterien – dem Erhebungsmerkmal sowie dem Geltungsbereich und den daran geknüpften Aspekten – abhängig. Dabei werden verschiedene Konstruktionstypen unterschieden:

▶ Lassen sich die Items nicht modell- bzw. theoriegeleitet formulieren bzw. verhindert der aktuelle wissenschaftliche Kenntnisstand ein solches Vorgehen, muss eine *intuitive Konstruktionsstrategie* verwendet werden, die wesentlich von den Annahmen und Erfahrungen des Testkonstrukteurs gesteuert wird. `intuitiv`

▶ Liegt eine elaborierte psychologische Theorie über das Erhebungsmerkmal und seine Facetten vor, kann eine *rationale Konstruktionsstrategie* eingesetzt werden. Bei dieser wird zunächst das zu messende Konstrukt definiert und in seinen möglichen Ausprägungsgraden spezifiziert. Untergliedert sich das Konstrukt in weitere Unterkonstrukte, werden entsprechende Verhaltensindikatoren gesammelt, in eine testgerechte Form gebracht und einer Analysestichprobe als Testitems vorgelegt. Ein klassischer Test, der nach diesem Prinzip konstruiert wurde, ist der *Hamburg-Wechsler-Intelligenztest* für Erwachsene und Kinder (HAWIE-R, Tewes, 1991; HAWIK-IV, Petermann & Petermann, 2008). `rational`

▶ Sollen Items für einen Test ausgewählt werden, die mittels eines äußeren Merkmals möglichst gut zwischen Personengruppen differenzieren können, ist eine *kriteriumsorientierte (externale) Konstruktionsstrategie* anzuraten. Dazu bedarf es zunächst eines großen Itempools, der einer Personengruppe zur Erprobung vorgelegt wird. Die Personengruppe sollte sich hinsichtlich des Kriteriums möglichst deutlich unterscheiden, ggf. aber auch hinsichtlich anderer Kriterien, um eine Verzerrung durch eine zu große Homogenität der Stichprobe zu vermeiden. Die Items, welche die beste Differenzierung liefern, werden schließlich ausgewählt und für den finalen Test verwendet. Ein klassisches Beispiel ist das *Minnesota Multiphasic Personality Inventory* (MMPI-2; Hathaway & McKinley, 2000). `kriteriumsorientiert`

▶ Sind Itemsammlungen angestrebt, die sich verschiedenen hypothetischen Verhaltensdimensionen zuordnen lassen, ist eine *faktorenanalytische (internale) Konstruktionsstrategie* angezeigt. Hierbei wird einer Personengruppe eine Itemsammlung vorgelegt, die verschiedenen aus der Theorie abgeleiteten Verhaltensdimensionen zugeordnet sind. Anhand einer Faktorenanalyse wird entschieden, welche Items ausgewählt und zu einer Dimension (einem „Faktor") zusammengefasst werden. Items, die untereinander hohe Korrelationen aufweisen, werden so zu einem Faktor zusammengefasst. Die so entstehenden Itemgruppen sollten untereinander hingegen keine oder nur geringe Korrelationen aufweisen. Abschluss dieser Strategie bildet die inhaltliche Interpretation der durch Gruppierung der Items gefundenen Faktoren. Ein Beispiel ist das *Freiburger Persönlichkeitsinventar* (FPI-R; Fahrenberg et al., 2001). `faktorenanalytisch`

Zusammengefasst: Es lassen sich somit vier Konstruktionsstrategien bei der Entwicklung eines psychologischen Tests unterscheiden, die einzeln oder auch als Mischform zum Einsatz kommen können. Während die intuitive Strategie nur am Anfang eines Forschungszweiges angewendet werden sollte, setzt die rationale Strategie als deduktives Vorgehen bereits eine ausgearbeitete Theorie voraus. Demgegenüber selektiert die kriteriumsorientierte Strategie die Items nach ihrem Nutzen, die sie hinsichtlich der Vorhersage eines gewünschten Kriteriums besitzen. Die faktorenanalytische Strategie setzt schließlich die Items in Beziehung zu verschiedenen hypothetischen Verhaltensdimensionen und analysiert eine entsprechende Zuordnung von Items zu Dimensionen.

2.2.4 | Konstruktionsweisen von Items

Itemstamm und Antwortformat

Im Zuge der Konstruktion eines Tests oder Fragebogens sind eine Menge von Fragen, Aufgaben oder Aussagen zu generieren, die von den Testpersonen beantwortet, gelöst oder eingeschätzt werden sollen. Diese *Items* setzen sich dazu aus einem *Itemstamm* (der eigentlichen Frage, Aufgabe oder Aussage) und einem spezifischen *Antwortformat* zusammen.

Offenes Antwortformat: Beim offenen Antwortformat formuliert die Testperson die Antwort eigenständig auf der Grundlage einer strukturellen Vorgabe, die in der Instruktion festgelegt wird. Entsprechend muss eine Aussage formuliert, ein Text geschrieben oder eine Zeichnung angefertigt werden. Dies erfolgt in den meisten Fällen entweder in Form eines Kurzaufsatzes oder als Ergänzungsaufgabe.

Kurzaufsatz

Der *Kurzaufsatz* kann aus lediglich einem Wort, einem oder mehreren Sätzen bestehen und erfordert vom Probanden eine eigenständige Wissensreproduktion. Insbesondere Merkmale wie Kreativität, Sprachverständnis oder die Anwendung von Wissen lassen sich dadurch überprüfen. Der Einsatz wird durch den hohen Auswertungsaufwand und die erschwerte Auswertungsobjektivität eingeschränkt. Ein genauer Auswertungsschlüssel für mögliche Antworten ist unverzichtbar.

Ergänzungsaufgabe

Bei der v.a. im Leistungsbereich eingesetzten *Ergänzungsaufgabe* ist der Itemstamm durch ein spezifisches Schlüsselwort zu vervollständigen. Dieser kann bei einer offenen Frage am Ende einer Aussage angefügt oder in einem laufenden Lückentext ergänzt werden. Insbesondere die Reproduktion von Wissen bzw. von Teillösungen im Rahmen komplexerer Ausgabenstellungen kann durch diese Form erfasst werden. Die Auswertungsobjektivität kann allerdings eingeschränkt werden, wenn durch die Aufgabenkonstruktion verschiedene Ergänzungen möglich werden. Ferner kann davon ausgegangen werden, dass neben dem untersuchten Merkmal auch allgemeine Intelligenz und Sprachverständnis mitgetestet werden.

Gebundenes Antwortformat: Beim gebundenen Antwortformat sind die Antwortalternativen fest vorgegeben, aus denen der Proband nach einer bestimmten Anweisung wählt. Da keine nachträgliche Kodierung bzw. Bewertung der Antworten stattfinden muss, lassen sich entsprechende Aufgaben besonders ökonomisch und objektiv auswerten.

Dabei werden *Ordnungsaufgaben* eingesetzt, wenn eine bestimmte Zuordnung von jeweils zwei Elementen (Wörter, Zahlen, Symbole) vorgenommen werden soll (Zuordnungsaufgabe) oder wenn Elemente umsortiert bzw. in eine sinnvolle Reihenfolge gebracht werden sollen (Umordnungsaufgabe). *Zuordnungsaufgaben* bieten sich v. a. bei Wissens- und Kenntnisprüfungen an, die ein korrektes Wiedererkennen testen sollen. Allerdings nehmen mit jeder richtigen Zuordnung die Freiheitsgrade für die verbleibenden Zuordnungen ab. Daher ist zu empfehlen, auch nicht zuordbare Antworten mit aufzunehmen, um die Ratewahrscheinlichkeit gering zu halten. *Umordnungsaufgaben* bieten sich hingegen v. a. bei Verwendung bildlichen Materials an, die für den Nachweis schlussfolgernden Denkens oder von Lösungen zur Ursache und Wirkungsbeziehung eingesetzt werden sollen. Allerdings ist die Materialentwicklung aufwendig und bei Gruppentestungen dann nur als Papier-Bleistift-Version einsetzbar.

Eine breite Anwendung finden bei den gebundenen Antwortformaten die *Auswahlaufgaben*, bei denen aus mehreren Alternativen die zutreffende Antwort auszuwählen ist. Je nach Anwendung im Leistungs- oder Persönlichkeitskontext ergeben sich bei der Konstruktion verschiedene zu berücksichtigende Aspekte. Bei Leistungstests sind Antwortalternativen zu formulieren, die neben der richtigen Antwort auch richtig aussehende, aber doch inhaltlich falsche Antworten beinhalten. Je mehr solcher sog. *Distraktoren* (ablenkende bzw. zerstreuende Items) vorhanden sind, umso geringer wird die Wahrscheinlichkeit, die richtige Lösung per Zufall zu finden, und umso größer die Schwierigkeit, die Aufgabe zu lösen. Demgegenüber muss aber darauf geachtet werden, dass nur genau eine Antwort richtig ist, die anderen Antwortalternativen also das Kriterium der *Disjunktion* (Trennung) erfüllen, d. h. sich gegenseitig ausschließen. Bei Persönlichkeitstests hingegen müssen die Antwortalternativen auf *Exhaustivität* (Vollständigkeit) gerichtet sein, d. h. mit den Antwortalternativen alle Verhaltensvarianten abbilden. Nur so kann sichergestellt werden, dass ein Proband auch die für ihn adäquate Antwort findet.

Ein weiteres Unterscheidungsmerkmal bei gebundenen Antwortformaten stellt die Anzahl der Antwortalternativen dar. Neben *dichotomen*

Ordnungsaufgaben

Auswahlaufgaben

dichotome und Mehrfachwahl-Aufgaben

Aufgaben (mit nur 2 Alternativen, wie z.B. „ja/nein", „richtig/falsch", „trifft zu/trifft nicht zu") werden *Mehrfachwahl-Aufgaben* (*multiple-choice*) unterschieden. Dabei stellen sich dichotome Aufgaben als besonders ökonomisch in Bearbeitung und Auswertung dar, besitzen demgegenüber aber auch eine 50 %ige Ratewahrscheinlichkeit und sind daher für Leistungstests eher ungeeignet. Mit ähnlicher Ökonomie sind auch Mehrfachwahl-Aufgaben ausgestattet, allerdings verringern sie durch die Vorgabe mehrerer Antwortalternativen und der Option einer oder mehrerer Richtigantworten erheblich die Ratewahrscheinlichkeit. Mit beiden Aufgabeformaten lassen sich nur Wiedererkennensleistungen abtesten.

Beurteilungsaufgaben

Anders ist dies bei *Beurteilungsaufgaben*, die im Rahmen von Persönlichkeitstests eingesetzt werden, und auf einer kontinuierlichen Analogskala oder einer diskreten Ratingskala (Stufenskala) den Zustimmungs- oder Ablehnungsgrad zu einer Aussage (*statement*) erfragen. Das *Ratingformat* sieht dabei vier bis zehn Abstufungen vor, die mit einer zuvor festgelegten numerischen Gewichtung versehen sind. Dabei ist die verwendete Ratingskala häufig nicht spezifisch für eine Aufgabe formuliert, sondern lässt sich für eine Skala oder den gesamten Test anwenden (mit mehreren Abstufungen, wie z.B. „stimmt gar nicht", „stimmt kaum", „stimmt etwas", „stimmt einigermaßen", „stimmt ziemlich", „stimmt überwiegend", „stimmt völlig" oder von 0 = „sehr unwichtig" bis 10 = „sehr wichtig"). Dies erleichtert spätere Verrechnungen zu Gesamtpunktwerten (*scores*).

Eine *Analogskala* verwendet demgegenüber keine diskreten Abstufungen, sondern benennt lediglich die Extrempositionen („nie vs. immer" oder „trifft überhaupt nicht vs. trifft vollständig zu"), zwischen denen sich ein Kontinuum aufspannt. Obwohl eine kontinuierliche Skala einen höheren Datengewinn verspricht, muss die Differenziertheit dieser Messung nicht immer der Differenziertheit der Beurteilung entsprechen.

Konstruktion von Beurteilungsskalen: Bei der Konstruktion von Aufgaben mit Beurteilungsskalen sind folgende Probleme zu berücksichtigen:

Differenziertheit vs.
Differenziertheit

▶ Die *optimale Anzahl von Skalenstufen* hängt bei einer diskret gestuften Ratingskala wesentlich von der Diskriminationsfähigkeit der Probanden ab (bedingt durch Unterschiede in der Intelligenz, der Bildung und der Vertrautheit mit dem zu messenden Sachverhalt). Generell kann eine zu grobe bzw. zu feine Unterteilung einer Ratingskala zu einem Informationsverlust bzw. zu einer Scheininformation führen. Gleichermaßen hängt die Wahl der Kategorienzahl aber auch von der Differenziertheit des zu messenden Sachverhaltes ab. Grob werden bei einer einzelnen Ratingskala 9 ± 2 Kategorien empfohlen, bei Itembatterien 5 ± 2 Skaleneinheiten.

Bei nur einer einzigen Ratingskala muss die Kategorienzahl größer sein als bei einer Itembatterie. Dies folgt daraus, dass die Weiterverarbeitung mehrerer Itemwerte zu einem Globalwert (etwa in Form eines Mittelwertes) den Wertebereich der Skalierung insgesamt automatisch erhöht. Diese Überlegung ist von Bedeutung, weil man aus auswertungstechnischen Gründen gerne intervallskalierte Skalenwerte annimmt. Dies erscheint eher möglich, wenn die potenziellen Skalenwerte das Merkmals- oder Einstellungskontinuum möglichst dicht abdecken. Dies ist jedoch keine Garantie für intervallskalierte Ratingskalen. Bei einer kontinuierlichen Analogskala stellt sich diese Problematik nicht, da keine konkreten Skalenstufen vorgegeben werden. Dennoch wird sie selten verwendet.

► Hinsichtlich der *geraden oder ungeraden Anzahl von Kategorien* verfügen Ratingskalen, die eine ungerade Anzahl von Kategorien aufweisen, zwangsläufig über einen Mittelpunkt, der verschieden und nicht immer eindeutig interpretierbar ist (nichtforciertes Rating). Er kann als neutrale Position („weder noch" oder „unentschieden") aufgefasst werden, Unwissenheit ausdrücken, ggf. aber auch als „normale" Reaktion missverstanden werden. Deshalb ist bei ungerader Kategorienzahl anzuraten, zusätzlich eine neutrale Ausweichkategorie vorzusehen, die optisch von den übrigen Kategorien getrennt und verbal mit „weiß nicht" oder „nicht anwendbar" etikettiert wird. Bei gerader Kategorienzahl wird der Proband hingegen zu einem Urteil gezwungen – es besteht also keine Möglichkeit, eine neutrale Position kundzutun (forciertes Rating).

forciert vs. nichtforciert

Der Vorteil forcierter Ratings ist darin zu sehen, dass sie zwar einerseits ein lückenloses Datenmaterial versprechen, andererseits zwingen sie einzelne Probanden, Urteile abzugeben, die ihr Wissen oder ihren Informationsstand u. U. überschreiten. Dies kann die Gefahr einer Verzerrung des Datenmaterials bedeuten. Nichtforcierte Ratingskalen mit einer ungeraden Kategorienzahl bieten die Möglichkeit, echt neutrale Positionen (wie „weder-noch" oder „unentschieden") von pseudo-neutralen (wie „weiß nicht", „trifft nicht zu", „Stimulus ist unbekannt") zu unterscheiden.

► Bei der *Polarität einer Skala* können bipolare von unipolaren Skalen unterschieden werden. Bipolare Skalen sind durch einen positiven (starke Zustimmung ausdrückenden) und einen negativen (starke Ablehnung ausdrückenden) Pol gekennzeichnet. Unipolare Skalen hingegen besitzen einen Bezugspunkt geringster Intensität (Zustimmung / Ablehnung) und einen Pol größter Intensität (Zustimmung / Ablehnung).

bipolar vs. unipolar

balanciert vs.
unbalanciert

▶ Bei der *Balancierung einer Skala* ist bei einer balancierten (symmetrischen) Ratingskala die Anzahl der positiven und negativen Kategorien gleich, während sie bei einer unbalancierten (asymmetrischen) Skala ungleich sind. Im Allgemeinen sind balancierte Skalen vorzuziehen. Gibt es aber Annahmen über den vorwiegenden Bereich der Urteile (z. B. ein erwarteter positiver Bewertungsbereich) und sollen diese differenzierter abgestuft werden, sind unbalancierte Skalen durchaus adäquat.

numerisch
und / oder verbal

▶ Unter *Verankerung einer Ratingskala* wird die Definition der Skalenendpunkte sowie der einzelnen Skalenstufen, d. h. der einzelnen Kategorien, verstanden. Sie betrifft v. a. grafische Ratingskalen. Numerische Verankerung liegt dann vor, wenn alle oder bestimmte Kategorien mit Zahlen (z. B. numerische Skala von −5 bis +5) bezeichnet werden. Dagegen erfolgt bei der verbalen Verankerung (z. B. verbale Ratingskala von „trifft voll und ganz zu" bis „trifft überhaupt nicht zu") diese mit Worten oder Sätzen. Die Skalenendpunkte sind prinzipiell verbal zu verankern, hingegen können die anderen Kategorien entweder teilweise oder ganz numerisch oder verbal oder sowohl numerisch als auch verbal verankert sein. Problematisch bei einer numerischen

Frage der Äquidistanz

und / oder verbalen Verankerung von Ratingskalen ist die *Frage der Äquidistanz* (des gleichen Abstands) der Kategorien, da nicht ohne Weiteres sichergestellt ist, dass Probanden den Abstand der einzelnen Kategorien als gleich empfinden. Dass die zugeordneten Zahlen gleiche Abstände aufweisen, darf darüber nicht hinwegtäuschen. Äquidistante Skaleneinheiten sind jedoch eine Voraussetzung, um mit Ratingskalen erzielte Messwerte als intervallskaliert betrachten zu können. Ein spezielles Problem taucht bei bipolaren Skalen auf, wie sie z. B. beim Semantischen Differential Verwendung finden. Die formulierten Gegensatzpaare müssen von den Probanden auch semantisch als solche empfunden werden, sonst liegen ungleiche Abstände zum (neutralen) Mittelpunkt der Skala vor, was zu nicht äquidistanten Skalenkategorien führt.

grafisch oder symbolisch

▶ Neben den numerischen und verbalen Skalen können auch grafische (z. B. in Form einer zunehmend größer werdenden Fläche) oder symbolische (++, +, + / −, −, −) Skalen verwendet werden. Sie unterliegen in geringerem Maße der Schwankung sprachlicher Bedeutungszuweisungen.

verbunden vs. getrennt

▶ Bei der *optischen Form von Ratingskalen* kann eine horizontale oder vertikale Präsentation und eine verbundene oder getrennte Darstellungsweise unterschieden werden. Bei getrennten Skalen sind die Kategorien eindeutig festgelegt. Bei verbundenen Skalen zeigt die Erfahrung, dass Probanden nicht selten ihre Kreuze zwischen den Kategorien anbringen, was zu nicht eindeutig interpretierbaren Urteilen führt. Allerdings vermitteln sie mehr den Eindruck der Zusammengehörigkeit der Skala.

▶ Hinsichtlich des *Skalenniveaus von Ratingskalen* gibt es keine Generalisierung des Skalentyps von Ratingskalen für alle Situationen. Die Ratingtechnik ist eine Einzelreiz-Methode, entsprechend lässt sich der Skalentyp nicht direkt bestimmen. Bei jeder Messung interagieren das zu messende Merkmal, die beteiligten Probanden und das Messinstrument. Ein Nachweis der Realisation eines bestimmten Messniveaus kann immer nur einen sehr eingeschränkten Geltungsbereich besitzen. Zulässig ist dabei lediglich der Schluss, dass ein Messinstrument in der Lage ist, ein bestimmtes Skalenniveau zu erreichen.

▶ *Reliabilität und Validität von Ratingskalen* werden unterschiedlich beurteilt. Hauptsächlich werden zwei Methoden der Reliabilitätsbestimmung verwendet, die Test-Retest-Methode sowie die Inter-Rater-Methode, wobei die letzte – sie beurteilt die Übereinstimmung / Konkordanz verschiedener Urteiler – bei der Einstufung desselben Stimulus präferiert wird. Typisch scheint ein Inter-Rater-Reliabilitätskoeffizient von 0,55 zu sein. Praktisch ist es nicht möglich, von einer generellen Reliabilität von Ratingskalen zu sprechen. Validitätskoeffizienten liegen häufig im Intervall 0,00 bis 0,50.

Test-Retest- und Inter-Rater-Methode

Kritik

Beurteilungsaufgaben werden sehr häufig aufgrund ihrer leichten Handhabung, ihrer Ökonomie und der allgemeinen Akzeptanz durch die Probanden eingesetzt. Messtheoretisch problematisch bleibt die Zuordnung von Zahlen zu den Skalenpunkten, denen eine Intervallskalierung unterstellt wird, obwohl die Abstufungen der Antwortkategorien nur eine Ordinalskalierung rechtfertigen.

Zusammengefasst: Die gebundenen Antwortformate bieten insgesamt mehr Alternativen an als die freien Antwortformate. Dennoch sollte die Entscheidung für einen Antworttyp immer nach Angemessenheits- und Optimierungskriterien für den angestrebten Test oder Fragebogen erfolgen, wobei die Aspekte guter Verständlichkeit, objektiver Durchführbarkeit, geringer Zufallsrate an Lösungen, zumutbarer Bearbeitungszeit, standardisierter Auswertbarkeit und eines moderaten Materialaufwands berücksichtigt werden.

Abb 2.4 | *Concept-Map zur Konstruktionsweise von Items*

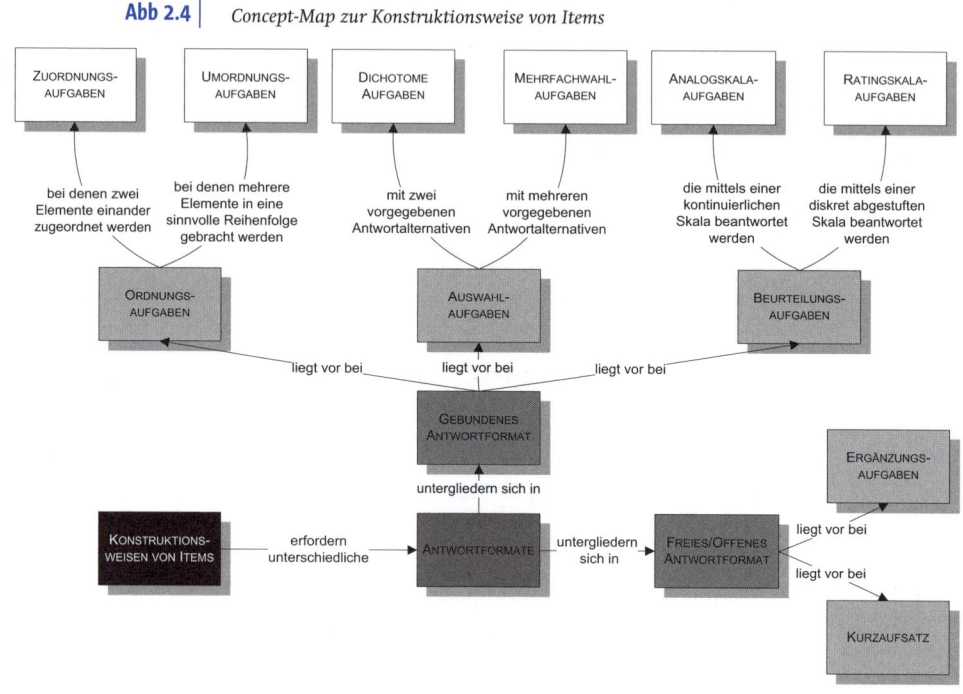

2.2.5 | Systematische Fehler bei der Itembearbeitung

soziale Erwünschtheit

Da eine Testanwendung häufig mit Konsequenzen für den Probanden verbunden ist, kann ein verfälschendes Antwortverhalten im Sinne *sozialer Erwünschtheit* grundsätzlich nicht ausgeschlossen werden.

Definition

Sozial erwünschtes Verhalten liegt vor, wenn Personen Meinungen und Einstellungen unter der Annahme äußern, diese seien in Übereinstimmung mit den gesellschaftlichen Werten und Normen. Im Gegensatz zur Fremdtäuschung stellt die Selbsttäuschung eine unbewusste Tendenz dar, sich selbst vorteilhaft darzustellen, ohne dies als Täuschung von anderen anzusehen.

Maßnahmen, den Effekt sozialer Erwünschtheit zu verringern, bestehen darin, über den Untersuchungsgegenstand aufzuklären und die Anony-

misierung der Daten nachvollziehbar zu machen. Genügen diese Maßnahmen nicht, können entsprechende *Kontrollskalen* („Lügenskalen")
zum Einsatz kommen, mit denen die Tendenz einer vorteilhaften Selbstdarstellung gemessen wird. Ist die Ausprägung der Probanden auf diesen Skalen hoch, ist bei der Interpretation der Daten Vorsicht geboten
(s. → Kap. 3.3.1).

Ferner können durch die spezifische Form der Datenerhebung *Ant-*
worttendenzen induziert werden. Als unzureichend empfundenes Wissen
oder die Unsicherheit mit den Antwortalternativen können eine *Tendenz*
zur Mitte zur Folge haben. Die dadurch reduzierte Itemvarianz verzerrt
die Daten. Mittels forcierter Ratings (Skalierungen ohne Mittenkategorie),
durch sprachliche Anpassungen der Skalenpole oder durch eine zusätzlich eingeführte Ausweichkategorie („weiß nicht") wird dieser Tendenz
entgegengewirkt. Bei unreflektierter Reaktion auf Aussagen (also ohne
Rücksicht auf die erfragten Inhalte) kann eine *Zustimmungstendenz* (*Akquies-*
zenz) die Folge sein. Um diese Art der Verzerrung zu erkennen, kann eine
Invertierung einzelner Items vorgenommen werden. Dabei werden positiv formulierte Items gleichzeitig in negierter Form dargeboten. Hinweise
auf eine Akquieszenz liegen vor, wenn ein Proband ohne Rücksicht auf
die Invertierung gleich antwortet, also z.B. immer zustimmt.

Zusammengefasst: Fehlererzeugende Phänomene wie soziale Erwünschtheit oder Antworttendenzen entstehen v.a. dann, wenn Personen nur
beiläufig an einem Test teilnehmen oder weil sie sich dazu gezwungen
sehen. In der Folge werden die Items nur oberflächlich oder nach den
antizipierten Intentionen der Testleitung beantwortet. Vermeiden lassen
sich derartige Fehlerquellen nur, wenn motivierende Gründe einen Probanden veranlassen, einen Test gründlich und aufrichtig zu bearbeiten.

Prinzipien der Itemformulierung

2.2.6

Bei der *Itemformulierung* muss v.a. auf sprachliche Verständlichkeit geachtet werden, um der Gefahr von Missverständnissen und Motivations-
verlusten von Probanden vorzubeugen, die Antwortverzerrungen zur
Folge haben können. Um die entsprechenden Anforderungen zu erfüllen, sollten Items

▶ einfach, klar, direkt und eindeutig formuliert sein;
▶ immer nur einen vollständigen Gedanken enthalten;
▶ kurz sein und nur ausnahmsweise 20 Wörter überschreiten;
▶ aus einfachen Sätzen und nicht aus Satzgefügen oder Satzverbindun-
gen bestehen;

Antworttendenzen (margin note)

sprachliche Verständlichkeit (margin note)

▶ keine Wörter wie „alle", „immer", „niemand" oder „niemals" enthalten;

▶ Wörter wie „nur", „gerade" oder „kaum" vorsichtig und nur ausnahmsweise verwenden;

▶ keine Wörter enthalten, die den Befragten unverständlich sein könnten (wie z. B. Fremdwörter oder Fachausdrücke);

▶ positiv formuliert sein und keine (doppelten) Verneinungen enthalten;

▶ Angaben zur Häufigkeit oder Intensität eines Merkmals oder einer Handlung nur enthalten, wenn sie eindeutig interpretierbar sind;

▶ Angaben zu einem Zeitpunkt oder einer Zeitspanne nur dann enthalten, wenn diese eindeutig definiert sind.

Ferner gilt, dass Items, die zu leicht bzw. von allen Befragten bejaht oder zu schwer bzw. von allen Befragten verneint werden, überflüssig sind, da sie keine Varianz im Antwortverhalten erzeugen. Entscheidend für die Feststellung interindividueller Unterschiede ist vielmehr, dass die Itemformulierung so gewählt wird, dass Probanden mit unterschiedlicher Merkmalsausprägung auch maximale Unterschiede bei der Lösungs- bzw. Zustimmungswahrscheinlichkeit aufweisen. Sollen hingegen (z. B. im klinischen Kontext) außergewöhnliche Merkmale erfasst oder (z. B. im Leistungskontext) extreme Schwierigkeitsgrade gemessen werden, kann von diesem allgemeinen Prinzip in angemessener Weise abgerückt werden.

Itemanordnung   Bei der *Itemanordnung* werden zumeist einfach zu beantwortende Items an den Anfang eines Tests gestellt, wobei danach der Schwierigkeits- bzw. Komplexitätsgrad stetig zunimmt. Um *Ermüdungseffekten* vorzubeugen, kann diese Reihung aber auch umgekehrt werden, wenn anfängliche Aufgaben hohe Konzentrationsleistungen erfordern. Unabhängig von der Itemanordnung wird testtheoretisch davon ausgegangen, dass die Beantwortung eines Items unabhängig von der Beantwortung des vorausgegangenen Items ist. Werden für die Beantwortung eines Items allerdings spezifische Kognitionen aktiviert, kann dies die Beantwortung des nachfolgenden Items erleichtern. Derartige logische oder inhaltliche Itemabhängigkeiten werden als *Aktualisierungseffekte* bezeichnet und sind beim Arrangement der Items zu berücksichtigen. Auch kann ein *Konsistenzeffekt* eintreten, wenn durch die Anordnung der Items der Eindruck entsteht, dass fortlaufend das gleiche Merkmal gemessen wird. Ggf. kann eine Randomisierung oder ein Ausbalancieren der Reihenfolge der Items dieses Problem lösen.

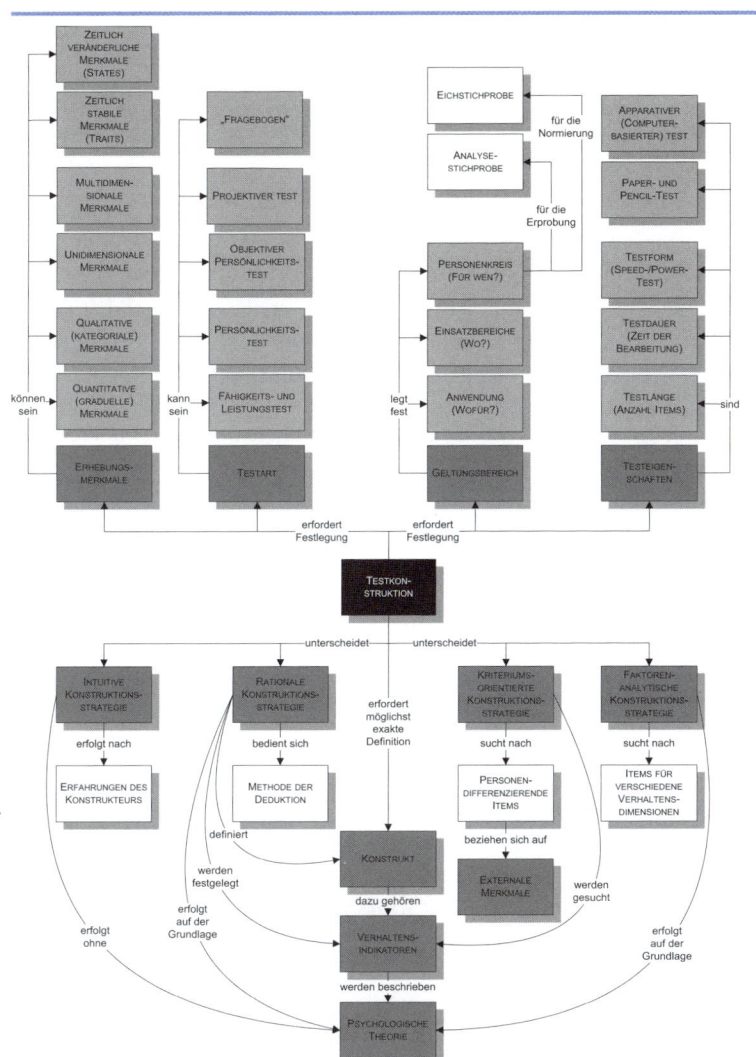

| **Abb 2.5**

*Concept-Map zur
Testkonstruktion*

Erprobung des Itempools

| 2.2.7

Aus der Zusammenstellung der Items bzw. Fragen resultiert der *Item-*   Itemselektion
pool, der eine vorläufige Version darstellt. Dieser Itempool beinhaltet dabei mehr Items, als für den endgültigen Test benötigt. Grund dafür ist,
dass im Zuge einer *Itemselektion* ungeeignete Items entnommen werden
sollen. Dabei hängt die Größe des Itempools v.a. von der geforderten

Repräsentativität der Items und der gewünschten Reliabilität des Tests ab – beide Kriterien lassen sich eher durch eine größere Zahl von Items erfüllen. Ist die messtechnische Qualität der Items allerdings hoch, kann dadurch auch mit weniger Items eine adäquate Messpräzision der Gesamtskala erreicht werden.

Diesen Bestrebungen entgegen wirken dabei die Testökonomie und die Zumutbarkeit eines Tests, die eine Begrenzung der Itemanzahl erfordern, wie sie für eine diagnostische Situation angemessen sein soll.

Anzahl benötigter Items

Die Anzahl benötigter Items pro Merkmal variiert stark in Abhängigkeit von der Weite des zu erhebenden Merkmals. Als ungefähre Größe reichen bei der Entwicklung von Persönlichkeitstests pro Merkmal etwa 30 bis 60 Items als Itempool, aus dem zwischen 15 und 30 Items ausgewählt werden. Bei Leistungstests, die ein Merkmal wie allgemeine Intelligenz erheben, kann dieser Wert allerdings deutlich höher sein.

Neben statistischen Kriterien können auch retrospektive Befragungen der Probanden, Problemanalysen seitens der Testleiter oder dritter Personen herangezogen werden.

2.3 | Kriterien der Testüberprüfung

Ein fundierter, wissenschaftlicher Test lässt sich durch itemanalytische Maße wie die Itemschwierigkeit, die Itemvarianz und die Trennschärfe beschreiben und durch die Erfüllung spezifischer Testgütekriterien kennzeichnen, die der Qualitätsbeurteilung und ggf. der Einhaltung bestimmter Normen dienen. Dabei werden drei Hauptgütekriterien – Objektivität, Reliabilität und Validität – von verschiedenen Nebengütekriterien – Skalierung, Normierung, Testfairness, Ökonomie, Utilität, Zumutbarkeit und Unverfälschbarkeit – unterschieden.

2.3.1 | Itemschwierigkeit

Schwierigkeitsindex

Die Itemschwierigkeit wird durch einen *Schwierigkeitsindex P* ausgedrückt. Er gibt an, wie groß der prozentuale Anteil richtiger Antworten unter Berücksichtigung aller gegebenen Antworten ist. Im Falle von Power-Tests (Niveau-Tests) mit Richtig- und Falschantworten ergibt sich:

$$P = \frac{N_R}{N} \cdot 100$$

Dabei stellt N_R die Anzahl der Probanden dar, die im Sinne des Merkmals richtig geantwortet haben, und N die Gesamtzahl aller Probanden. Hohe Werte für P stehen für eine niedrige Schwierigkeit, niedrige Werte für P für eine hohe Schwierigkeit. Anwendbar ist die Formel allerdings nur dann, wenn ein Raten oder zufälliges Ankreuzen seitens der Probanden ausgeschlossen werden kann.

Bei Zufallseinflüssen kann folgende Korrektur verwendet werden:

Korrektur bei Zufallseinflüssen

$$P = \frac{N_R - \left(\frac{N_F}{m-1}\right)}{N} \cdot 100$$

Dabei ist N_F die Anzahl der Probanden, die falsch geantwortet haben, und m die Anzahl der Antwortalternativen. Bei einer Stichprobe von z.B. 360 Probanden antworten auf eine Mehrfachwahlaufgabe mit fünf Alternativen 240 richtig und 120 falsch. Entsprechend ergibt sich ein (geringfügig kleineres) korrigiertes $P = \left(\frac{240 - \left(\frac{120}{5-1}\right)}{360}\right) \cdot 100 = 58,3$ gegenüber einem unkorrigierten $P = \left(\frac{240}{360}\right) \cdot 100 = 66,7$.

Für den Fall einer Zeitbegrenzung, bei der von den Probanden nicht alle Aufgaben bearbeitet werden, sollte die Gesamtzahl der Probanden N um die Zahl der nicht bearbeiteten Aufgaben reduziert werden. Würden z.B. 80 Probanden die Aufgabe nicht bearbeiten, erhöht sich der Schwierigkeitsindex: $P = \left(\frac{240 - \left(\frac{40}{5-1}\right)}{280}\right) \cdot 100 = 82$.

Zeitbegrenzung

Bei abgestuften Bewertungen muss das Verhältnis tatsächlich erreichter Lösungen zu maximal erreichbaren Lösungen ins Verhältnis gesetzt werden, um einen Schwierigkeitsindex P_m für mehrstufige Itembeantwortungen zu erhalten:

abgestufte Bewertungen

$$P_m = \frac{\sum_{t=1}^{N} X_{temp}}{\sum_{t=1}^{N} X_{t\,max}} \cdot 100$$

Dabei sind X_{temp} die tatsächlich erreichten (empirischen) Punktwerte und X_{tmax} die maximal erreichbaren (empirischen) Punktwerte (also $N \cdot m$), N die Anzahl der Probanden und m die Zahl der Abstufungen.

Definition

Der **Schwierigkeitsindex P** ermittelt sich für ein Item aus dem Quotienten der tatsächlich erreichten Punktwerte und der maximal erreichbaren Punktwerte aller Probanden, multipliziert mit 100.

Da sich durch die Multiplikation mit dem Faktor 100 P-Werte zwischen 0 und 100 ergeben, bedeuten mittlere Werte für P (~ 50) die maximale Streuung der Itembeantwortungen und damit eine hohe Differenzierung zwischen den Probanden, welche die Aufgabe lösen bzw. nicht lösen. Allerdings ist bei der Itemkonstruktion auch eine Differenzierung von Probanden in den Extremen der Merkmalsverteilung üblich (bei P-Werten von 5–10 oder 90–95). Daher wird eine breite Streuung der Schwierigkeitskoeffizienten angestrebt, auch wenn dies zu Einbußen bei der Homogenität der Items führt.

2.3.2 | Itemvarianz

Bei dichotomen Items hängt P direkt mit der *Itemvarianz* zusammen. Die Itemvarianz entspricht in diesem Fall dem Produkt der Wahrscheinlichkeiten, das Item zu lösen (p), und der Gegenwahrscheinlichkeit, das Item nicht zu lösen (q):

$$\text{Var} = p \cdot q$$

Dabei sind p = Itemschwierigkeit / 100 und q = 1 – p. Die Itemvarianz erreicht entsprechend bei einem mittleren Wert für die Itemschwierigkeit (P = p · 100 = 50) ihr Maximum und nimmt zu den Extremen kontinuierlich ab.

Definition

Die **Itemvarianz Var** legt die Differenzierungsfähigkeit eines Items hinsichtlich der untersuchten Stichprobe fest. Im Falle eines zweistufigen Items ermittelt sich die Itemvarianz aus dem Produkt der Wahrscheinlichkeiten, das Item zu lösen und das Item nicht zu lösen.

2.3.3 | Trennschärfe

Für ein weiteres Maß der Itemanalyse ist entscheidend, wie substanziell die Korrelation zwischen den Item- und Testwerten ausfällt. Diese Item-Test-Korrelation – also die Differenzierung eines einzelnen Items mit der Differenzierung der zu einem Testwert zusammengefassten übrigen Items – kennzeichnet die *Trennschärfe* eines Items.

Definition

Die **Trennschärfe** r_{it} eines Items ist definiert als die Korrelation einzelner Itemwerte mit dem Testwert sämtlicher Items eines Tests. Die Trennschärfe ist ein Maß, inwieweit die Differenzierung durch das Item in erfolgreiche und erfolglose Testpersonen mit der Differenzierung durch den Test übereinstimmt.

In Abhängigkeit von der Skalierung der Items sind verschiedene Koeffizienten angemessen. Bei intervallskalierten Items bietet sich die *Produkt-Moment-Korrelation nach Pearson-Bravais* an. Anhand der Rohwerte ermittelt sich die Korrelation zwischen der Itembeantwortung und dem Testscore nach:

Produkt-Moment-Korrelation

$$r_{it} = \frac{N \cdot \sum XY - \sum X \sum Y}{\sqrt{\left(N \cdot \sum X^2 - (\sum X)^2\right)\left(N \cdot \sum Y^2 - (\sum Y)^2\right)}}$$

Dabei sind X der Itemscore und Y der Skalen-(Summen-)Score, $\sum X$ und $\sum Y$ die Summen der Item- bzw. Skalenscores, $\sum X^2$, $\sum Y^2$ die Quadratsummen und $\sum XY$ die Produktsumme.

Bei dichotomen Itemantworten („richtig/falsch", „ja/nein" oder „stimmt/stimmt nicht") ermittelt sich die Trennschärfe als *punkt-biseriale Korrelation* aus den Rohwerten:

punkt-biseriale Korrelation

$$r_{pbis} = \left(\frac{\sum X_R}{N_R} - \frac{\sum X}{N}\right) \cdot \sqrt{\frac{N_R}{N - N_R}} \cdot \frac{N}{\sqrt{N \cdot \sum X^2 - (X)^2}}$$

Dabei sind X_R die Testrohwerte (Skalenscores) des Probanden, der das Item richtig beantwortet hat, N die Anzahl der Probanden und N_R die Anzahl der Probanden, die das Item richtig beantwortet haben. Besteht zwischen den dichotomen Antwortalternativen ein Kontinuum (z. B. ein relatives Ausmaß an Zustimmung oder Ablehnung), kann alternativ auch eine *biseriale Korrelation* errechnet werden. Liegt auch das Kriterium in dichotomer Form vor, kann auf die *tetrachorische Korrelation* ausgewichen werden.

Hinsichtlich der Interpretation eines Trennschärfekoeffizienten deuten Werte zwischen 0,4 und 0,7 auf eine „gute" Trennschärfe hin. Generell zeigt ein hoher Wert an, dass die einzelnen Items homogen gegenüber dem Gesamttest messen und Probanden mit hoher Merkmalsausprägung das Item lösen, während es von Probanden mit niedriger Merkmalsausprägung nicht gelöst wird. Ein kleiner Wert hingegen deutet auf eine mangelnde Differenzierung durch ein Item in Zusammenhang mit der Differenzierung des Gesamttests hin und zeigt, dass das Item für eine Unterscheidung von Probanden mit unterschiedlicher Merkmalsausprägung ungeeignet ist. Negative Werte sind häufig ein Anzeichen fehlerhafter Itemformulierungen oder invertierter Itemskalen mit geänderter Kodierungsrichtung und geben an, dass Probanden mit niedriger Merkmalsausprägung das Item lösen, während Probanden mit hoher Merkmalsausprägung das Item nicht lösen.

Interpretation

Allen Trennschärfekoeffizienten gemein ist, dass für ihre Berechnung das Item einmal als originales Datum und ein weiteres Mal als Summand für den Skalenscore in die Berechnung eingeht. Durch diese alge-

Part-Whole-Korrektur

braische Abhängigkeit können überhöhte Koeffizienten resultieren, da die Korrelation partiell auch eine Korrelation der Variablen mit sich selbst darstellt. Diese Überschätzung kann durch eine *Part-Whole-Korrektur* bereinigt werden. Bei dieser wird der Beitrag des Items bereinigt, für den die Trennschärfe ermittelt werden soll. Die Korrektur verringert sich mit zunehmender Zahl an Items und mit größerer Homogenität der Skala.

Selektionskennwert
Typisch für die Höhe der Trennschärfe ist zudem, dass sie wesentlich von den Interkorrelationen der Items abhängig ist. Nur bei hohen Iteminterkorrelationen (und damit hoher Homogenität) können auch hohe Trennschärfenindizes erzielt werden. Demgegenüber führen aber Variationen der Schwierigkeitskoeffizienten zwischen den Items einer Skala dazu, dass sich die Interkorrelationen reduzieren. Um bei der Itemselektion sowohl die Trennschärfe als auch die Aufgabenstreuung zu berücksichtigen, ist der *Selektionskennwert* entwickelt worden:

$$S_{el} = \frac{r_{it}}{2 \cdot s_i}$$

Dabei sind r_{it} die Trennschärfe und s_i die Standardabweichung der Aufgabe. Werden Items entfernt, die einen niedrigen Selektionskennwert produzieren, reduziert sich damit die Gefahr, zu viele Items mit extremer Schwierigkeit zu verlieren.

2.3.4 | Homogenität

Das Kriterium der *Homogenität* im Sinne der Klassischen Testtheorie bezeichnet das Ausmaß inhaltlicher und formaler Einheitlichkeit eines bestimmten Items. Items vom gleichen Typ, die den gleichen Aspekt einer Merkmalsdimension erfassen, gelten (und damit auch die Skala, die sie konstituieren) als homogen. Homogene Skalen können damit nur eng definierte Merkmalsaspekte erfassen und sind entsprechend auf spezifische kognitive Leistungen, bestimmte Teilaspekte von Intelligenz oder umgrenzte Persönlichkeitskonstrukte begrenzt. Ermitteln lässt sich die Homogenität einer Skala als Mittelwert aus den einzelnen Korrelationen. Im Gegensatz dazu führt *Heterogenität* zu inhaltlicher und formaler Vielfalt der Items und zielt auf eine möglichst breite Abdeckung eines Merkmalsaspektes, wie z. B. allgemeine Intelligenz (g).

Zusammengefasst: Es gilt, dass die Ergebnisse der Itemanalyse – der Itemschwierigkeit, der Itemvarianz bzw. Itemhomogenität und der Itemtrennschärfe – simultan bei der anschließenden Itemselektion bzw. endgültigen Zusammenstellung der Items zu berücksichtigen sind. Mittlere Schwierigkeit und hohe Trennschärfe gelten dabei als geeignete Aufnah-

mekriterien in einen Test. Sollen hingegen extreme Merkmalsausprägungen erfasst werden, kann hinsichtlich der Schwierigkeitsindizes davon abgewichen werden. Bei Items gleicher Schwierigkeit wird das Item
mit der höheren Trennschärfe bevorzugt.

Gütekriterien psychometrischer Tests | 2.4

Die psychometrischen Eigenschaften eines Tests oder einer Skala lassen
sich durch verschiedene Kriterien beurteilen, deren Gewichtung in Abhängigkeit von der vorliegenden Fragestellung, den Kontextbedingun-
gen und der angestrebten Zielsetzung erfolgt. Dabei gelten heute gewisse Standards für pädagogische und psychologische Tests, die z. B. bei der
beruflichen Eignungsdiagnostik mittels Leistungstests sogar nach DIN-
Prinzipien normiert sind.

Von zentraler Bedeutung sind dabei die Hauptgütekriterien Objekti-   Hauptgütekriterien
vität, Reliabilität und Validität. Sie spezifizieren technische Eigenschaften,
die unabhängig von besonderen Rahmenbedingungen eines Einsatzes oder
anstehenden diagnostischen Entscheidungen angewendet werden können.

Objektivität | 2.4.1

Definition

Die **Objektivität** eines Tests ist gegeben, wenn die gemessenen Merkmale,
die das Ergebnis eines Tests darstellen, unabhängig vom Untersuchungs-
leiter, von der auswertenden Person und der Ergebnisinterpretation sind.

Hinsichtlich der verschiedenen Phasen beim Testverlauf werden diese
drei Aspekte genauer benannt:

Durchführungsobjektivität ist gegeben, wenn durch eine Standardisie-   Durchführungs-
rung der Testsituation keine Einflüsse des Testleiters auf das Testergeb-   objektivität
nis nachgewiesen werden können. Durch die Vorgabe und Einhaltung
genauer Instruktionen bei der Testdurchführung (z. B. Vorgabe des Testmaterials, Instruktionen an die Testperson, Umgang mit Rückfragen,
Einhaltung von Zeitlimits etc.) wird dies erreicht. Im Idealfall stellt dann
die Testperson die einzige Variationsquelle dar, wenn alle anderen Bedingungen konstant gehalten bzw. kontrolliert werden.

Auswertungsobjektivität ist dann sichergestellt, wenn das gezeigte Ant-   Auswertungsobjektivität
wortverhalten der Testpersonen unabhängig von der auswertenden Person

nach stets den gleichen Regeln quantifiziert wird. Bei einem Leistungstest, der eindeutig richtige von falschen Lösungen unterscheidet, ist dies im Allgemeinen einfacher zu bewerkstelligen als z. B. bei Verfahren mit offenen Antwortformaten, die detaillierte Auswertungsanweisungen erfordern. Eine Messung des Grades der Übereinstimmung zwischen Personen, die erbrachte Testleistungen wiederholt auswerten, kann z. B. mittels eines sog. Konkordanzkoeffizienten (ein Maß für die Übereinstimmung) erfolgen.

Interpretations-
objektivität

Mit der *Interpretationsobjektivität* wird der Grad bezeichnet, mit der verschiedene Testanwender bei gleichen Testergebnissen auch zu gleichen Schlussfolgerungen kommen. Bei normierten Tests existieren dazu z. B. Normtabellen entsprechender Eichstichproben, die den statistischen Vergleich einer Testperson mit seiner Bezugsgruppe erlauben. Bei nicht in dieser Form normierten Verfahren, wie z. B. projektiven Tests (→ Kap. 3.4), führen erhöhte Interpretationsspielräume bei der Bewertung der Testergebnisse zu einer geringeren Objektivität.

2.4.2 | Reliabilität

Definition

Die **Reliabilität** beschreibt die Präzision bzw. Zuverlässigkeit, mit der ein Test ein Merkmal misst – je geringer dabei der Messfehler, umso höher die Reliabilität.

Die Erfassung der Reliabilität im Reliabilitätskoeffizienten r_{tt} drückt im Extremfall das völlige Fehlen eines Messfehlers (r_{tt} = 1,0) aus oder ein Testergebnis, das nur durch Messfehler zustande gekommen ist (r_{tt} = 0). Als grobe Faustformel gelten Reliabilitätskoeffizienten ab r_{tt} = 0,7 als akzeptabel. Eine formale Definition kennzeichnet die Reliabilität als Quotient von wahrer Varianz (der Merkmalsstreuung der „wahren" Werte) zur Gesamtvarianz (einschließlich des Messfehlers). Bei der Bestimmung der Reliabilität werden vier Vorgehensweisen differenziert:

Retest-Reliabilität

Zur Bestimmung der *Retest-Reliabilität* wird derselbe Test wiederholt präsentiert und die Testergebnisse korreliert. Dabei wird unterstellt, dass das zu messende Merkmal konstant (also konstante wahre Werte und konstante Fehlervarianzen produziert) und auch das gewählte Zeitintervall zwischen den Testungen ohne Einfluss auf die Messung ist. Sind allerdings *unsystematische Veränderungen* (z. B. interindividuell unterschiedliche Übungseffekte, Wissenszuwächse oder situationsabhängige Effekte) nicht auszuschließen, kann hierdurch die Retest-Reliabilität gemindert werden. Demgegenüber können *systematische Veränderungen* (z. B.

Erinnerungseffekte) zu einer Überschätzung der Reliabilität führen. Die Wahl des optimalen Retest-Intervalls muss entsprechend bei instabileren Merkmalen kürzer und kann bei stabileren Merkmalen länger gewählt werden. Das Risiko von Merkmalsveränderungen und Erinnerungseffekten ist dabei stark abhängig von den Inhalten.

Sind Übungs- oder Erinnerungseffekte nicht auszuschließen, kann eine *Paralleltest-Reliabilität* bestimmt werden. Benötigt werden dazu inhaltlich ähnliche Items aus zwei Tests, deren beobachtete Testwerte zu gleichen Mittelwerten und Varianzen führen. Werden die Testwerte dieser zwei Parallelformen korreliert, resultiert die gewünschte Reliabilität. Eine statistische Prüfung von Parallelformen ist allerdings im Rahmen der Klassischen Testtheorie nicht möglich. Erwartet wird lediglich, dass die Paralleltest-Reliabilität so hoch ist wie die Reliabilitätsschätzungen der einzelnen Tests. **Paralleltest-Reliabilität**

Effektiver ist hier eine Prüfung über eine *Konfirmatorische Faktorenanalyse* (CFA). Diese kann prüfen, ob die Annahme eines Modells paralleler Messungen mit den empirischen Daten vereinbar ist. Dazu wird ein Modell gleicher Ladungen beider Messungen auf der latenten Variablen und gleicher Fehlervarianzen mit den empirischen Daten verglichen. Paralleltests (also Tests mit gleichen wahren Werten und gleichen Fehlervarianzen) existieren nur wenige, da schon geringfügige Unterschiede bei den Items zu Differenzen in den Testwerten und damit zu einer Minderung der Paralleltest-Reliabilität führen können. Auch müssen bei den Parallelformen systematische Übertragungseffekte kontrolliert werden, ggf. durch eine ausbalancierte Vorgabe der Tests. **Konfirmatorische Faktorenanalyse (CFA)**

Ist eine Re- oder Paralleltestung nicht möglich, kann durch die Aufteilung eines Tests in zwei äquivalente Testhälften eine *Split-Half-Reliabilität* berechnet werden. Sie entspricht der Korrelation der beiden Testhälften. Mittels einer entsprechenden Korrektur wird die durch die verkürzte Testlänge geminderte Split-Half-Reliabilität wieder auf die ursprüngliche Testlänge korrigiert. Berechnet wird die Split-Half-Reliabilität nach folgender Schätzformel: **Split-Half-Reliabilität**

$$r_{tt(\alpha)} = \frac{4 \cdot \left(s_1^2 - s_1 \cdot s_{(1-2)} \cdot r_{1(1-2)}\right)}{4 \cdot s_1^2 + s_{(1-2)}^2 - 4 \cdot s_1 \cdot s_{(1-2)} \cdot r_{1(1-2)}}$$

Dabei sind s_1^2 die Varianz der Rohwerte aus der ersten Testhälfte, $s_{(1-2)}^2$ die Varianz der Rohwertdifferenzen und $r_{1(1-2)}$ die Korrelation der Rohwerte aus der ersten Testhälfte mit den Rohwertdifferenzen.

Die gewünschten Testhälften entstehen zumeist nach der *Odd-Even-Methode*, bei der geradzahlige und ungeradzahlige Items die jeweilige Testhälfte bilden. Sind die Items nach ihrem Schwierigkeits- oder Komplexitätsgrad angeordnet, führt diese Methode zu vergleichbaren Test- **Testhalbierungsmethoden** hälften. Andere Testhalbierungsmethoden verwenden die Zeit der Testbearbeitung, um zu zwei gleichen langen Testabschnitten zu gelangen (*Zeitpartitionierungsmethode*), oder entnehmen dem Test jeweils ein Itempaar gleicher Schwierigkeit und Trennschärfe (*Methode der Itemzwillinge*), die dann per Zufall der einen oder anderen Testhälfte zugeordnet werden. Keine der Methoden kann allerdings garantieren, dass die Testhälften tatsächlich parallel sind. Abgeleitete Reliabilitätsschätzungen können immer durch die inhaltliche Heterogenität der Testhälften beeinflusst sein.

Konsistenzanalyse   Die *Konsistenzanalyse* verallgemeinert die Halbierungsmethode, indem jedes Item eines Tests als eigenständiger Testteil aufgefasst wird. Je stärker das Ausmaß an Korrelationen zwischen den Testteilen, desto höher die interne Konsistenz. Zur Bestimmung können die Schwierigkeits- und Trennschärfekoeffizienten verwendet werden (*Kuder-und-Richardson-Formel 8*):

$$r_{tt} = \frac{s_x^2 - \sum pq}{2 \cdot s_x^2} + \sqrt{\frac{\sum r_{it}^2 \cdot pq}{s_x^2} + \left(\frac{s_x^2 - \sum pq}{2s_x^2}\right)^2}$$

Dabei sind s_x^2 die Varianz der Testrohwerte, p die Schwierigkeit $\frac{P}{100}$, q = 1 − p und r_{it} die Trennschärfe.

Cronbachs α   Das Konsistenzmaß mit der größten Verbreitung ist *Cronbachs α*:

$$\alpha = \frac{r}{r-1} \cdot \left(1 - \frac{\sum\limits_{i=1}^{r} s_i^2}{\sum\limits_{i=1}^{r} s_i^2 + \sum\limits_{i=1}^{r} s_{ij}}\right)$$

Dabei sind r die Anzahl paralleler Messungen, s_i^2 die Stichprobenvarianz des i-ten Paralleltests und s_{ij} die Kovarianz zwischen i und j.

Nur unter der Annahme, dass alle Items das gleiche Merkmal erfassen, liefert die Konsistenzanalyse eine korrekte Reliabilitätsschätzung. Bei Testverfahren, die heterogene Merkmale messen, wird die Reliabilität durch diese Methode unterschätzt. Zudem ist Cronbachs α *kein* Maß für die Eindimensionalität eines Tests oder einer Skala. Hohe interne Konsistenzen können auch bei mehrdimensionalen Konstrukten resultieren. In Einzelfällen kann der übliche Wertebereich für α zwischen 0 und 1 überschritten werden. So resultieren negative Werte, wenn einzelne Items negativ mit den übrigen Testitems korrelieren.

Zusammengefasst: Es sei angemerkt, dass es *die* Reliabilität eines Tests nicht gibt. Vielmehr können verschiedene Methoden zu durchaus divergierenden Reliabilitätsschätzungen führen. Zudem ist die erzielbare Reliabilität stark von den zu erfassenden Merkmalen abhängig. So lassen sich im Bereich etablierter Intelligenztests Reliabilitäten von über 0,90 erreichen, während sie bei Persönlichkeitstests häufig nur um 0,70 liegen.

Validität

2.4.3

Definition

Die **Validität** eines Tests bezieht sich auf die Gültigkeit verschiedener möglicher Interpretationen von Testergebnissen. Zentral dabei ist die Frage, ob der Test wirklich das Merkmal misst, was er messen soll bzw. zu messen vorgibt.

Dieses wichtigste Gütekriterium erlaubt bei hoher Ausprägung eine Generalisierung des Testverhaltens auf das zu messende Merkmal außerhalb der

Abb 2.6

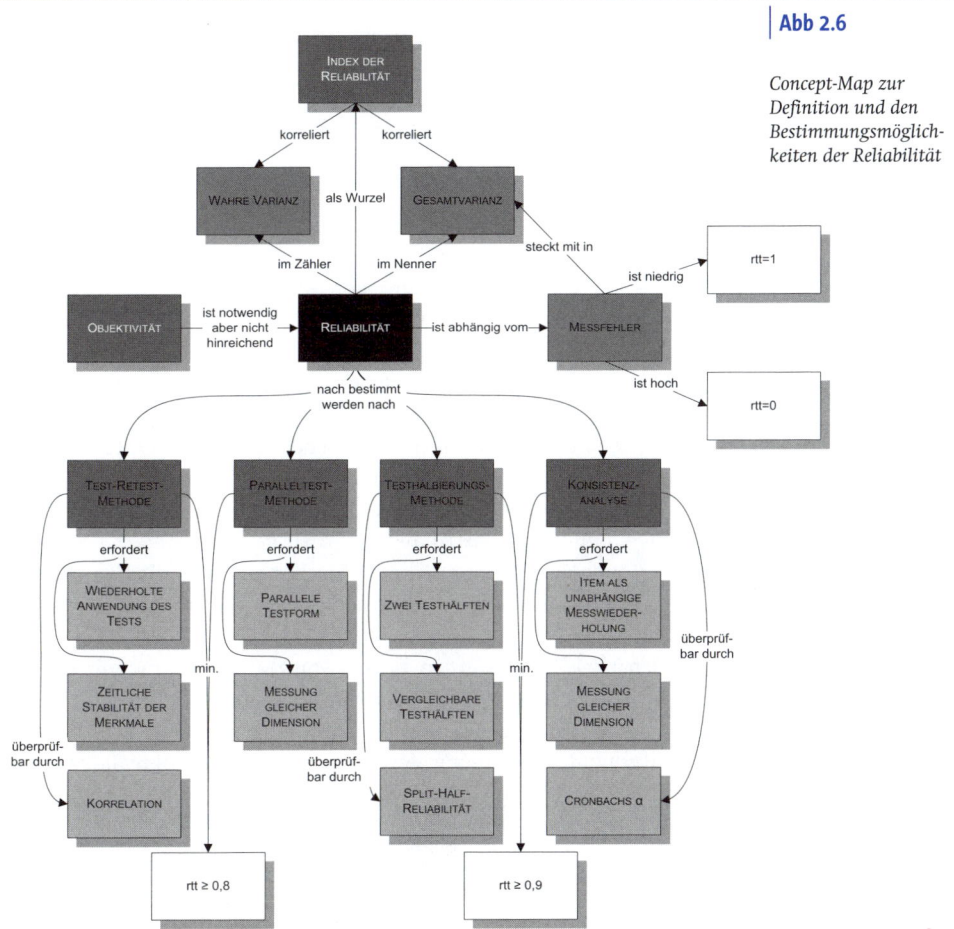

Concept-Map zur Definition und den Bestimmungsmöglichkeiten der Reliabilität

Testsituation. Dabei lassen sich in Abhängigkeit von der Anwendung verschiedene Validitätsformen unterscheiden (s. Moosbrugger & Kelava, 2007):

Inhaltsvalidität

Mit der *Inhaltsvalidität* soll geklärt werden, inwieweit ein Test oder einzelne Items eines Tests eine repräsentative Stichprobe aus allen möglichen Testitems darstellen, die auf das zu messende Merkmal bezogen sind. Eine Klärung erfolgt dabei selten aufgrund numerischer Kennwerte, sondern eher anhand fachkompetenter Analysen durch kritische Beurteilungen auf Item- und Testebene. Ist das zu erhebende Merkmal *operational* (also im Wesentlichen durch die Testinhalte) definiert, bezieht sich die Inhaltsvalidität auf die Frage, ob die Items eine angemessene Repräsentation der theoretisch möglichen Itemmenge darstellen. Geklärt werden muss dann, ob sich das Testergebnis über die verwendeten Items hinaus generalisieren lässt. Ist das zu erhebende Merkmal hingegen *theoretisch* (also als theoretisches Konstrukt) definiert, kann die Relation zwischen Merkmal und Inhalt des verwendeten Items nur durch theoretische Argumente untermauert werden. In diesem Fall ist zu entscheiden, ob aus den Itemantworten auf das theoretische Konstrukt geschlossen werden kann.

Augenscheinvalidität

Die *Augenscheinvalidität* bezeichnet die offensichtliche Nachvollziehbarkeit und Akzeptanz eines Tests durch Laien. Der damit verbundenen Gefahr einer Trivialisierung von Diagnostik steht dabei der Anspruch entgegen, die Validität eines Tests durch empirische Kennwerte zu belegen.

Konstruktvalidität

Auf der Basis der *Konstruktvalidität* wird bestimmt, ob mit dem im Test gezeigten Verhalten auf zugrunde liegende Persönlichkeitskonstrukte (wie z. B. Einstellungen, Fähigkeiten oder Dispositionen) geschlossen werden kann. Dabei wird angestrebt, dass sich die Merkmalsdimensionen der verwendeten Testitems in ein bestehendes Gefüge theoretischer Konstrukte (z. B. durch Bildung eines nomologischen Netzwerkes) einbetten lassen. Praktisch kann dies so aussehen, dass theoriegeleitete Zusammenhänge zwischen Konstrukten des vorliegenden Tests mit anderen Verfahren auf Ähnlichkeiten bzw. Unähnlichkeiten verglichen werden. Wird dabei eine Korrelation zwischen vorliegendem Test und Vergleichstest angestrebt, liegt eine *konvergente Validität* vor. Soll bei dem vorliegenden Test nachgewiesen werden, dass er von Merkmalen anderer Test abgrenzbar (diskriminierbar) ist, wird von *divergenter Validität* gesprochen. Entsprechende Korrelationen sollten dann möglichst niedrig ausfallen.

Spezifische Kennwerte zur Bestimmung der Konstruktvalidität existieren allerdings nicht, so dass verschiedene Analysemethoden zum Einsatz kommen, wie Mittelwertsprüfungen, Faktoren- und Clusteranalysen. Im Rahmen spezieller strukturprüfender Verfahren sind auch konfirmatorische Strategien zur Konstruktvalidierung einsetzbar, wie sie z. B. bei der Multitrait-Multimethod-Analyse zum Einsatz kommen.

Bei der *Kriteriumsvalidität* geht es um die praktische Anwendbarkeit eines Tests, um das Verhalten einer Person außerhalb der Testsituation anhand der produzierten Daten in der Testsituation vorherzusagen. Dazu wird die Korrelation der Testvariablen und der Kriteriumsvariablen bestimmt. Liegt ein zeitgleiches Außenkriterium vor, resultiert eine *konkurrente* (Übereinstimmungs-)*Validität*. Ist hingegen eine Prognose hinsichtlich einer zukünftigen Merkmalsausprägung intendiert, wird

Kriteriumsvalidität

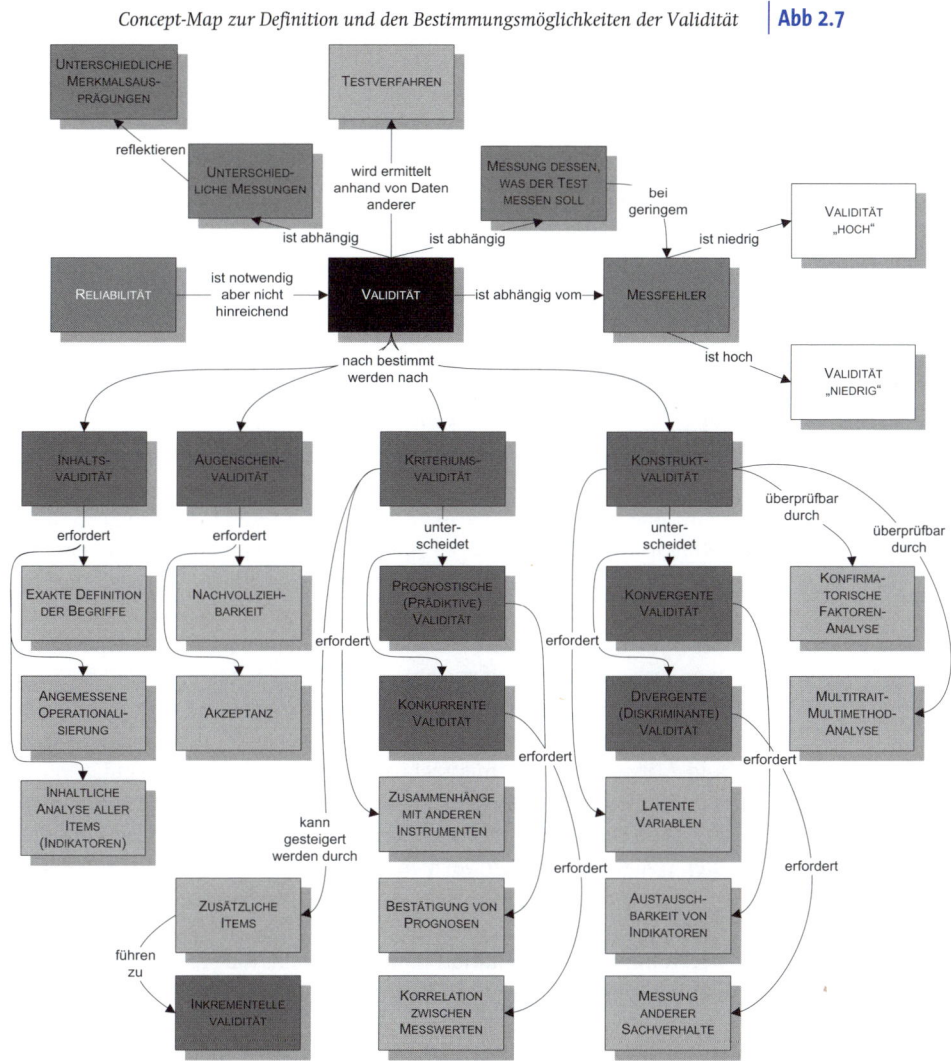

Concept-Map zur Definition und den Bestimmungsmöglichkeiten der Validität | **Abb 2.7**

eine *prognostische* (prädiktive) *Validität* angestrebt. Soll die Vorhersage eines praktisch relevanten externen Kriteriums verbessert werden, indem zusätzliche Items oder Skalen hinzugefügt werden, kann eine *inkrementelle Validität* (z. B. als Zuwachs erklärter Varianz) bestimmt werden.

Zusammengefasst: Es kann festgehalten werden, dass die Interpretation und Verwendung eines Testwertes auch über die Methode(n) zur Validierung entscheidet. Mit der Validierung soll begründet werden, inwieweit die Interpretation der Resultate eines Tests (also abgeleitete Bewertungen, Verallgemeinerungen, Übertragungen, Erklärungen oder Entscheidungen) gerechtfertigt ist.

2.4.4 Nebengütekriterien

Neben diesen Hauptgütekriterien lassen sich zahlreiche Nebengütekriterien anführen, die aufgrund unterschiedlicher Testnähe spezifische Konsequenzen für die Testdaten haben können (s. Lienert & Raatz, 1994):

Skalierung

Das Gütekriterium der *Skalierung* muss sicherstellen, dass mit den Unterschieden in den Testwerten adäquat auch die empirischen Merkmalsrelationen (z. B. unterschiedliche Leistungen in einem Leistungstest) abgebildet werden. Dazu müssen die Messinstrumente mit dem entsprechenden Skalenniveau ausgestattet sein, d. h. mindestens Ordinal- besser Intervallskalenniveau besitzen.

Normierung

Mit der *Normierung* eines Tests soll sichergestellt werden, dass die Ergebnisse einer Testperson zu den Merkmalsausprägungen anderer Personen (einer repräsentativen Eichstichprobe) eingeordnet und interpretiert werden können. Dazu werden die Ergebnisse der Testeichung in Normtabellen abgetragen, um die Testergebnisse einer Einzelperson anhand dieser Norm zu beurteilen. Als Normen gelten entweder die in der Eichstichprobe erzielten kumulierten prozentualen Häufigkeiten der Testwerte (Prozentrangnorm) oder Abstände in Standardabweichungen vom Mittelwert der entsprechenden Eichstichprobe (Standardnorm). Standardnormen setzen dabei eine Normalverteilung der Merkmale voraus. Typische Standardnormen sind z. B. IQ-Werte, Standardschulnoten oder T-Werte. Derartige Normen besitzen allerdings einen spezifischen Geltungsbereich, der einerseits durch die verwendete Normstichprobe, andererseits durch das Alter der Normtabellen bestimmt wird. Da sich Merkmale in der Population bzw. die Population insgesamt verändern können, sind Neunormierungen in regelmäßigen Zeitabständen notwendige Praxis. Dadurch bleibt eine angemessene Vergleichbarkeit von Personen mit einer Population weiterhin gewährleistet.

Die *Testökonomie* ist gegeben, wenn sich der gewünschte diagnostische Erkenntnisgewinn unter akzeptabler Aufwendung finanzieller (die Testbeschaffung, Lizenzgebühren und Verbrauchsmaterialien betreffend) und zeitlicher (die Bearbeitungszeit, den Auswertungsaufwand und die Ergebnisrückmeldung betreffend) Ressourcen einstellt. Dabei muss sichergestellt werden, dass eine höhere Wirtschaftlichkeit nicht andere Gütekriterien (wie die Objektivität und Reliabilität) zu stark einschränkt.

Testökonomie

Die *Utilität* befasst sich mit der praktischen Relevanz und Nützlich-

Utilität

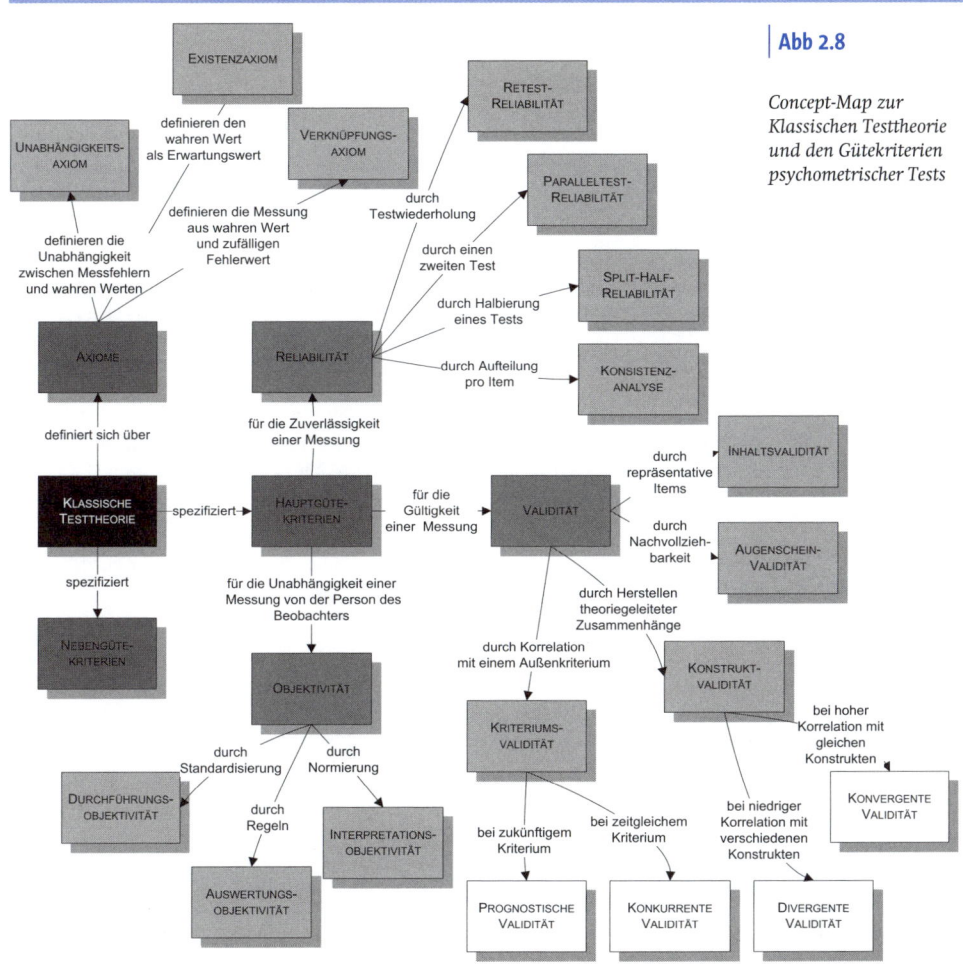

Abb 2.8

Concept-Map zur Klassischen Testtheorie und den Gütekriterien psychometrischer Tests

keit eines Tests. Dazu muss das gemessene Merkmal nützliche Anwendungsmöglichkeiten aufweisen und sollte nicht mit anderen Tests erfasst werden können, die seitens der Gütekriterien mindestens genauso gut sind.

Zumutbarkeit

Die *Zumutbarkeit* eines Tests ist dann gegeben, wenn der resultierende Nutzen durch die Testanwendung die zu testende Person nicht unverhältnismäßig stark physisch oder psychisch belastet. Das Verhältnis zwischen Testnutzen bei gleichzeitiger Beanspruchung der Testperson ist dabei im Kontext der Testverwendung jeweils zu definieren.

Unverfälschbarkeit

Mit der *Unverfälschbarkeit* soll ein Testverfahren so konstruiert sein, dass sich die Ausprägungen der Testwerte nicht durch ein bewusst manipuliertes Testverhalten verändern lassen. Verfälscht werden können Testergebnisse v. a. dann, wenn im Sinne antizipierter, sozialer Erwünschtheit geantwortet wird. Die Testperson glaubt, das Messprinzip durchschaut zu haben und versucht, entsprechend „günstig" zu antworten. Dieses Verhalten kann durch eine hohe Augenscheinvalidität begünstigt werden. Persönlichkeitstests gelten als anfälliger für derartige Verzerrungen wie Leistungstests oder sog. objektive Tests, bei denen das zu messende Merkmal nicht erkennbar ist.

Testfairness

Unter dem Aspekt der *Testfairness* wird festgehalten, dass Ergebnisse eines Tests nicht zu einer systematischen Benachteiligung bestimmter Personengruppen führen dürfen. Schlussfolgerungen aus Testwerten dürfen in diesem Sinne nicht diskriminierend hinsichtlich ethnischer, soziokultureller oder geschlechtsspezifischer Merkmale sein.

Zusammengefasst: Es kann festgestellt werden, dass bei den Hauptgütekriterien die Validität die wichtigste Stellung einnimmt, während die Objektivität und Reliabilität der Validität vorgeordnet sind: Ohne adäquate Objektivität keine Reliabilität, ohne ausreichende Reliabilität keine Validität.

Testfragen

1 Nennen und erklären Sie die vier wichtigsten Grundvoraussetzungen zur Ermittlung und Interpretation individueller Unterschiede.

2 Erläutern Sie die drei zentralen Axiome der KTT.

3 Wie sind die Reliabilität und der Standardmessfehler definiert?

4 Was ist eine Minderungskorrektur und wozu wird diese benötigt?

5 Warum lässt sich nach der KTT durch die Verlängerung eines Tests eine Reliabilitätssteigerung erreichen?

6 Was unterscheidet die zwei Ebenen von Variablen bei der Item-Response-Theorie?

7 Was beschreibt die itemcharakteristische Funktion (IC-Funktion)?

8 Welche Parameter impliziert das dichotome Rasch-Modell?

9 Worin unterscheiden sich kriteriumsorientierte Tests von Tests auf der Grundlage der Klassischen oder Probabilistischen Testtheorie?

10 Welche Probleme sind bei der Konstruktion kriteriumsorientierter Tests zu lösen?

11 Welche Konsequenzen resultieren aus der Festlegung des Geltungsbereichs eines Tests?

12 Welche Konstruktionsstrategien werden bei der Entwicklung psychologischer Testverfahren unterschieden und wie sind diese charakterisiert?

13 Welche Vorteile bieten gebundene gegenüber offenen Antwortformaten?

14 Welche Empfehlungen kann man hinsichtlich der optimalen Anzahl von Stufen bei einer Ratingskala geben?

15 Was versteht man unter „Akquieszenz"?

16 Wie sollten Items im Idealfall formuliert sein?

17 Was bedeuten die Begriffe „Itemschwierigkeit" und „Itemtrennschärfe" und wozu dienen sie?

18 Was bedeutet der Begriff „Reliabilität" und welche Formen der Reliabilität werden unterschieden?

19 Was bedeutet der Begriff „Validität" und welche Formen der Validität werden unterschieden?

3 | Diagnostische Tests

Aus der Perspektive einer stärker praxisorientierten Diagnostik dienen psychometrische Testverfahren der Erhebung und Aufbereitung von Informationen, um begründete Entscheidungen zu treffen. In der psychologischen Fachliteratur gelten als Tests im engeren Sinne typischerweise Verfahren zur Fähigkeits- und Leistungsmessung (→ Kap. 3.2), während im Zusammenhang mit der Erfassung von Eigenschaften wie Persönlichkeit (→ Kap. 3.3) der Testbegriff seltener Verwendung findet.

Im Fähigkeits- und Leistungsbereich steht die Erfassung von Merkmalen wie Intelligenz und Konzentrationsfähigkeit im Vordergrund. Darüber hinaus werden mittels Entwicklungstests Leistungsstände der kognitiven und motorischen Entwicklung in Relation zum Lebensalter erhoben, während Schulleistungstests Verfahren zur Objektivierung der schulischen Leistungsbeurteilung darstellen. Somit handelt es sich bei diesen Testverfahren um Tests des maximalen Verhaltens (*maximum performance*; s. Cronbach, 1990). Im Bereich der Persönlichkeitsdiagnostik steht hingegen die Erfassung typischer Erlebens- und Verhaltensmuster von Personen im Vordergrund (*typical performance*). Diese Differenzierung hat Implikationen für die Testgestaltung und hängt darüber hinaus mit möglichen Gefährdungen der Validität der einschlägigen Tests aus den genannten Bereichen zusammen.

Definition

Ein **diagnostischer Test** ist ein wissenschaftliches Verfahren zur Messung umgrenzter psychologischer Merkmale auf der Basis von Skalen oder Kategorien mit dem Ziel, den Ausprägungsgrad individueller Merkmale zu ermitteln.

Darbietungsformen diagnostischer Tests | 3.1

Die konkrete Darbietungsform eines psychologisch-diagnostischen Tests hängt von verschiedenen Einflussgrößen ab. Hier spielen zum einen Erfordernisse auf Seiten des zu messenden Konstrukts eine gewichtige Rolle. So zeichnen sich Fähigkeits- und Leistungstests dadurch aus, dass das Verhalten der Testpersonen an Gütemaßstäben der Richtigkeit, Qualität oder Schnelligkeit gemessen wird (s. Krohne & Hock, 2007). Folglich sind Aufgaben erforderlich, die eine eindeutig bestimmbare richtige Lösung besitzen bzw. für deren Lösung eine Auswertungsvorschrift existiert, die es erlaubt, den Grad der Lösungsgüte zu quantifizieren. Daneben sind jedoch auch Einflussfaktoren wie etwa die Wirtschaftlichkeit oder die Zumutbarkeit bestimmter Formate und Testszenarien zu nennen, die bei der Entscheidung über konkrete Darbietungsformen relevant sein können. Kubinger (2006) unterscheidet vier grundlegende Gestaltungsweisen psychologisch-diagnostischer Verfahren:

▶ freies Antwortformat vs. Multiple-Choice-Format,
▶ Power- vs. Speed-(and-power-)Test,
▶ Gruppen- vs. Individualverfahren und
▶ Papier-Bleistift-Verfahren vs. Computerverfahren.

Multiple-Choice- vs. freies Antwortformat

Beim *Multiple-Choice-Format* hat die Testperson aus einem Angebot von mehreren Antwortalternativen die richtige Antwort herauszusuchen, während sie die Lösungen im *freien Antwortformat* selbst generiert.

Den Vorteilen des Multiple-Choice-Formats wie einer hohen Verrechnungssicherheit, einer vergleichsweise kurzen Bearbeitungsdauer pro Aufgabe sowie der größeren Eignung derartig gestalteter Tests als Gruppenverfahren (s.u.) stehen jedoch auch Nachteile entgegen: Rateeffekte sind zu nennen, die umso gravierender ausfallen je geringer die Zahl der Antwortalternativen ist. Angenommen wird ferner, dass das Multiple-Choice-Format die Auftretenswahrscheinlichkeit von Antworttendenzen, etwa der Ja-Sage-Tendenz (Akquieszenz; s.a. → Kap. 3.3.1), erhöht.

Power- vs. Speed-Test

Niveau- oder *Power-Tests* (s. → Kap. 2.2.2) zeichnen sich dadurch aus, dass Testpersonen auch ohne Zeitbegrenzung meist nicht in der Lage sind, sämtliche Aufgaben zu lösen. In der Regel sind die Aufgaben zudem nach aufsteigender Schwierigkeit geordnet. Beim *Speed-Test* steht hingegen die Geschwindigkeit im Vordergrund, mit der Testpersonen die Aufgaben bearbeiten. Oftmals sind diese so einfach, dass ein Großteil der Getesteten bei ausreichender Zeit sämtliche Aufgaben lösen könnte. Entscheidend ist daher die in der vorgegebenen Zeit gelöste Aufgabenmenge. Reine Speed-Tests kommen häufiger im Bereich der Konzentrationsleistungsdiagnostik vor. Dagegen zählt die Mehrzahl der gängigen Verfahren im Bereich der Intelligenzdiagnostik zu den *Speed-and-power-Tests*, d.h. Aufgaben mit aufsteigender Schwierigkeit werden kombiniert mit vorgegebenen Zeitbegrenzungen. Somit schneiden Testpersonen dann besonders gut ab, wenn sie sowohl leistungsstark als auch schnell arbeiten.

Gruppen- vs. Individualverfahren

Zu *Gruppenverfahren* zählen Tests, deren Gestaltung die gleichzeitige Testung mehrerer Testpersonen oder ganzer Gruppen erlaubt. *Individualverfahren* erfordern die Einzeltestung. Der größeren Ökonomie von Gruppenverfahren stehen dabei neben der Einsatzmöglichkeit besonderer Testmaterialien im Einzeltestverfahren auch verschiedene Möglichkeiten zur Verhaltensbeobachtung gegenüber, die bei Gruppentestungen kaum realisierbar sind. Eine individuelle Zeitgestaltung ist im Gruppenverfahren ebenso wenig praktikabel, daher werden Gruppenverfahren typischerweise im Multiple-Choice-Format mit festgelegten Zeitvorgaben verwendet.

Etwaige Präferenzen von Testpersonen für eine individuelle Testung gegenüber einer Testung in der Gruppe sind bislang kaum untersucht (Kubinger, 2006). Der Anonymität als denkbarer Vorteil der Gruppentestung stehen die Benachteiligung bestimmter Testpersonen (z. B. solchen mit eingeschränkter Lesefähigkeit), die Gefahr des Abschreibens sowie mögliche Störungen durch Dritte gegenüber (s. Amelang & Schmidt-Atzert, 2006).

Als *Papier-Bleistift-Verfahren* werden Tests bezeichnet, bei denen Aufgaben auf Papier vorgegeben werden und die Bearbeitung schriftlich durch Markierungen oder Ankreuzen erfolgt. Der Großteil aller Verfahren im Bereich Intelligenz- oder Persönlichkeitsdiagnostik ist nach diesem Prinzip gestaltet. Die Auswertung erfolgt nach Beendigung der Bearbeitung in der Regel anhand von Auswertungsschablonen durch den Versuchsleiter. Seit Ende der 1980er Jahre hat sich der Bereich der computergestützten Diagnostik entwickelt. Bei genauerer Betrachtung handelt es sich bei *Computerverfahren* allerdings oftmals um die computergestützte Vorgabe und Auswertung von Papier-Bleistift-Verfahren. Mittlerweile werden fast alle für eine Computerisierung in Frage kommenden Papier-Bleistift-Verfahren in einer computergestützten Version angeboten.

Papier-Bleistift- vs. Computerverfahren

Empirische Überprüfungen der psychometrischen Äquivalenz sprechen für eine gute Vergleichbarkeit (Klinck, 2002), v. a. im Bereich der Persönlichkeitsdiagnostik (z. B. Rammstedt et al., 2004; s. jedoch Troche et al., 2002 für einen gegenteiligen Befund im Leistungsbereich). Neben der Vereinfachung und der Reduktion der Fehleranfälligkeit in der Testauswertung spricht für eine computergestützte Vorgabe auch, dass komplexere Testprozeduren möglich werden, in deren Rahmen z. B. auch Reaktionszeiten oder sensumotorische Koordinationsleistungen der Testpersonen erfasst werden. Beispielhaft seien hier das *Wiener Testsystem* (WTS; Schuhfried, o. J.) und das *Hogrefe Testsystem* (HTS; Hänsgen & Merten, 1994) genannt, die jeweils modular aufgebaut sind und den individuellen Zuschnitt von Testbatterien erlauben.

Grundsätzlich ist jedoch festzuhalten, dass die Zahl der Verfahren, die den Computer mediengerecht nutzen, d. h. etwa durch die Einbindung multimedialer Inhalte, derzeit noch erstaunlich gering ist. Zunehmend gewinnt in jüngerer Zeit hingegen der Einsatz online-basierter Tests an Bedeutung. Insbesondere im Forschungskontext werden Persönlichkeitsfragebögen verstärkt webbasiert dargeboten, zumal erste Vergleichsstudien darauf hindeuten, dass bei webbasierter Darbietung keine substanziellen Verzerrungseffekte nachweisbar sind (Pettit, 2002).

Abb 3.1 | *Concept-Map zu den Darbietungsformen diagnostischer Tests (weitere Differenzierungen zu den Antwortformaten finden sich in Abb. 2.4)*

Dem steht die kritische Einschätzung anderer Autoren gegenüber, dass die internetbasierte Darbietung diagnostischer Verfahren u.a. starken Selektivitätseffekten unterliegt, etwa weil Möglichkeiten und Häufigkeit der Internetnutzung konfundiert seien mit demografischen (insbesondere bildungsrelevanten) sowie psychologischen Merkmalen (Asendorpf, 2007).

Zusammengefasst: Zusammengefasst differenzieren die vier Gestaltungsweisen von Verfahren freie von gebundenen (Multiple-Choice-)Antwortformaten, Tests, die mit und ohne Zeitbegrenzung zu absolvieren sind, Verfahren, die für Einzelpersonen oder Gruppen vorgesehen sind, und Verfahren, die in Papier- oder computergestützter Form vorliegen.

Fähigkeits- und Leistungstests | 3.2

Krohne und Hock (2007) definieren **Fähigkeiten** als „Persönlichkeitsmerkmale, die Leistungen zugrunde liegen" (S. 368). Weiter führen sie aus, dass Fähigkeiten sich zu Leistungen verhalten wie Konstrukte zu deren Indikatoren.

Diese Betrachtungsweise veranschaulicht, dass neben Fähigkeiten weitere (z.B. motivationale) Einflüsse für die Performanz in einem Fähigkeitstest ausschlaggebend sind. Nur dann, wenn Testpersonen die Maßstäbe, anhand derer die Leistung bewertet wird, übernehmen und motiviert sind, „ihr Bestes zu geben", ist die aktuelle Leistung ein guter Indikator der zugrunde liegenden Fähigkeit (Kompetenz).

Die folgende Einteilung ist angelehnt an die von Brickenkamp (1975) in seinem Handbuch psychologischer und pädagogischer Tests vorgelegte Klassifikation. Damit soll dem Leser die Möglichkeit erleichtert werden, einzelne Testbeispiele aus der aktuellen Auflage des Brickenkamp Handbuchs (Brähler et al., 2002) zur Illustration der hier vorgestellten Testarten heranzuziehen. Zum besseren Verständnis werden zudem anhand ausgewählter Beispiele typische Testinhalte und -aufgabentypen unmittelbar aufgegriffen.

Entwicklungstests | 3.2.1

Entwicklungstests lassen sich in allgemeine und spezielle Verfahren unterteilen. Mit Hilfe eines *allgemeinen Entwicklungstests* soll der Entwicklungsstand in seiner Gesamtheit erfasst werden. *Spezielle Entwicklungstests* betrachten hingegen ausgewählte Funktionsbereiche (z.B. die motorische oder die Sprachentwicklung). In der Regel sind Entwicklungstests nach dem Steigerungsprinzip (Staffelsystem) aufgebaut (s. Häcker & Stapf, 2004), d.h. sie bestehen aus Aufgaben mit ansteigenden Schwierigkeiten auf verschiedenen Altersstufen.

allgemein vs. speziell

Ziel von Entwicklungstests ist es, durch den Abgleich der Ergebnisse einer individuellen Testperson mit den Normwerten Gleichaltriger beurteilen zu können, inwieweit der Entwicklungsstand angemessen ist oder ob Hinweise für einen interventionsbedürftigen Entwicklungsrückstand vorliegen. Entwicklungstests spielen somit im Kontext pädagogisch-psychologischer Beratung eine wichtige Rolle (s. → Kap. 7). Im Falle eines vorliegenden Entwicklungsrückstandes ist der begleitende Einsatz von Entwicklungstests im Rahmen therapeutischer Interventionen wünschenswert. Eine solche Anwendung setzt jedoch voraus, dass das Verfahren Normwerte für einen längeren Entwicklungszeitraum anbietet.

Wiener Entwicklungstest (WET). Der WET (Kastner-Koller & Deimann, 2002) ist ein Verfahren zur Erfassung des allgemeinen Entwicklungsstandes bei Kindern von 3 bis 6 Jahren. Er liegt in einer überarbeiteten und neu normierten zweiten Auflage vor und wurde insbesondere für förderdiagnostische Fragestellungen konzipiert. Im Rahmen der Diagnose des allgemeinen Entwicklungsstandes werden die fünf Funktionsbereiche Motorik, visuelle Wahrnehmung, Lernen und Gedächtnis, kognitive und sprachliche Fähigkeiten sowie sozial-emotionale Entwicklung mit insgesamt zwölf Subtests erfasst. Der WET wird als Einzeltest durchgeführt, die Mehrzahl der Testaufgaben hat spielerischen Charakter. Die Testdauer liegt zwischen 75 (ältere Kinder) und 90 Minuten. Die Mehrzahl der Aufgaben ist mit richtig/falsch zu bewerten, für einzelne Aufgaben existiert eine mehrkategoriale Notierung. Für jeden Subtest wird ein Summenwert errechnet und anhand der Normtabellen in altersgruppenspezifische C-Werte umgerechnet. Diese werden in ein Entwicklungsprofil eingetragen und bilden die Grundlage für die Empfehlung von Förderbedarf in der jeweiligen Fähigkeitsdimension (C-Werte von 2 und 3) bzw. für die Diagnose von massiven Entwicklungsrückständen (C-Werte unter 2). Zusätzlich wird ein Gesamtentwicklungsscore bestimmt.

Es existieren repräsentative Normwerte für deutsche und österreichische Kinder (N > 1.200). Der WET erfüllt im Wesentlichen die Anforderungen an Objektivität und Reliabilität diagnostischer Verfahren. Als Validitätsbeleg wird u.a. angeführt, dass mit dem Alter die Subtestleistungen zunehmen. Die faktorielle Struktur sowie fehlende separate Validitätsbelege auf der Ebene der Subtests bzw. der Funktionsbereiche werden kritisch diskutiert (Amelang & Schmidt-Atzert, 2006).

Heidelberger Sprachentwicklungstest (HSET). Der HSET (Grimm & Schöler, 1998) ist ein spezieller Entwicklungstest zur differenzierten Erfassung der sprachlichen Fähigkeiten von Kindern zwischen 3 und 9 Jahren. Das Verfahren erfasst die fünf Schwerpunktbereiche Satzstruktur, Morphologische Struktur, Satzbedeutung, Wortbedeutung und Interaktive Bedeutung sowie eine Integrationsstufe mit insgesamt 13 Subtests. Der HSET wird als Einzeltest durchgeführt, die Testdauer liegt je nach Altersgruppe zwischen 40 (jüngere Kinder) und 80 Minuten. Die Bewertung der Aufgaben erfolgt je nach Subtest auf zwei- bzw. dreifach abgestuften Skalen anhand ausführlicher Kriterien. Für jeden Subtest werden Summenwerte ermittelt und in altersspezifische T-Werte und Prozentränge umgewandelt, die zur Erstellung eines Leistungsprofils dienen. Ferner existieren Konfidenzintervalle und kritische T-Wert-Differenzen. Schließlich wird auch ein Gesamt-T-Wert bestimmt.

Es werden lediglich „vorläufige" Altersnormen (N = 791) berichtet, die vor 1978 erhoben wurden, was angesichts der Veröffentlichung des Tests in zweiter verbesserter Auflage im Jahre 1998 kritikwürdig erscheint. Der HSET erfüllt die Anforderungen an Objektivität und Reliabilität diagnostischer Verfahren. Für alle Subtests lässt sich ein statistisch bedeutsamer Mittelwertanstieg mit zunehmendem Alter verzeichnen, was als Validitätsbeleg gewertet wird. Während empirische Untersuchungen die kriterienbezogene Validität stützen, weisen faktorenanalytische Untersuchungen auf eine nicht ausreichende Bestätigung der strukturellen Grundannahmen hin (s. Brähler et al., 2002).

Intelligenztests

3.2.2

Als *Intelligenztests* werden Verfahren zur Bestimmung der quantitativen und qualitativen intellektuellen Leistungsfähigkeit von Personen bezeichnet. Spezifische Inhalte einzelner Testverfahren variieren in Abhängigkeit des Intelligenzverständnisses der Testautoren und der dem Test zugrunde liegenden Intelligenztheorie.

Im Laufe des 20. Jahrhunderts wurden verschiedene Strukturtheorien der Intelligenz vorgestellt, und es mangelt bis heute an einer allgemein akzeptierten Definition der Intelligenz. Dessen ungeachtet besteht jedoch weitgehende Einigkeit darüber, dass die Fähigkeit, Probleme aufzudecken und zu lösen, zum Kernbereich der Intelligenz gehört. Darüber hinaus beinhaltet Intelligenz „schnelles und korrektes Erkennen von Zusammenhängen, schlussfolgerndes Denken sowie den effizienten Erwerb und die Nutzung von Wissen. Ihre wesentliche Funktion besteht in der Anpassung an und der aktiven Gestaltung der Umwelt eines Menschen im Hinblick auf persönlich hoch bewertete Ziele" (Krohne & Hock, 2007, S. 370).

Strukturtheorien der Intelligenz

Auch die Kontroverse um Generalität versus Spezifität, also die Frage, ob es sinnvoller ist, von einer einzelnen oder von vielen Intelligenzen auszugehen, kann als gelöst betrachtet werden. Die Mehrzahl der Intelligenzforscher nimmt heute an, dass die *Intelligenzstruktur* hierarchisch aufgebaut ist.

Drei-Ebenen-Modell

Ein Modell, das diesem Grundsatz entspricht und zudem auf einer zusammenfassenden Re-Analyse von über 460 Studien mit Daten von insgesamt 120.000 Personen beruht, ist das *Drei-Ebenen-Modell* (*three stratum model*) von Carroll (1993). An der Spitze dieses Modells steht die allgemeine Intelligenz (*general mental ability* oder g). Unterhalb des g-Faktors werden auf der zweiten Ebene sieben Sekundärfähigkeiten angenommen:

- ▶ fluide Intelligenz,
- ▶ kristalline Intelligenz,
- ▶ Gedächtnis und Lernen,
- ▶ visuelle Wahrnehmung,
- ▶ akustische Wahrnehmung,
- ▶ Einfallsreichtum und
- ▶ Verarbeitungsgeschwindigkeit (s. Neubauer & Stern, 2007).

Sie lassen sich auf der untersten Ebene in weitere Primärfähigkeiten differenzieren. Ein solches Modell trägt dem Umstand Rechnung, dass sich in einer Vielzahl von empirischen Studien mittelhohe korrelative Zusammenhänge zwischen den verschiedenen Teilfähigkeiten gezeigt haben.

Stellenwert von Intelligenztests

Intelligenztests gehören zu den erfolgreichsten Verfahren in der Psychologischen Diagnostik. Zum einen hat sich die Intelligenz als ein Merkmal erwiesen, das mit hoher Reliabilität erfasst werden kann und selbst über lange Zeitintervalle hinweg hohe Rangreihenstabilitäten aufweist. Zum anderen erlauben Intelligenztestwerte gute Vorhersagen in wichtigen Lebensbereichen, allen voran Schul-, Ausbildungs- und Berufserfolg (Neisser et al., 1996; Schmidt & Hunter, 1998). Bedeutsame Zusammenhänge finden sich zudem u. a. mit sozialen Fähigkeiten, Werten und Einstellungen, Kreativität, Gesundheitsverhalten und dem sozioökonomischen Status.

Intelligenzalter

Die systematische Entwicklung von Intelligenztests begann Anfang des 20. Jahrhunderts mit Alfred Binet (1857–1911). Binet war durch das französische Unterrichtsministerium beauftragt worden, Methoden zur Identifikation von Schülern mit besonderem Förderungsbedarf zu entwickeln. Bereits 1905 veröffentlichte er gemeinsam mit Théophile Simon eine Serie von Aufgaben, mit deren Hilfe höhere psychische Funktionen wie Gedächtnis, Vorstellungskraft, Aufmerksamkeit, Verständnis, Willensstärke, motorische Fertigkeiten und moralische Haltungen geprüft werden sollten. Bei der Revision der Aufgaben in den Jahren 1908 und 1911 wurde darauf geachtet, inhaltlich heterogene und unterschiedlich schwere Aufgaben zu verwenden, so dass sie von 50 bis 75 % der Kinder einer bestimmten Altersstufe gelöst werden konnten. Als Maß für die Intelligenz wurde das *Intelligenzalter* (IA) berechnet, das im Vergleich mit dem Lebensalter (LA) der Kinder darüber Aufschluss geben sollte, ob die geistige Entwicklung altersgemäß war.

Kritik an den Binet'schen Staffeltests führte zur Formulierung des *Intelligenzquotienten* (IQ) durch William Stern (1911), der das Intelligenzalter zum Lebensalter in Beziehung setzte:

Intelligenzquotient (IQ)

$$IQ = \frac{IA}{LA} \cdot 100$$

Da die kognitive Leistungsfähigkeit im Gegensatz zum Lebensalter jedoch ab dem frühen Erwachsenenalter nicht weiter steigt, ist diese Form der Intelligenzbestimmung bei Erwachsenen nicht sinnvoll. Stattdessen hat sich die Bestimmung eines Abweichungs-IQ etabliert, bei dem die Intelligenz einer Person über die Abweichung ihrer Leistung vom Mittelwert einer altersadäquaten Vergleichsgruppe erfolgt:

$$IQ = 100 + s \cdot \frac{X - M}{\sigma}$$

Dabei sind $s = 15$, X = individueller Test-Rohwert, M = empirischer Mittelwert der altersspezifischen Rohwerteverteilung und σ = empirische Standardabweichung der altersspezifischen Rohwerteverteilung. Es handelt sich bei den heute gängigen IQ-Werten demnach um einen Standardwert, der definitionsgemäß in jeder Bezugsgruppe einen Mittelwert von 100 und eine Standardabweichung von 15 aufweist. Intelligenzwerte sind in der Bevölkerung normalverteilt.

Die Ursprünge der meisten heutzutage gängigen Intelligenztests reichen oft in die frühe Zeit der Intelligenzforschung zurück. Die Verfahren der Wechsler Intelligenztest-Familie (z. B. der *Hamburg-Wechsler Intelligenztest für Erwachsene Revision* 1991, HAWIE-R; Tewes, 1991) gehen z. B. auf die Wechsler-Bellevue Intelligence Scales aus dem Jahre 1939 zurück. Inzwischen werden die Verfahren in ihren speziellen Versionen für Vorschulkinder, Kinder und Erwachsene in der dritten oder vierten Auflage vertrieben.

HAWIE-R

Der Repräsentativität und Aktualität der Normierung kommt im Rahmen der Intelligenzdiagnostik eine besondere Bedeutung zu, da bis in die 1990er Jahre die Rohwertergebnisse von Intelligenztests verglichen mit Testungen aus vorangegangenen Jahren höhere Werte erbrachten – die gemessene Intelligenz nahm scheinbar zu. Die durch-

Flynn-Effekt

schnittliche Zunahme betrug in den meisten Industrieländern ungefähr drei IQ-Punkte pro Jahrzehnt. Dieser Trend wurde 1984 vom neuseeländischen Politologen James R. Flynn beschrieben und nach ihm benannt. Inwiefern der *Flynn-Effekt* nach wie vor anhält, ist fraglich. Einzelne Autoren berichten für Industrienationen in den letzten Jahren einen Stillstand oder sogar eine Umkehrung, d.h. rückläufige Intelligenzrohwerte.

Einsatz in der Forschung

Für den Einsatz in der Forschung, etwa im Rahmen der Untersuchung von Korrelaten der Intelligenz, sind aktuelle Normen hingegen nicht erforderlich. Hier stehen anstelle individueller Intelligenzniveaus interindividuelle Differenzen im Vordergrund. So erklärt sich z.B., dass Intelligenztests wie das *Leistungsprüfsystem* (LPS; Horn, 1983), dessen Normen bereits über ein Vierteljahrhundert alt sind, auch in aktuellen wissenschaftlichen Untersuchungen noch zum Einsatz kommen.

Intelligenz-Testbatterien

Bei vielen gängigen Intelligenztests handelt es sich um eine Zusammenstellung von mehreren Untertests zu *Intelligenz-Testbatterien*. Dies ermöglicht die Verwendung unterschiedlicher Inhalte (z.B. verbale, numerische und figurale Inhalte) und die Verknüpfung dieser Inhalte mit verschiedenen für eine erfolgreiche Bearbeitung erforderlichen Operationen. Eine Ausnahme bilden sog. *Matrizentests* (z.B. Ravens Progressive Matrizentests), in denen ein einziger Aufgabentyp (Matrizen) eingesetzt wird. Für die erfolgreiche Aufgabenbearbeitung muss eine Figur ausgewählt werden, die ein vorgegebenes Muster korrekt ergänzt. Da diese Aufgaben weitgehend sprachfrei sind, werden Tests wie die Raven Matrizentests auch als kulturfair (*culture-fair*) bezeichnet. Der ursprüngliche Anspruch, (fluide) Intelligenz sensu Cattell unabhängig von Einflüssen des soziokulturellen, schulischen und erziehungsspezifischen Erfahrungshintergrundes (*culture-free*) zu messen, erwies sich hingegen als nicht einlösbar.

Intelligenzprofile

Gegenüber solchen Intelligenztests, die vornehmlich allgemeine Intelligenz (g) erheben wollen, erlauben Intelligenz-Testbatterien, in denen die Erfassung mehrerer Teilbereiche realisiert ist, die Erstellung von *Intelligenzprofilen*. Dies kann im Beratungs- und Begutachtungskontext ein entscheidender Vorteil sein, z.B. im Zusammenhang mit Hirnschädigungen und der Beeinträchtigung spezifischer Funktionsbereiche im Rahmen neuropsychologischer Diagnostik. Die Frage, auf welche Ebene (Primärfaktoren, Sekundärfaktoren oder g) die Intelligenzmessung im Einzelfall abzielen sollte, hängt von den spezifischen Erfordernissen des jeweiligen diagnostischen Kontextes ab.

Adaptives Intelligenz Diagnostikum 2 (AID2). Das AID2 (Kubinger & Wurst, 2000) ist ein Vertreter der Intelligenz-Testbatterien und stellt die Revision bzw. Neunormierung des AID dar. Es dient der Messung verschiedener komplexer und basaler Fähigkeiten bei 6- bis 16-jährigen Kindern und Jugendlichen. Mit Hilfe von Profilinterpretationen sollen differenzierte Aussagen zum Leistungsniveau in einzelnen Teilbereichen der Intelligenz sowie zum Vorliegen von Teilleistungsstörungen ermöglicht werden. Dabei versteht sich der AID2 als Instrument der förderungsorientierten Diagnostik. In enger inhaltlicher Anlehnung an die Wechsler Tests umfasst der AID2 elf Untertests, mit denen die Teilbereiche *verbal-akustische Fähigkeiten* bzw. *manuell-visuelle Fähigkeiten* gemessen werden sollen, sowie drei Zusatztests. Im Einzelnen sind die Untertests wie folgt aufgegliedert (s. Brähler et al., 2002):

▶ *Verbal-akustische Fähigkeiten:* Alltagswissen, Angewandtes Rechnen (Lösen von Text-Rechenaufgaben), Unmittelbares Reproduzieren – numerisch (Zahlenfolgen wiederholen), Synonyme Finden, Funktionen Abstrahieren (abstrakte Begriffsbildung), Soziales Erfassen und Sachliches Reflektieren;
▶ *Manuell-visuelle Fähigkeiten:* Realitätssicherheit (fehlende Details erkennen), Soziale und Sachliche Folgerichtigkeit (Bilderfolgen sortieren), Kodieren und Assoziieren (Symbole zuordnen), Antizipieren und Kombinieren – figural (Puzzleteile zusammensetzen), Analysieren und Synthetisieren – abstrakt (Muster nachlegen);
▶ *Fakultative Zusatztests:* Unmittelbares Reproduzieren – figural/abstrakt, Merken und Einprägen (sinnfreie Silben wiederholen), Strukturieren – visuomotorisch (Muster in Elemente zerlegen).

Der AID2 wird als Einzeltest durchgeführt. Die Vorgabe der Untertests erfolgt adaptiv im Sinne des *branched testing*, d.h. begonnen wird mit einer altersspezifischen Gruppe von Aufgaben und die Auswahl der nächsten Aufgabengruppen ist abhängig von der Lösungsgüte. Dies erhöht die Messökonomie und soll sich motivationsfördernd auf die Testperson auswirken, stellt jedoch auch erhöhte Anforderungen an den Testleiter. Die Bearbeitungsdauer für die elf Untertests liegt bei insgesamt ca. 70 Minuten, die Zusatztests erfordern weitere 15 Minuten. Richtige Lösungen werden auf einem Protokollbogen eingetragen und blockweise zu einem Rohwert aufaddiert. Nach der Testung wird die Punktsumme als Summe der Rohwerte berechnet und anhand der Normtabelle in einen Fähigkeitsparameter überführt. Zuletzt wird unter Berücksichtigung von Alter und Geschlecht pro Untertest ein normierter Kennwert ermittelt, der die Grundlage des Intelligenzprofils bildet. Die Berechnung eines IQ ist nicht vorgesehen. Stattdessen wird neben der Angabe des schlechtesten Kennwerts als *Intelligenzquantität* u.a. der *Range* als Differenz zwischen niedrigstem und höchstem Kennwert erfasst. Darüber hinaus werden qualitative Informationen zum Arbeitsverhalten erhoben.

Es erfolgte eine Neunormierung des Tests an 977 Kindern und Jugendlichen aus Österreich und Deutschland (im Zeitraum 1995–1997), adjustiert durch eine Repräsentativerhebung an 2.144 Kindern und Jugendlichen aus Österreich und Deutschland in den Jahren 1982 bis 1983. Der AID2 erfüllt im Wesentlichen die Anforderungen an die Objektivität des Verfahrens, wobei für einzelne Untertests Testleitereffekte nachgewiesen wurden. Angaben zur Reliabilität und Validität des AID2 beziehen sich vorwiegend auf den Vorgänger AID. Hier zeigten sich z.B. Split-Half-Reliabilitäten zwischen 0,70 und 0,95. Retest-Reliabilitäten nach vier Wochen lagen zwischen 0,67 und 0,95, nach einem Jahr immerhin noch zwischen 0,39 und 0,80. Validitätsbelege umfassen Experteneinschätzungen zur Inhaltsvalidität. Faktorenanalysen belegten größtenteils die angenommene Faktorenstruktur des AID. Hinweise auf die diskriminante Konstruktvalidität in Bezug auf Leistungs- und Persönlichkeitsverfahren liegen ebenso vor wie praxisnähere Validierungszugänge, etwa der Nachweis, dass mittels AID diagnostizierte Kinder mit Teilleistungsstörung stärker von einer speziellen Förderung profitierten als Kinder mit anderen Diagnosen.

Beispiel

Analyse des schlussfolgernden und kreativen Denkens (ASK). Das ASK (Schuler & Hell, 2005) dient der Erfassung des schlussfolgernden und kreativen Denkens bei erwachsenen Testpersonen mit Bildungsvoraussetzung Abitur. Als Einsatzbereiche werden von den Autoren sowohl Berufs-, Bildungs- und Laufbahnberatung als auch Personalauswahl und Personalplatzierung sowie klinische Diagnostik genannt. Zudem kann das Verfahren im Forschungskontext verwendet werden. Es besteht aus zwei Testmodulen, die gemeinsam oder separat eingesetzt werden können. Zu den Modulen gehören insgesamt sieben Aufgabengruppen:

▶ *Schlussfolgerndes Denken (SD):*

1. Informationen Interpretieren (relevante Informationen in vorgegebenen Diagrammen und Tabellen erkennen und interpretieren),

2. Schlussfolgerungen Ziehen (logische Schlussfolgerungen aus vorgegebenen Sachverhalten ziehen),
3. Tatsache/Meinung (Aussagen danach unterscheiden, ob es sich um Tatsachen oder Meinungen handelt);

▶ *Kreatives Denken (KD):*

4. Sätze Kombinieren (aus vorgegebenen Buchstaben sinnvolle Sätze bilden),
5. Hypothesen Generieren (möglichst viele Hypothesen über mögliche Ursachen für vorgegebene Sachverhalte entwickeln),
6. Bedingungsgefüge Definieren (möglichst viele Einflussfaktoren auf dargestellte Sachverhalte zusammenstellen),
7. Kategorien Bilden (präsentierte Begriffe zu möglichst vielen sinnvollen Kategorien zusammenfassen).

Das ASK kann sowohl als Einzel- wie auch als Gruppentest eingesetzt werden. Ihre Antworten tragen die Testpersonen in Testhefte ein, wobei im Modul SD in der Regel zwischen den Antwortalternativen richtig/falsch bzw. Tatsache/Meinung entschieden werden muss. Da im Modul KD divergente Aufgabenformate verwendet werden (d.h. die Produktion möglichst vieler richtiger Antworten verlangt wird), sind hier freie Antworten in vorgegebene Tabellen einzutragen oder sogar Pfaddiagramme zu zeichnen. Die Bearbeitungsdauer für den Gesamttest beträgt ca. 70 Minuten (ca. 30 Minuten für das Modul SD und ca. 40 Minuten für das Modul KD).

Die Auswertung erfolgt beim Modul SD mit Hilfe von Schablonen. Nach der Errechnung eines Subtest-Rohwertes, wird dieser mit Hilfe der Normtabellen in einen Subtest-Standardwert transformiert. Der Standardwert für das Modul ergibt sich durch Addition der Subtest-Standardwerte und anschließende Transformation mit Hilfe einer weiteren Normtabelle. Bei den vier Subtests zum KD liegen nur freie Antworten vor, die nach den Richtlinien im Manual als gültig oder ungültig zu bewerten sind. Die Auswertung der Aufgaben im Modul KD erfolgt rein quantitativ, d.h. auf dem Auswertebogen wird für jeden Subtest die Anzahl der gültigen Antworten eingetragen. Die weiteren Verrechnungsschritte sind die gleichen wie beim Modul SD.

Die Normierung erfolgte in den Jahren 2001 bis 2002 und umfasste N = 606 Studierende. Es liegen Vergleichswerte für die einzelnen Subtests, die beiden Module sowie für einen Gesamtwert vor. Der ASK kann als objektiv und hinreichend reliabel gelten. So liegen die internen Konsistenzwerte für die Module SD und KD bei $\alpha = 0,72$ bzw. 0,70, die Stabilität über 15 Monate bei 0,78 bzw. 0,77. Die Konstruktvalidität wird durch hohe Korrelationen zwischen SD und der Verarbeitungskapazität im Berliner Intelligenzstruktur-Test (BIS; Jäger et al., 1997) und hohe Korrelationen zwischen KD und einem Test zur verbalen Kreativität belegt.

Zusammengefasst: Die Intelligenz gehört zu den erfolgreichsten Konstrukten der modernen Psychologie. Es besteht weitgehende Einigkeit über die wesentlichen Komponenten der Intelligenz, die eine hierarchische Struktur bilden. Diese Komponenten lassen sich mit gängigen Intelligenztests hinreichend objektiv und reliabel erfassen. Individuelle Differenzen in der Intelligenz sind zudem valide und weisen Zusammenhänge mit einer Vielzahl relevanter Kriterien auf, darunter Schul- und Berufserfolg. Der IQ einer Person ist ein Standardwert, der auf dem Vergleich des individuellen Testwertes der Person mit einer adäquaten Vergleichsgruppe beruht.

3.2.3 | Allgemeine Leistungstests

Definition

Als **allgemeine Leistungstests** werden Verfahren bezeichnet, die allgemeine Grundlagen der kognitiven Leistungsfähigkeit erfassen sollen, z.B. Aufmerksamkeit, Konzentration, Aktiviertheit oder Vigilanz (Wachsamkeit).

Inwiefern eine konzeptuelle Trennung von Aufmerksamkeit und Konzentration möglich und sinnvoll ist, wird in der Fachliteratur verschieden bewertet. Bartenwerfer (1964) tritt auf der einen Seite für eine einheitliche Betrachtung von Aufmerksamkeit und Konzentration als allgemeine Voraussetzungen für kognitive Leistung ein und vermeidet eine inhaltliche Abgrenzung. Andere Autoren vertreten eher die Auffassung, das Konzept der *Aufmerksamkeit* ausschließlich mit der Wahrnehmung in Verbindung zu bringen, also mit dem selektiven Beachten relevanter Reize oder Informationen (Schmidt-Atzert et al., 2004b). Das Konzept der *Konzentration* soll sich hingegen auf sämtliche Stufen der Informationsverarbeitung beziehen. Von Intelligenztests unterscheiden sich allgemeine Leistungstests dadurch, dass sie sehr einfache Aufgaben vorgeben, bei denen nicht in erster Linie die richtige Lösung, sondern die Bearbeitungsgeschwindigkeit im Vordergrund steht. Mithin erfassen Aufmerksamkeits- und Konzentrationstests, wie schnell und genau Testpersonen kritische Reize entdecken.

Innerhalb der allgemeinen Leistungstests lassen sich Konzentrations- oder Daueraufmerksamkeitstests von Vigilanztests unterscheiden. *Konzentrationstests* sollen die Fähigkeit erfassen, sich aufgabenrelevanten Reizen selektiv und über einen längeren Zeitraum ununterbrochen zuzuwenden und diese Reize schnell und korrekt zu analysieren. Dabei müssen aufgabenirrelevante Reize (Distraktoren) ausgeblendet werden. Mit *Vigilanztests* soll die Fähigkeit erfasst werden, geringfügige Veränderungen im Wahrnehmungsfeld, die selten und in unregelmäßigen Abständen auftreten, zu identifizieren und auf diese Reize schnell zu reagieren (s. Krohne & Hock, 2007).

Konzentrations- vs. Vigilanztests

Aufmerksamkeits- und Konzentrationstests

Zwei Arten von Aufmerksamkeits- und Konzentrationstests sind in der diagnostischen Literatur weit verbreitet: Buchstaben-Durchstreichtests und Konzentrations-Rechentests.

Durchstreichtests: Zu den Klassikern unter den Durchstreichtests gehört der *Aufmerksamkeits-Belastungs-Test d2* (Brickenkamp, 2002). Aufgabe der Testpersonen ist es, in 14 Zeilen mit je 47 Zeichen, bei denen es sich um die Buchstaben p oder d handelt und die jeweils mit einem bis vier Strichen versehen sind, alle d mit zwei Strichen durchzustreichen. Dabei sollen die Testpersonen in den 20 Sekunden, die pro Zeile zur Verfügung stehen, möglichst schnell und zugleich möglichst fehlerfrei arbeiten.

Aufmerksamkeits-Belastungs-Test d2

Ausgewertet wird zum einen die Gesamtzahl der bearbeiteten Zeichen (GZ), zum anderen die Summe (F) aus Auslassungs- (nicht angestrichene Zielreize) und Verwechslungsfehlern (angestrichene Distraktoren). GZ gilt als Maß für die Bearbeitungsgeschwindigkeit, F als Indikator für Sorgfalt. Als Gesamt-Konzentrations-Wert kann aus GZ und F zudem ein Differenzmaß (GZ − F) gebildet werden, was jedoch kritisch diskutiert wurde. Es begünstigt nämlich Testpersonen, die absichtlich oder unabsichtlich Zeichen überspringen (s. Oehlschlägel & Moosbrugger, 1991). Werden Verwechslungsfehler danach differenziert, ob die fälschlicherweise durchgestrichenen Zeichen gekennzeichnet sind durch falsche Buchstaben, die falsche Strichanzahl oder beides (Doppelfehler), kann dies Hinweise auf Simulation geben. Versuchspersonen, die aufgefordert wurden, gezielt aber möglichst geschickt Minderleistungen vorzutäuschen, markierten nämlich besonders häufig solche p mit zwei Strichen (Schmidt-Atzert et al., 2004a).

Rechentests: Ein Beispiel für einen Rechentest ist der *Konzentrations-Leistungs-Test* (KLT-R; Düker & Lienert, 2001). In diesem Test müssen pro Aufgabe zwei Teilrechnungen durchgeführt werden (z. B. 6 + 2 − 5 und

Konzentrations-Leistungs-Test (KLT-R)

7 – 2 + 4), deren Ergebnisse die Testperson im Gedächtnis behalten soll. Ist das erste Ergebnis größer als das zweite, wird die zweite Zahl von der ersten abgezogen. Ist das erste Ergebnis kleiner als das zweite, müssen die beiden Zahlen addiert werden. Insgesamt stehen für die Rechnungen 30 Minuten zur Verfügung. Auch im KLT-R wird ein Rohwert für die Leistungsmenge durch Auszählen sämtlicher bearbeiteter Aufgaben ermittelt. Mit Hilfe einer Schablone wird zudem die Anzahl der Fehler ausgewertet und in einen Fehlerprozentwert sowie in einen Fehlerquotienten umgerechnet.

Konzentrations-Verlaufs-Test (KVT)

Sortierverfahren: Neben Durchstreich- und Rechenverfahren kommen bei der allgemeinen Leistungsdiagnostik auch Sortierverfahren zum Einsatz. Beim *Konzentrations-Verlaufs-Test* (KVT; Abels, 1974) z. B. müssen 60 Karten nach bestimmten Regeln auf vier Stapel sortiert werden. Der Test ist nicht zeitbegrenzt, die Testdauer variiert zwischen 7 und 16 Minuten; erfasst werden die benötigte Zeit und die aufgetretenen Fehler.

Vigilanztests

Vigilanztests werden apparativ vorgegeben, und die Testbearbeitung umfasst gegenüber Konzentrationstests in der Regel einen längeren Zeitraum. Intendiert ist die Erfassung von Aufmerksamkeitsleistung im Sinne anhaltender Wachsamkeit in einer reizarmen Beobachtungssituation. Im Allgemeinen werden daher maximal 60 kritische Reize pro Stunde vorgegeben.

VIGIL

Im Test VIGIL aus dem Wiener Testsystem ist dies folgendermaßen operationalisiert: Ein hell aufleuchtender Punkt bewegt sich entlang einer Kreisbahn in kleinen Sprüngen weiter. Manchmal vollzieht der Punkt einen Doppelsprung, auf den die Testperson durch Drücken einer Reaktionstaste zu reagieren hat. Je nach Testform beträgt die Durchführungsdauer zwischen 30 und 70 Minuten. Ausgewertet werden die Anzahl richtiger und falscher Reaktionen sowie die mittlere Reaktionszeit bei richtiger Antwort. Im Zusammenhang mit Vigilanzmessungen wird mitunter auch von „Überforderung durch Unterforderung" gesprochen, da mit zunehmender Testdauer aufgrund der monotonen und reizarmen Aufgabe psychische Ermüdung einsetzt.

Beispiel

Frankfurter Aufmerksamkeits-Inventar (FAIR). Das Frankfurter Aufmerksamkeits-Inventar (Moosbrugger & Oehlschlägel, 1996) dient zur Erfassung der Aufmerksamkeit im Sinne einer Konzentrationsleistung durch schnelle und genaue Diskrimination zwischen Zielreizen und aufgabenirrelevanter Stimuli. Die Fähigkeit zur Konzentration wird durch die Kennwerte Leistung (L), Qualität (Q) und Kontinuität (K) dargestellt. Das Papier-Bleistift-Verfahren kann in zahlreichen Anwendungsfeldern, von der Eignungsdiagnostik bis zur Schulpsychologie und im Forschungskontext, in einem Altersbereich von 9 bis 72 Jahren eingesetzt werden.

Es bestehen zwei unabhängig voneinander einsetzbare Testteile, die zusammen 640 Items umfassen und sowohl zur Einzel- als auch zur Gruppentestung verwendet werden können. Die Testperson bearbeitet anhand eines vollständigen Markierungsprinzips zur Vermeidung von Leistungsverfälschungen zweifach variiertes Reizmaterial. Die Zielobjekte unterscheiden sich hinsichtlich ihrer Form (Kreis/Quadrat) und der Anzahl an enthaltenen Punkten (2/3). Die Bearbeitungszeit des gesamten Inventars (Teil A und B) einschließlich der Instruktionen beträgt ca. 10 Minuten. Die zweite aktualisierte Auflage von 2005 bietet eine automatische Auswertung und Erstellung eines Profilbogens mit Normwerten für die Kennwerte L, Q und K. Eine Schablonenauswertung anhand der beschriebenen Auswertungsschemata ist ebenfalls möglich. Die nach Altersgruppen differenzierten Normen der Erstauflage wurden 2005 auf N = 2.220 erweitert.

Die internen Konsistenzen der Kennwerte Leistung und Kontinuität liegen zwischen $\alpha = 0{,}90$ und $0{,}92$, die der Anschauungswerte Qualität und dem Markierungswert (M) zwischen $\alpha = 0{,}65$ und $0{,}80$. Retest- und Paralleltest-Reliabilitäten der L- und K-Skalen erreichen Werte zwischen 0,82 und 0,91. Durch die Ähnlichkeit zu verwandten Testverfahren (z.B. Test d2) und die geringen Zusammenhänge mit unähnlichen Konstrukten (z.B. Intelligenz mit CFT 3) ist die konvergente und diskriminante Validität gegeben. Die Autoren betonen abschließend, dass das Inventar im Vergleich zu ähnlichen Testverfahren weitgehend resistent gegenüber Verfälschungstendenzen ist. Für die computergestützte, adaptive Ermittlung der Konzentrationsfähigkeit kann z.B. der FAKT-II (Frankfurter Adaptiver Konzentrationsleistungs-Test; Moosbrugger & Goldhammer, 2007) eingesetzt werden.

Zusammengefasst: Mit Hilfe allgemeiner Leistungstests werden grundlegende Fähigkeiten wie Konzentration und Aufmerksamkeit erfasst. Dabei kommt es im Gegensatz zum Intelligenztest darauf an, einfache Aufgaben über einen bestimmten Zeitraum schnell und fehlerfrei zu bearbeiten. In der Regel weisen Testleistungen in Konzentrations- und Aufmerksamkeitstests geringe bis moderate Zusammenhänge mit Intelligenztestleistungen auf.

3.2.4 | Schulleistungstests

Definition

Schulleistungstests sind Verfahren der pädagogisch-psychologischen Diagnostik, mit deren Hilfe die Ergebnisse von geplanten und an Curricula orientierten Lernvorgängen möglichst objektiv, zuverlässig und gültig gemessen werden können (s. Ingenkamp & Lissmann, 2008). Schulleistungstests sollen Schwächen subjektiver Prüfungsmethoden vermeiden. Es wird zwischen *bezugsgruppenorientierten* und *kriteriumsorientierten* Schulleistungstests unterschieden: Erstere zeichnen sich dadurch aus, dass individuelle Testergebnisse von Schülern mit den Ergebnissen einer Bezugsgruppe verglichen werden. Demgegenüber werden individuelle Testergebnisse bei kriteriumsorientierten Schulleistungstests zu Kriterien in Beziehung gesetzt, die im Vorfeld bestimmt werden. Im Mittelpunkt des Interesses steht hier die Frage, ob bzw. wie gut ein bestimmtes Lernziel erreicht wurde. Daher ist im Rahmen der Entwicklung derartiger Verfahren eine curriculare Analyse erforderlich. Die derzeit veröffentlichten Schulleistungstests zeichnen sich durch gute Reliabilitäten und Validitäten aus. Während standardisierte Tests von Experten entwickelt werden und für überregionale Anwendungen konzipiert sind, werden informelle Schulleistungstests unmittelbar von Lehrern für die Bedürfnisse ihres Unterrichts erstellt.

Schuleingangstests

Von Schulleistungstests zu unterscheiden sind *Schuleingangstests*. Mit Schuleingangs- oder Schulreifetests soll geprüft werden, ob ein schulpflichtiges Kind den Anforderungen der Schule gewachsen ist. Dies geschieht anhand der Erfassung einfacher (kognitiver) Grundfertigkeiten, die Kinder benötigen, um dem Unterricht des ersten Schuljahrs folgen zu können. Zu den typischen Aufgaben gehören das Nachmalen von Formen, das Zeichnen abstrakter Figuren sowie visuelle Suchaufgaben. Reliabilität und Validität von Schuleingangstests sind in der Regel hoch. Da jedoch die Grundquote im Bereich der Schuleignung bei ca. 90 % liegt, schlagen Amelang und Schmidt-Atzert (2006) als sicherste Methode der Schuleingangsdiagnostik vor, alle Schüler einzuschulen und Schuleingangstests vornehmlich zur Erhebung von Frühindikatoren für potenzielle Schulprobleme zu nutzen.

Neben Schuleingangstests existieren auch Verfahren zur Abschätzung der Eignung für den Besuch weiterführender Schulen, insbesondere des Gymnasiums. Üblicherweise werden solche Testverfahren (z.B. Bildungsberatungstest für 4.–6. Klassen, BBT; Ingenkamp et al., 1977) im Verbund mit Schulleistungstests zur Schullaufbahndiagnostik verwendet.

Stichwort: Internationale Schulleistungsstudien. Internationale Schulleistungsstudien sollen in regelmäßigen Abständen den Leistungsstand von Schülerinnen und Schülern überprüfen und die Leistungsfähigkeit des
Bildungswesens im internationalen Vergleich feststellen. Die zugrunde
liegenden Tests, die nicht in die Leistungsbewertung der Schülerinnen
und Schüler einfließen, beziehen sich auf international abgestimmte
fachbezogene Kernkompetenzen bzw. auf bundesweit vereinbarte
Bildungsstandards. Sie sollen Ländern bzw. Schulen eine Standortbe-
stimmung ermöglichen und Hinweise für Verbesserungs- und Fördermaßnahmen geben. Bei der Interpretation der Ergebnisse werden so-
ziodemografische Merkmale von Schülern und Schulen sowie Lerngele-
genheiten und Instruktionsprozesse in Schulen berücksichtigt. Zu den
bekanntesten internationalen Schulleistungsstudien gehören:

▶ *PISA* (Programme for International Student Assessment bzw. Pro-
  gramm zur internationalen Schülerbewertung): durchgeführt im
  Drei-Jahres-Rhythmus bei 15-Jährigen in den Fächern/Lernbereichen
  Lesen, Mathematik, Naturwissenschaften;
▶ *TIMSS* (Trends in International Mathematics and Science Study):
  durchgeführt im Vier-Jahres-Rhythmus in Jahrgangsstufe 4 in Mathe-
  matik und Naturwissenschaften/Sachkunde);
▶ *PIRLS/IGLU* (Progress in International Reading Literacy Study bzw. In-
  ternationale Grundschul-Lese-Untersuchung): durchgeführt im Fünf-
  Jahres-Rhythmus in Jahrgangsstufe 4 im Bereich Lesen).

Im Falle von PISA obliegt die Projektkoordination einem internationalen
Konsortium unter Federführung des Australian Council for Educational
Research (ACER). Für die Durchführung der Studie in Deutschland ist ein
Konsortium verantwortlich, an dem sich sieben Forschungseinrichtungen
unter der Federführung des Max-Planck-Instituts für Bildungsforschung
beteiligen. Die PISA-Studien haben nicht nur ein nachhaltiges Medien-
echo, sondern auch heftige wissenschaftliche Debatten ausgelöst.

Kritik

Kritik wird u.a. geäußert an der Qualität und der curricularen Validität
der Testaufgaben. Zudem sind Zweifel an der interkulturellen Vergleichbarkeit laut geworden, die u.a. Übersetzungsprobleme, differentielle
Vertrautheit mit Aufgabenformaten zwischen Ländern sowie differentielle Motivation der Testteilnehmer thematisieren. Ein Problem bei der
Auswertung von PISA und ähnlichen Studien liegt darin, dass Leistungs-
unterschiede innerhalb eines jeden Staates weitaus größer sind als Un-

terschiede zwischen Staaten. Zusätzlich können trotz der sehr großen Stichproben in den Untersuchungen (ca. 5.000 Schüler pro Staat in PISA) systematische Verzerrungen auftreten.

Darüber hinaus hat Rindermann (2006) die Frage aufgeworfen, inwieweit internationale Schulleistungsstudien tatsächlich Schulleistung und nicht vielmehr allgemeine Intelligenz erfassen. Neben Aufgabenanalysen führt Rindermann auf Individual- und Staatenebene empirische Beziehungen zwischen Ergebnissen von Schulleistungsuntersuchungen und vergleichenden Intelligenzstudien an, die seine Aussagen stützen. Kritische Repliken durch die Verantwortlichen der kritisierten Schulleistungsstudien (z. B. Baumert et al., 2007; Prenzel et al., 2007) sowie eine breite interdisziplinär geführte fachliche Diskussion zu diesem Thema bereichern derzeit die Forschungslandschaft im Bereich der Fähigkeits- und Leistungsdiagnostik (s. Sonderheft des *European Journal of Personality*; August, 2007).

Beispiel

Allgemeiner Schulleistungstest für 2. Klassen (2. Auflage; AST2). Der AST2 (Rieder, 1991) ermöglicht die Erfassung der allgemeinen, fächerübergreifenden Schulleistung ab der zweiten Hälfte des zweiten Schuljahres. Gegliedert in fünf Subtests wird eine vergleichbare und objektive Bewertung des Leistungsstands in den Bereichen Wortschatz (WS), Rechtschreiben (RS), Zahlenrechnen (ZR), Leseverständnis (LV) und Textaufgaben (TA) ermittelt.

Neben der Anwendung im Forschungskontext kann der AST2 im Bereich der Schulleistungsdiagnostik zur Beratung, Prognose und Förderung eingesetzt werden. Mit insgesamt 100 Items und einer Gesamtbearbeitungsdauer von 90 Minuten kann das Inventar als Individual- und Gruppentestung verwendet werden. Zur Vereinfachung der Testung einer gesamten Klasse stehen dem Testleiter zwei Versionen (A und B) des Testheftes zur Verfügung. Nach einer kurzen Erklärung anhand von Übungsbeispielen werden die verschiedenen Untertests, nacheinander bearbeitet. Um die Testung für die 7 bis 9 Jahre alten Schüler zu erleichtern, ist eine 10-minütige Pause nach den ersten drei Subskalen vorgesehen.

Die Auswertung der Testbögen erfolgt für jede Skala durch Aufsummierung der Rohwerte. Aus den Normen (N = 1.751) können dann T-Wert- und Prozentrangintervalle für die Skalen und den Gesamttest abgeleitet werden, die jedoch nicht nach Alter und Geschlecht differenzieren. Die Zuverlässigkeit des Verfahrens ist mit Werten zwischen r = 0,81 und 0,93 für die Untertests und einer Reliabilität von 0,96 für die Gesamttestleistung als gut zu beurteilen. Ein Vergleich der Gesamtergebnisse mit den Schulnoten der Fächer Deutsch und Mathematik liefert Korrelationen von $r = 0,72$ und $0,71$.

Zur diagnostischen Betrachtung höherer Altersstufen stehen zwei weitere, vergleichbare *Allgemeine Schulleistungstests für 3. und 4. Klassen* (AST3 und 4; Fippinger, 1991, 1992) zur Verfügung. Zusätzlich zu den bereits beschriebenen sprachlichen und mathematischen Fähigkeiten werden in diesen Jahrgangsstufen Kenntnisse im Bereich Sachkunde erhoben. Umfang und Durchführung erfolgen analog zum AST2. Die Möglichkeit der Darstellung eines Testprofils anhand von Prozenträngen und T-Werten wurde um Notenvorschläge und Gesamtbeurteilungen der Deutsch- und Mathematikleistung erweitert. Untersuchungen hinsichtlich der Zuverlässigkeit ergeben ebenso gute bis sehr gute Reliabilitätskoeffizienten. Im Manual des AST 4 gibt Fippinger (1992) Interkorrelationstabellen der Untertests und des Gesamttests an. Zusammenhänge der Testteile untereinander liegen in einem mittleren Bereich zwischen $r = 0,48$ und $0,67$; Korrelationen der Teilleistungen mit dem Gesamtergebnis zwischen $r = 0,79$ und $0,83$.

Beispiel

Diagnostischer Rechtschreibtest für 1. Klassen (2. aktualisierte Auflage; DRT1). Der DRT1 (Müller, 2003) dient der quantitativen und qualitativen Bestimmung von Lese- und Rechtschreibstörungen zur Indikationsstellung einer Frühförderung. Das Papier-Bleistift-Verfahren erfasst am Ende des ersten Schuljahres nicht nur die Anzahl der Fehlleistungen eines Kindes, sondern gibt zusätzlich in sechs behandelten Fehlertypologien eine Einschätzung über die Fehlerschwerpunkte des Schülers. Somit findet der DRT1 in der Schulleistungs- und Legasthenie-Diagnostik, aber auch in der Förderung immigrierter, lernbehinderter oder sprachbehinderter Kinder seine Anwendungsmöglichkeiten.

Der in zwei Parallelformen zur Einzel- und Gruppendiagnostik vorliegende Test umfasst 30 Testwörter, die in zwei Geschichten integriert sind. Diese Geschichten werden den Schülern durch einen Lehrer oder Testleiter diktiert. Die Testung dauert etwa 30 bis 45 Minuten. Die Auswertung des Testbogens erfolgt je nach diagnostischem Interesse in quantitativer und/oder qualitativer Form. Ein Rohwert, der die Anzahl falsch geschriebener Wörter erfasst, kann in Prozenträngen dargestellt werden und beschreibt eine objektive, vergleichbare quantitative Auswertung. Eine Zuordnung der unterschiedlichen Fehler eines Kindes erfolgt zu den sechs Fehlerkategorien bezüglich der möglichen Fehlerarten. Mit Hilfe des Ausweteschlüssels und nach Transformation der Ska-

Abb 3.2 | *Concept-Map zur Differenzierung von Fähigkeits- und Leistungstests (weitere Differenzierungen zu den Schulleistungstests finden sich in Abb. 7.1)*

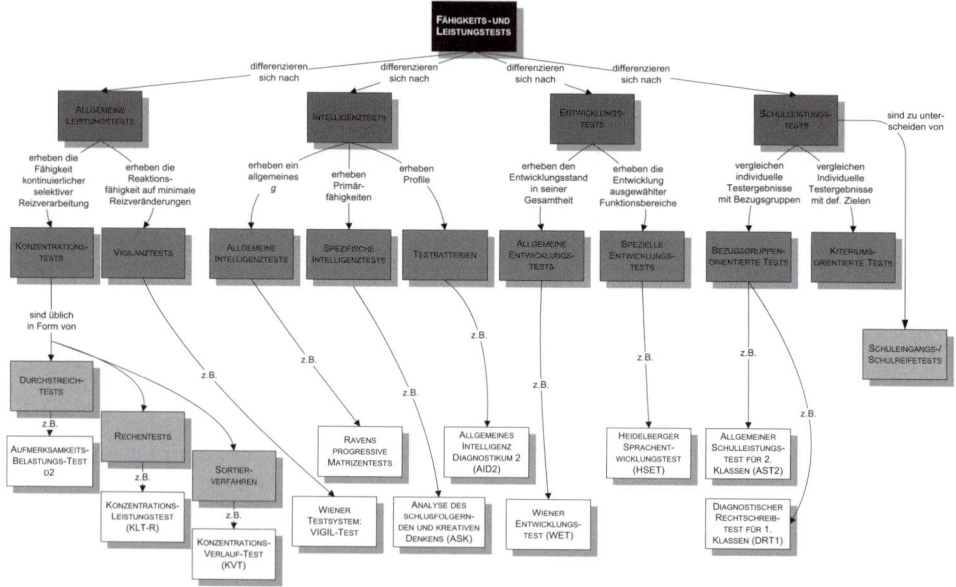

lenrohwerte in Prozentrangwerte kann ein individuelles Fehlerprofil erstellt werden.

Die 1994 erhobene Normstichprobe umfasst N = 1.488 Schüler und Schülerinnen. Mit Reliabilitätskoeffizienten zwischen r = 0,89 und 0,95 erreicht die quantitative Beschreibung der Rechtschreibleistung ebenso wie die genaue Fehlerbetrachtung mit gemittelten Werten zwischen r = 0,84 und 0,92 ein sehr gutes Niveau. Untersuchungen zur Validität des Verfahrens liefern mittlere Zusammenhänge von r = 0,81 zwischen externen Kriterien wie dem Lehrerurteil und dem Testergebnis.

Zur Weiterführung der Lese- und Rechtschreibdiagnostik in den Klassenstufen 2 bis 5 stehen die Testverfahren *DRT2* bis *DRT5* zur Verfügung. Die Schwierigkeit der Fehlerwörter wurde dazu an das jeweilige Schuljahr angepasst, und es wurden klassenstufenspezifische Normen ermittelt. Reliabilitäts- und Validitätskennwerte liegen in ähnlichen Größenordnungen wie die bereits beschriebenen Werte des DRT1. Im Manual des DRT2 werden zusätzliche Belege für die zeitliche Stabilität des Verfahrens angeführt, die hinsichtlich der qualitativen Auswertung mäßig, bezüglich der quantitativen Auswertung gut ausfallen. Den jeweiligen

Testinventaren der Diagnostischen Rechtschreibtests sind außerdem Trainingsmaterialien zur Intervention bei Lese- und Rechtschreibschwierigkeiten beigefügt.

Zusammengefasst: Schulleistungstests dienen der Objektivierung von Lernvorgängen. In bezugsgruppenorientierten Schulleistungstests werden die Testergebnisse einzelner Schüler mit den Ergebnissen einer Bezugsgruppe verglichen. Bei kriteriumsorientierten Schulleistungstests werden individuelle Testergebnisse zu Kriterien in Beziehung gesetzt, die im Vorfeld bestimmt wurden.

Persönlichkeitstests | 3.3

Definition

Persönlichkeit kann als „bei jedem Menschen einzigartiges, relativ stabiles und zeitlich überdauerndes Verhaltenskorrelat" definiert werden (Häcker & Stapf, 2004, S. 696).

Im Mittelpunkt der Persönlichkeitsdiagnostik steht die Erfassung der Eigenschaften (*Traits*), die als Verhaltensdispositionen (-tendenzen) verstanden werden können, denen eine Person über verschiedene Situationen und einen längeren Zeitraum hinweg folgt. Darüber hinaus sollen diese Eigenschaften für die Unterscheidung von Menschen bedeutsam sein. Die Existenz derartiger Dispositionen kann in der Psychologie der Gegenwart als gesichert gelten.

Traits

Unter Persönlichkeitsforschern besteht zudem zunehmend Konsens über die besondere Eignung eines Modells, in dem interindividuelle Verhaltensunterschiede im Rahmen von fünf relativ breiten und robusten Faktoren oder Bereichen erfasst werden (*Fünf-Faktoren-Modell*). Diese fünf Faktoren werden in der Regel wie folgt bezeichnet:

Fünf-Faktoren-Modell (FFM)

▶ Extraversion (E),
▶ Verträglichkeit (V),
▶ Gewissenhaftigkeit (G),
▶ Neurotizismus (N) und
▶ Offenheit für Erfahrung (O) bzw. Intellekt.

Eine ausführliche Darstellung der Entwicklung des Fünf-Faktoren-Modells der Persönlichkeit (FFM) auf der Grundlage früher lexikalischer Studien geben John und Autoren (1988). Zur konvergenten und diskriminanten Validität dieser Merkmale liegt ebenfalls umfangreiche Literatur vor (z.B. McCrae & Costa, 1997). Zur Erfassung der fünf Faktoren stehen reliable und valide Messinstrumente (z.B. Ostendorf & Angleiter, 2004; Borkenau & Ostendorf, 1993) zur Verfügung, die zunehmend zum festen Bestandteil persönlichkeitspsychologischer Forschung geworden sind. Die Prominenz des FFM liegt auch darin begründet, dass sich die meisten Skalen aus den Persönlichkeitsmodellen anderer Autoren – z.B. die 16 Primärfaktoren nach Cattell (1972) oder die 18 Persönlichkeitszüge im California Personality Inventory (CPI) von Gough (1957) – dem FFM sinnvoll zuordnen lassen.

Den hierarchischen Intelligenzmodellen (s. → Kap. 3.2.2) nicht unähnlich, wird im FFM auf der Ebene unterhalb der fünf breiten Persönlichkeitsdimensionen E, V, G, N und O die Existenz spezifischer Faktoren bzw. Facetten angenommen. Auf dieser Ebene herrscht jedoch bislang keine Einigkeit darüber, welche spezifischen Faktoren die fünf großen Persönlichkeitsdimensionen verbindlich definieren (s. Ostendorf & Angleitner, 2004).

3.3.1 | Persönlichkeitsfragebögen

Likert-Skalen   Im Gegensatz zur Intelligenz- und Leistungsdiagnostik ist das vorherrschende Messverfahren in der Persönlichkeitspsychologie der *Fragebogen*. Üblicherweise werden Testpersonen in solchen Persönlichkeitsfragebögen gebeten, eine Liste von Aussagen (Items) anhand einer vorgegebenen Antwortskala dahingehend einzuschätzen, wie sehr die Aussage auf sie zutrifft. Ein typisches Item zur Messung von Extraversion lautet z.B.: „Ich gehe gern auf Parties". Zur Beantwortung stehen der befragten Person meist mehrfach abgestufte *Likert-Skalen* zur Verfügung, mit deren Hilfe eine relative Zustimmung oder Ablehnung angegeben werden kann. In die Berechnung des Rohwertes für die Dimension gehen diese Antworten dann mit unterschiedlichen Zahlenwerten ein (z.B. „starke Ablehnung" mit 1, „Ablehnung" mit 2, „neutral" mit 3, „Zustimmung" mit 4 und „starke Zustimmung" mit 5). Die Rohpunktwerte für die Items einer bestimmten Dimension werden addiert und mit Hilfe einer Normstichprobe in einen Standardwert überführt. Anhand dieses Standardwertes kann abgelesen werden, ob und in welchem Ausmaß die Ausprägung der Testperson von der Vergleichspopulation abweicht.

Zu den Vorteilen des Fragebogenformats kann gezählt werden, dass neben auf beobachtbares Verhalten abzielende Fragen auch Einstellun-

gen oder innere Zustände angesprochen werden können, die im Zuge
von Verhaltensbeobachtungen nur schwer oder gar nicht zugänglich
wären (s. → Kap. 3.5). Die gängigen Fragebogenverfahren im Persönlich-
keitsbereich zeichnen sich zudem durch eine hohe Durchführungs-,
Auswertungs- und Interpretationsobjektivität aus.

Trotz ihrer Ökonomie und ihrer weiten Verbreitung in Forschung
und Anwendung sind Fragebogenverfahren mit spezifischen Problemen
behaftet. Im Folgenden sollen ausgewählte Probleme angesprochen werden (s. a. → Kap. 8.1.1).

Problematik der Fragebogenverfahren

Antworttendenzen: Unter der Bezeichnung „Antworttendenzen" (response-
sets) wird die Neigung von Befragten verstanden, Items aus einem Fragebogen nicht nur nach dem Wahrheits-, sondern auch nach anderen
Prinzipien zu beantworten. Neben unsystematischer Beantwortung, z. B.
durch wahlloses Ankreuzen, sind hier v. a. die weitverbreitete Zustim-
mungs- oder Ja-Sage-Tendenz (*Akquieszenz*) sowie die *Tendenz zur Mitte*
bzw. zu unentschiedenen Antwortmöglichkeiten wie „teils/teils" zu
nennen. Grundsätzlich sind natürlich auch Tendenzen zu Extremant-
worten bzw. eine Nein-Sage-Tendenz möglich. Da individuelle Differenzen in Antworttendenzen selbst eine gewisse Stabilität aufweisen, fassen manche Autoren Antworttendenzen als Ausdruck von Persönlichkeitseigenschaften auf (z. B. Messick, 1991).

Durch die Verwendung *invertierter Items*, d. h. einzelner Aussagen, die
eine Ablehnung erfordern, um im Sinne des Merkmals verrechnet zu
werden, kann der Akquieszenz im Zuge der Fragebogenkonstruktion
entgegengewirkt werden. Um wahlloses Antworten aufzudecken, enthalten einige Fragebogenverfahren *Kontrollitems* (z. B. „Ich habe mich bemüht, alle Fragen in diesem Fragebogen ehrlich und zutreffend zu beantworten.").

Soziale Erwünschtheit: Eine weitere, gut untersuchte Antworttendenz ist
die soziale Erwünschtheit. Sie ist dadurch gekennzeichnet, dass die Antworten einer Person in Richtung einer positiven Selbstdarstellung verfälscht sind. Möglich wird diese Verfälschung, weil für die Mehrzahl der
Items in Persönlichkeitsfragebögen erkennbar ist, ob eher eine zustim-
mende oder eine ablehnende Antwort vorteilhaft ist. Auch das Erkennen
der Zuordnung von Items zu den Inhaltsdimensionen, die sie erfassen
sollen, gelingt in der Regel ohne große Anstrengung. So kann erklärt
werden, dass Befragte nach entsprechender Aufforderung in der Lage
sind, ihr Persönlichkeitsprofil so zu beeinflussen, dass sie für spezifische
Berufsanforderungen besser oder weniger gut geeignet erscheinen (Pauls
& Crost, 2005). Es ist naheliegend, dass Personen in persönlich bedeut-

samen Testsituationen (z. B. im Rahmen der Bewerbung um einen begehrten Arbeitsplatz) stärker geneigt sind, sich positiv darzustellen, als in weniger starken Situationen. Zudem lassen sich nach Paulhus (1984) zwei Komponenten sozialer Erwünschtheit unterscheiden: vor anderen einen guten Eindruck machen zu wollen (*impression management*) und vor sich selbst gut dastehen zu wollen (*self-deception*).

Aus diagnostischer Sicht sind derartige Tendenzen insbesondere dann problematisch, wenn die getesteten Personen unterschiedlich stark dazu tendieren, sozial erwünscht zu antworten. Amelang und Schmidt-Atzert (2006) diskutieren ausführlich die verschiedenen Lösungsansätze, die bezüglich dieser Problematik vorgeschlagen und untersucht wurden, und fassen sie mit den Schlagworten „Verhindern", „Kontrollieren" und „Ignorieren" zusammen (S. 248).

Hinter dem Schlagwort „Verhindern" verbirgt sich im Wesentlichen die in der Instruktion vieler Persönlichkeitsfragebögen formulierte Aussage, es gebe keine richtigen oder falschen Antworten. Damit ist die Hoffnung verbunden, dass die Befragten diesem Hinweis zufolge ehrlicher antworten.

Hinter „Kontrollieren" verbirgt sich der Versuch, mit Hilfe der Verwendung von sog. *Kontroll-* oder *Lügenskalen* Hinweise auf Personen zu erhalten, in deren Antworten eine besonders starke Tendenz zur Beantwortung im Sinne sozialer Erwünschtheit erkennbar ist. Derartige Skalen (z. B. die Marlowe-Crowne-Skala zur sozialen Erwünschtheit; Crowne & Marlowe, 1960) bedienen sich Itemformulierungen, die besonders erwünscht, aber selten sind (z. B. „Ich zögere nie, wenn ich jemandem helfen kann, der in Schwierigkeiten steckt.") oder aber unerwünscht, dafür jedoch weitverbreitet (z. B. „Ich habe schon einmal eine Krankheit vorgetäuscht, um mich vor etwas zu drücken."). Weisen Personen hohe Werte in solchen Skalen auf, wird dies als Warnhinweis gedeutet, dass auch die übrigen Antworten dieser Person nicht wahrheitsgemäß gegeben wurden.

Wie in der Folge mit der Testperson bzw. ihren Angaben zu verfahren ist, wird jedoch oftmals nicht spezifiziert. Versuche, in empirischen Studien durch die nachträgliche statistische Kontrolle von sozialen Erwünschtheitswerten die Validität von Persönlichkeitsfragebögen zu steigern, waren ebenfalls nicht erfolgreich (s. Ones et al., 1996). Zudem besteht die Möglichkeit, dass Personen, die sich durch besonders hohe moralische Standards auszeichnen, fälschlicherweise als Lügner verdächtigt werden. Schließlich gibt es Hinweise, dass soziale Erwünschtheitswerte in eignungsdiagnostischen Settings tendenziell mit Erfolgskriterien korrelieren. Dies erlaubt die vorsichtige Interpretation, dass Personen, die sich geschickt sozial erwünscht darstellen, auch in relevanten Erfolgskriterien besser abschneiden. Zusammengenommen legen die angesprochenen Schwierigkeiten für einige Autoren die Empfehlung nahe, sozial erwünschtes Antworten zu „ignorieren" (z. B. Marcus, 2003).

NEO-Persönlichkeitsinventar nach Costa und McCrae (NEO-PI-R). Das deutsche NEO-PI-R (Ostendorf & Angleitner, 2004) dient der differenzierten und mit dem englischsprachigen Original vergleichbaren Erfassung der fünf Persönlichkeitsdimensionen Neurotizismus, Extraversion, Offenheit für Erfahrungen, Verträglichkeit und Gewissenhaftigkeit, einschließlich ihrer Facetten. Das Inventar kann über Forschungszwecke hinaus zur Berufsberatung sowie in arbeits-, betriebs- und organisationspsychologischen Kontexten verwendet werden. Zur Beschreibung der Persönlichkeitsstruktur beinhaltet das NEO-PI-R eine Selbst- (Form S) sowie eine Fremdeinschätzungsform (Form F), in denen die fünf Faktoren durch jeweils sechs Facetten erfasst werden.

► *Neurotizismus (N):* Ängstlichkeit, Reizbarkeit, Depression, Soziale Befangenheit, Impulsivität, Verletzlichkeit.
► *Extraversion (E):* Herzlichkeit, Geselligkeit, Durchsetzungsfähigkeit, Aktivität, Erlebnishunger, Frohsinn.
► *Offenheit für Erfahrungen (O):* Offenheit für Fantasie, Offenheit für Ästhetik, Offenheit für Gefühle, Offenheit für Handlungen, Offenheit für Ideen, Offenheit des Normen- und Wertesystems.
► *Verträglichkeit (V):* Vertrauen, Freimütigkeit, Altruismus, Entgegenkommen, Bescheidenheit, Gutherzigkeit.
► *Gewissenhaftigkeit (G):* Kompetenz, Ordnungsliebe, Pflichtbewusstsein, Leistungsstreben, Selbstdisziplin, Besonnenheit.

Die Persönlichkeitsbögen, welche jeweils 240 Items in Form einer Aussage enthalten, können als Einzel- und Gruppentestung durchgeführt werden und benötigen eine Bearbeitungszeit von 30 bis 40 Minuten. Die Testpersonen schätzen auf einer fünfstufigen Likert-Skala ihre Zustimmung bzw. Ablehnung zu den unterschiedlichen Aussagen ein. Zur Auswertung des Fragebogens werden die Werte zu Facettenrohwerten bzw. zu Dimensionsrohwerten addiert. Anhand des Manuals können die Rohwerte für alters-, geschlechts- und bildungsspezifische Gruppen in T-, Stanine- und Prozentrangwerte übertragen werden. Für eine standardisierte Rückmeldung der Ergebnisse an die Testpersonen sind ausführliche Materialien im Manual bereitgestellt.

Die Normstichprobe des Inventars umfasst insgesamt N = 11.724 Personen im Altersbereich von 16 bis 50 Jahren. Auf Dimensionsebene bewegen sich die internen Konsistenzen zwischen α = 0,87 und 0,92 mit Retest-Reliabilitäten nach einem Monat zwischen r_{tt} = 0,88 und 0,91. Die Festlegung der Struktur auf fünf Persönlichkeitsdimensionen wurde mehrfach faktorenanalytisch abgesichert. Zahlreiche Vergleiche mit anderen Persönlichkeitsinventaren zeigen, dass sich die Dimensionen des NEO-PI-R sinnvoll verwandten Skalen zuordnen lassen. Die Form F weist Beurteilerübereinstimmungen zwischen r = 0,40 und 0,51 und Zusammenhänge zwischen Selbst- und Fremdeinschätzungen im Bereich zwischen r = 0,47 und 0,61 auf. Entsprechende Kennwerte sind im Manual auch für die einzelnen Facetten des Inventars aufgeführt.

Mit dem *NEO-FFI* (Borkenau & Ostendorf, 1993) liegt eine 60 Items umfassende Kurzform vor, die sich v. a. im Forschungskontext zur Erfassung der fünf Faktoren großer Beliebtheit erfreut und jüngst in 2. neu normierter und überarbeiteter Auflage erschienen ist (Borkenau & Ostendorf, 2008).

Beispiel

Bochumer Inventar zur berufsbezogenen Persönlichkeitsbeschreibung (2. Auflage; BIP). Mit Hilfe von 14 persönlichkeitsorientierten Beschreibungsdimensionen ermöglicht das BIP (Hossiep & Paschen, 2003) Selbst- bzw. Fremdeinschätzungen erwachsener Testpersonen in Bezug auf berufsrelevante Aspekte. Die Anwendungsbereiche des Inventars erstrecken sich von der Berufsberatung bis hin zur Personalentwicklung und -platzierung. Den Autoren zufolge ist der Fragebogen für klinisch auffällige Personen nicht geeignet und erfüllt auch in seinen Anwendungsmöglichkeiten nur unterstützende Funktion in Ergänzung zu anderen Testverfahren. Beide Versionen des Fragebogens, Fremd- und Selbstbeurteilung, beinhalten 14 deduktiv konstruierte Persönlichkeitsdimensionen, die wiederum zu vier praxisorientierten Beschreibungsmodulen zusammengefasst werden können. Außerdem werden vier Zusatzindizes ermittelt, die jedoch in der Auswertung aufgrund fehlender Normwerte nicht berücksichtigt werden können.

▶ *Module:* Berufliche Orientierung, Arbeitsverhalten, Soziale Kompetenzen, Psychische Konstitution.
▶ *Zusatzindizes:* Kontrollerleben, Wettbewerbsorientierung, Mobilität, Freizeitorientierung.

Das Inventar kann als Gruppen- oder Einzeltestung eingesetzt werden. Ein Mindestalter von 21 Jahren und erwünschte Vorkenntnisse im Bereich der Wirtschaft beschränken die Gruppe der Zielpersonen. Die Bearbeitungsdauer für den Bogen zur Selbstbeurteilung (210 Items) beträgt 45 Minuten. Hinzu kommen weitere 10 bis 15 Minuten bei der optionalen Verwendung der Fremdeinschätzung (42 Items). Im Zuge der Auswertung werden Summenwerte der 14 Beschreibungsdimensionen gebildet, die mit Hilfe des Manuals in Stanine-Werte überführt und in ein Profilblatt eingetragen werden. Dieses Profilblatt dient, zusammen mit Beispielinterpretationen der Autoren, einer differenzierten Rückmeldung an die Testperson.

Ergebnisse der Fremdbeurteilung können nicht in Standardwerte umgerechnet und damit nur eingeschränkt verwendet werden. Die Normstichprobe des Inventars in seiner zweiten Auflage umfasst N = 9.303 Personen unterschiedlicher Berufs- und Leistungsgruppen. Während die Altersgruppe der 24- bis 50-jährigen Personen mit einem N von insgesamt 8.116 gut abgedeckt ist, umfasst die Stichprobe der über 50-jährigen Personen lediglich ein N von 311. Die internen Konsistenzen der Skalen liegen zwischen α = 0,74 und 0,91 und erreichen somit ein gutes Niveau, ebenso wie die Stabilität für einen Zeitraum von zwei bis drei Jahren von r_{tt} = 0,70. Eine Validierung des BIP wurde durch Vergleiche mit Berufskriterien und anderen persönlichkeitsorientierten Verfahren erzielt. Zusammenhänge zwischen den Subskalen des BIP und objektiven Kennwerten wie Einkommen oder Hierarchiestufe liegen in einem Bereich von r = 0,41 und 0,49. Vergleichsbetrachtungen mit anderen Persönlichkeitsfragebögen (NEO-FFI, 16 PF-R, EPI) ergeben konvergente Validitäten korrespondierender Skalen zwischen r = 0,54 und 0,84.

Zusammengefasst: Persönlichkeitsfragebögen werden verwendet, um zentrale Verhaltenstendenzen von Individuen zu erfassen. Ein gut etabliertes Modell der Persönlichkeit ist das Fünf-Faktoren-Modell mit den Dimensionen Neurotizismus, Extraversion, Offenheit, Verträglichkeit und Gewissenhaftigkeit. Persönlichkeitsfragebögen sind verfälschbar, da ihre Messintention vergleichsweise einfach durchschaubar ist. Für die Praxis erweist sich dieses Problem überraschenderweise jedoch als weniger gravierend.

Verfahren zur Erfassung von Motivation und Interesse | 3.3.2

Motivation

Die *Motivationsforschung* beschäftigt sich mit dem Antrieb, der dem zielgerichteten Verhalten von Menschen zugrunde liegt. Zum einen wird hierbei die Vielzahl denkbarer Ziele zu einzelnen Motivklassen zusammengefasst. Die individuelle Bewertung einzelner Motive bedingt hierbei die diesbezügliche Ausrichtung des Verhaltens einer Person. Um verhaltenswirksam zu werden, benötigen Motive jedoch weiterhin situative Anregungen durch bestimmte Anreize. Im Zusammenspiel zwischen situativen Komponenten und Bewertungen der Motive durch die Person entsteht dann *Motivation* bzw. die Energetisierung des Verhaltens (s. Schneider & Schmalt, 2000).

States Das Leistungsmotiv einer Person z.B. schlägt sich nach dieser Auffassung somit nur dann im Verhalten nieder, wenn die Situation der Person Gelegenheit bietet, die eigenen Kompetenzen zu erproben und zu steigern (Heckhausen, 1989). Somit steht die Wechselbeziehung von Person und Situation stärker im Mittelpunkt der Motivationsdiagnostik als in klassischen Eigenschaftsansätzen. Eine möglichst genaue Erfassung der aktuellen Motivation in einer bestimmten Situation erfordert demzufolge streng genommen die Messung von Zuständen (*States*). Die Erfassung von Motiven und Interessen weist im Gegensatz hierzu starke Ähnlichkeiten zur Diagnostik eigenschaftsorientierter Persönlichkeitsmerkmale auf, wie sie unter Kapitel 3.3 besprochen wurden. Die wechselseitige Nähe dieser beiden Ansätze kommt auch im Titel eines Standardwerks aus der frühen Motiv(ations)forschung zum Ausdruck, dessen Titel „Explorations in personality" lautet (Murray, 1938).

Kritik

Eine strenge begriffliche Trennung von Motiven und Motivation erfolgt in der Fachliteratur nur unzureichend. So bezeichnen Schuler und Prochaska (2001) ein von ihnen entwickeltes Verfahren zur Messung berufsbezogener Leistungsorientierung als *Leistungsmotivationsinventar* (LMI), obwohl streng genommen motivationale Personenmerkmale erfasst werden. Inhaltlich gehören die 17 mittels des LMI erfassten Dimensionen (z.B. Beharrlichkeit, Dominanz, Furchtlosigkeit, Selbstständigkeit) neben kognitiven Fähigkeiten zu den berufserfolgsrelevanten Personenmerkmalen (Eckardt & Schuler, 1992).

Zielorientierung *Zielorientierungen* spielen besonders im Kontext der Lern- und Leistungsmotivationsforschung eine bedeutsame Rolle. Hier wird die Annahme vertreten, dass sich menschliches Erleben und Verhalten über die Kenntnis der Ziele von Personen erklären und vorhersagen lässt. Im Rahmen der trichotomen Zielorientierungstheorie nach Elliot und Mitarbeitern (Elliot, 1999; Harackiewicz et al., 1998) stehen dabei Lernziele, Annäherungs-Leistungsziele und Vermeidungs-Leistungsziele im Vordergrund. Lernzielorientierten Personen geht es bei der Beschäftigung mit Aufgaben in erster Linie darum, ihre Kompetenzen zu erweitern. Dagegen beschreibt Annäherungs-Leistungszielorientierung die Tendenz, hohe Fähigkeiten zeigen zu wollen, und Vermeidungs-Leistungszielorientierung die Tendenz, vermeintlich mangelnde Fähigkeiten nach Möglichkeit zu verbergen. Eine Tendenz zur Arbeitsvermeidung liegt vor, wenn das Ziel im Vordergrund steht, möglichst wenig Arbeit zu investieren.

Beispiel

Skalen zur Erfassung von Lern- und Leistungsmotivation (SELLMO). Die SELLMO (Spinath et al., 2002) dienen der Messung von Zielorientierungen, die in Lern- und Leistungssituationen besonders wichtig sind. Hierbei werden Lernziele, Annäherungs-Leistungsziele, Vermeidungs-Leistungsziele und die Tendenz zur Arbeitsvermeidung erfragt. Die SELLMO sind geeignet für den Einsatz bei Schülern und Schülerinnen der Klassenstufen 4 bis 10 sowie bei Studierenden. Die Erfassung der Zielorientierungen erfolgt anhand von 31 Selbstberichtitems. Das Verfahren ist für Forschungs- und Beratungskontexte gleichermaßen geeignet. Insbesondere zur Klärung der Ursachen schulischer Minderleistungen werden die SELLMO zur Individualdiagnostik eingesetzt.

Die Testung kann als Einzel- oder Gruppentestung erfolgen und dauert 7 bis 15 Minuten. Zahlreiche Befunde belegen die Reliabilität der SELLMO. So liegen die Split-Half-Reliabilitäten in der Gesamtstichprobe zwischen 0,73 und 0,78. Retest-Reliabilitäten (6-Monats-Intervall mit Zwischenzeugnis) lagen zwischen 0,54 und 0,63. Die faktorielle Struktur der SELLMO ist durch Faktorenanalysen bestätigt. Die konvergente und diskriminante Validität des Verfahrens ist ebenfalls gut belegt.

Erwartungskonform bestehen für die SELLMO-Subskalen positive Zusammenhänge mit anderen Verfahren zur Messung von Zielen sowie lediglich unbedeutsame Zusammenhänge mit nicht verwandten Konstrukten (z.B. Prüfungsängstlichkeit, Fähigkeitskonzept). Darüber hinaus zeigen sich substanzielle Zusammenhänge zwischen den SELLMO-Kennwerten und Schulnoten. Für die vier SELLMO-Subskalen liegen Prozentrangnormen und T-Werte für Schüler und Schülerinnen der Stufen 4 bis 10 vor, und zwar in Form von separaten Normen für die Altersgruppen der Klassen 4 bis 6 und 7 bis 10 (N = 3.105). Separate Normen für verschiedene Schulformen oder Jungen und Mädchen sind aufgrund fehlender Unterschiede nicht notwendig.

Interesse

Neben Motiven werden Interessen als wesentlicher Bestandteil menschlicher Handlungsregulation betrachtet. Sie steuern Aufmerksamkeitsprozesse und charakterisieren intrinsisch motiviertes Verhalten. Ähnlich der Motivationsdiagnostik werden stärker eigenschaftsorientierte und stärker zustandsorientierte Betrachtungsweisen unterschieden. Interesse richtet sich zudem immer auf einen konkreten Gegenstand (Rubinstein, 1966). Die Erfassung individueller Interessen geschieht meist auf der Basis einer dispositionellen Konzeption. *Interessen* werden hierbei als relativ stabile und in der Persönlichkeit verankerte Handlungstendenzen verstanden, die zur Vorhersage zukünftigen Verhaltens herangezogen werden können.

RIASEC-Modell   Holland (1997) hat mit dem sog. *RIASEC-Modell* eine strukturelle Theorie beruflicher Interessen formuliert. Hierbei wird zwischen sechs Orientierungen unterschieden:

▶ praktisch-technisch (*R*ealistic),
▶ intellektuell-forschend (*I*nvestigative),
▶ künstlerisch-sprachlich (*A*rtistic),
▶ sozial (*S*ocial),
▶ unternehmerisch (*E*nterprising) sowie
▶ konventionell (*C*onventional).

Hollands RIASEC-Modell ist in den vergangenen Jahren sowohl im Forschungs- wie im Anwendungskontext auf breites Interesse gestoßen. Es wird angenommen, dass sich berufliche Umwelten ebenso klassifizieren lassen wie Personen. Die Übereinstimmung der Orientierungsmuster von Person und Umwelt wird im RIASEC-Modell als Kongruenz bezeichnet und stellt der Theorie zufolge eine wichtige Bedingung affektiver Arbeitseinstellungen (z. B. Arbeitszufriedenheit) dar.

normatives und   Bei der Interessentestung wird zwischen normativen und ipsativen
ipsatives Prinzip   Messkonzepten unterschieden. Das *normative* Prinzip entspricht der Vorgehensweise bei der Berechnung von standardisierten Skalenwerten in Persönlichkeitstests (s. → Kap. 3.3.1). Bei der Erfassung von Interessen kann dieses Vorgehen jedoch problematisch sein, wenn Testpersonen viele Tätigkeiten interessant finden. Eine Methode, um die Differenzierung zwischen verschiedenen Interessenkategorien zu forcieren, ist die *ipsative* Messung. Hier werden der Testperson Zwangswahlitems vorgegeben, und sie muss z. B. entscheiden, welche von zwei Tätigkeiten sie lieber ausführt.

Ein ähnliches Konzept liegt Items zugrunde, bei denen Tätigkeiten, die verschiedenen Interessenkategorien angehören, in eine Rangreihe gebracht werden müssen. Bei der Verrechnung der Antworten zu Summenwerten können die Rangreihenplätze einzelner Antwortalternativen anhand unterschiedlicher Punktwerte berücksichtigt werden. Bei der Interpretation solcher Summenwerte ist jedoch zu beachten, dass diese zunächst nur etwas über die relative Position einer Interessenkategorie im Vergleich zu den übrigen Interessenkategorien aussagen. Sie eignen sich somit für eine intraindividuelle Betrachtung, etwa im Rahmen eines Interessenprofils, sagen jedoch nichts über die absolute Stärke eines Interesses aus.

Beispiel

Allgemeiner Interessen-Struktur-Test (AIST-R) mit Umwelt-Struktur-Test (UST-R). Der AIST-R (Bergmann & Eder, 2005) dient der Erfassung schulisch-beruflicher Interessen und geht auf das bereits beschriebene RIASEC-Modell von Holland (1997) zurück. Die sechs Interessendimensionen des Modells werden mit insgesamt 60 Items erfasst und in eine Profildarstellung überführt. Der UST-R besteht aus denselben 60 Items, unterscheidet sich aber hinsichtlich der Instruktion, entsprechend derer die Items in Bezug auf schulisch-berufliche Umwelten beantwortet werden sollen. Der Grad der Übereinstimmung zwischen Person- und Umweltprofil lässt nach Holland Rückschlüsse auf Zufriedenheit und Leistung zu. Beide Verfahren können bei Jugendlichen ab 14 Jahren und bei Erwachsenen verwendet werden. Als Einsatzbereiche werden von den Autoren sowohl Berufs-, Bildungs- und Laufbahnberatung als auch Personalauswahl und Organisationsentwicklung genannt. Zudem ist das Verfahren für die Forschung geeignet.

AIST-R bzw. UST-R können in Form von Einzel- oder Gruppentest durchgeführt werden und dauern jeweils ca. 10 bis 15 Minuten. Die Auswertung erfolgt mit Hilfe von Schablonen. Zuerst werden Rohwerte für alle sechs Skalen (Realistic, Investigative, Artistic, Social, Enterprising, Conventional) summiert und danach anhand von Normierungstabellen in Standardwerte (M = 100; s = 10) umgerechnet. Die Normstichprobe umfasst N = 2.496 Personen im Alter zwischen 15 und 28 Jahren. Objektivität, Reliabilität und Validität des AIST-R können als hinreichend gesichert betrachtet werden. So liegen die internen Konsistenzen der Skalen zwischen α = 0,82 und 0,87, die Stabilität nach einem Monat zwischen 0,85 und 0,92. Faktorenanalytische Betrachtungen spiegeln mit geringfügigen Einschränkungen die von Holland postulierte Struktur wider.

Bei einem Vergleich mit dem ebenfalls auf dem RIASEC-Modell beruhenden EXPLORIX (Jörin et al., 2004) zeigten sich Korrelationen zwischen 0,55 und 0,68 zwischen den entsprechenden Tätigkeits- bzw. Interessenskalen. Zusätzlich ließen sich die in mehreren angloamerikanischen Studien gefundenen Zusammenhänge zwischen Interessen und Persönlichkeitsfaktoren replizieren. Darüber hinaus deuten die Zusammenhänge der unrevidierten Testfassung (AIST) mit anderen Interessentests, Selbstkonzeptmerkmalen, Werthaltungen und Fähigkeitsmerkmalen auf eine gute Konstruktvalidität hin.

Zusammengefasst: In der Motivationsforschung wird zwischen situativen und Personenmerkmalen unterschieden, deren Zusammenspiel darüber entscheidet, ob motiviertes Verhalten auftritt. Auf Seiten der Person können Motive und Interessen betrachtet werden. Bei der Diagnostik von Interessen werden normative und ipsative Messkonzepte unterschieden. Letztere stellen eine Möglichkeit dar, Differenzierungen zwischen verschiedenen Interessenkategorien zu forcieren.

3.3.3 | Nichtsprachliche und objektive Persönlichkeitstests

Die große Mehrheit diagnostischer Verfahren zur Persönlichkeitsmessung bedient sich verbaler Selbstberichte. Problematisch hierbei ist, dass die Messintention relativ leicht durchschaubar ist und Testpersonen sich daher in einer besonders erwünschten Art und Weise darstellen können. Zudem handelt es sich bei den gängigen Persönlichkeitsfragebögen um explizite Messinstrumente, d. h. Konstrukte, die mit ihnen erfasst werden sollen, müssen introspektiv zugänglich sein und bewusst verarbeitet werden (s. Krohne & Hock, 2007).

objektive Tests (OTs)   Objektive Persönlichkeitstests stellen einen Versuch dar, diese Einschränkungen zu vermeiden. *Objektive Tests* (OT) sind so konzipiert, dass sie „keine mit der Messintention übereinstimmende Augenscheinvalidität haben" (Schmidt, 1975, S. 19). Die Testperson darf also nicht wissen oder erahnen, was der Test messen soll. Bei der Durchführung eines OT wird das unmittelbare Verhalten in einer standardisierten Situation erfasst, wobei sich die Testperson in der Regel nicht selbst beurteilen muss. Um als Test im engeren Sinne gelten zu können, müssen auch solche Verfahren die unter Kapitel 2.4 beschriebenen Gütekriterien erfüllen. Daten, die mit objektiven Tests erhoben werden, werden auch als *T-Daten* bezeichnet.

U. I.-Faktoren   Raymond B. Cattell und Mitarbeiter haben in den 1960er Jahren eine umfangreiche Sammlung von mehr als 400 OTs entwickelt, veröffentlicht (Cattell & Warburton, 1967) und in Forschungsarbeiten eingesetzt. Faktoranalytische Auswertungen der so gewonnenen T-Daten ergaben 21 Faktoren, die von Cattell mit der Bezeichnung U. I. (*universal index*) versehen und fortlaufend von U. I. 16 bis 36 nummeriert wurden (U. I. 1–15 stellen kognitive Faktoren dar). Allerdings zeigte sich, dass Faktoren auf der Basis von T-Daten nicht unmittelbar mit solchen auf der Basis von Fragebogendaten (Q-Daten; *questionnaire*) vergleichbar waren.

Beispiel

Ausgewählte OTs. Die Gruppen objektiver Tests, die von Cattell verwendet wurden, umfassten u. a. Fähigkeits- und Leistungstests, Wahrnehmungstests, Fragebogen, psychomotorische Tests, psychophysiologische Tests und Reaktionen in Miniatursituationen. Zu den meisten Tests existieren zudem mehrere Auswertungsmöglichkeiten.

► Ein Beispiel für einen Wahrnehmungstest ist die *Beurteilung der Länge von Linien* (T45). Testpersonen müssen entscheiden, ob zwei dargebotene Linien von gleicher oder unterschiedlicher Länge sind. Gewertet wird die Anzahl der in der vorgegebenen Zeit bearbeiteten Linienpaare. Der Test weist bedeutsame Korrelationen mit U. I. 16 (*Starke* vs. *Schwache Selbstbehauptung*) und U. I. 21 (*Überschwenglichkeit* vs. *Zurückhaltung*) auf.

► Ein Beispiel für einen im Fragebogenformat administrierten Test ist T93 (*Präferenzen für Namen*). Hier müssen Testpersonen angeben, welcher Name aus einer vorgegebenen Liste ihnen beispielsweise für ein Hotel, Haustier oder Kind am besten gefällt. Gewertet wird, wie oft sich die Testperson für einen ungewöhnlichen Namen entscheidet (z. B. für „The Bleeding Wolf" statt für „Mid-Western" oder „Park Hotel"). Der Test weist bedeutsame Zusammenhänge auf mit U. I. 19 (*Unabhängigkeit* vs. Unterwürfigkeit) und mit U. I. 27 (*Skeptische Zurückhaltung* vs. Engagiertheit).

► Als letztes Beispiel soll der Test *Telepathie* (T278) aus der Gruppe Reaktionen in Miniatursituationen dienen. Der Testleiter erklärt, dass er für die Dauer von 2 Minuten hinter eine Trennwand tritt (so dass die Testperson ihn nicht sehen kann) und dort ab und zu für ein paar Sekunden auf die Testperson zeigen wird. Diese soll sich darauf konzentrieren zu erspüren, wann dies geschieht, und durch Handzeichen angeben, wenn sie den Eindruck hat, dass der Testleiter auf sie zeigt. Gewertet wird, wie häufig die Testperson Handzeichen gibt. Der Test, der Misstrauensneigung messen soll, weist bedeutsame negative Zusammenhänge mit U. I. 17 (Inhibition vs. *Vertrauensseligkeit*) auf.

Objektive Testbatterie (OA-TB75)

Im deutschen Sprachraum existiert die *Objektive Testbatterie* (OA-TB75; Häcker et al., 1975), die 50 objektive Tests in experimenteller Form enthält und die wichtigsten U. I.-Persönlichkeitsfaktoren erfassen soll. Um den hohen zeitlichen Aufwand zu reduzieren, der für die vollständige Durchführung der Batterie mit ca. 4,5 Stunden angegeben ist, wurde 1987 eine revidierte und gekürzte Fassung publiziert (Schmidt et al., 1987).

Das Verfahren wird in der diagnostischen Praxis üblicherweise nicht angewendet, weil es weder normiert noch hinreichend validiert ist. In einer Studie zur Verfälschbarkeit der OA-TB75 zeigte sich zudem, dass die Intransparenz der Messintention nur bei einem Teil der objektiven Tests gewährleistet war (Häcker et al., 1979).

Neuere Entwicklungen schließen auch computergestützte Tests ein (z. B. Objektiver Leistungsmotivationstest, OLMT; Schmidt-Atzert, 2004). Allerdings ist die Befundlage bezüglich der Validität dieser Verfahren derzeit noch unzureichend. Es bleibt festzuhalten, dass der verständliche Wunsch nach verfälschungsfreien diagnostischen Verfahren durch objektive Testbatterien bislang nur unzureichend befriedigt wird, obgleich Krohne und Hock (2007) bezüglich einzelner objektiver Tests ein etwas positiveres Fazit ziehen.

Impliziter Assoziationstest (IAT)

Ein weiteres neueres Verfahren, das im vorliegenden Kontext von Interesse ist und in jüngerer Zeit zunehmende Beachtung gefunden hat, ist der *Implizite Assoziationstest* (IAT; Greenwald et al., 1998). IATs messen die Stärke von Assoziationen zwischen Konzepten und bestehen aus einer computergestützten Diskriminationsaufgabe, bei der Stimuli zweier dichotomer Dimensionen so schnell wie möglich kategorisiert werden sollen. Ein klassisches Beispiel ist der von Greenwald und Mitarbeitern (1998) verwendete IAT zur impliziten Präferenz von Weißen gegenüber Schwarzen. Gawronski und Conrey (2004) beschreiben das Verfahren wie folgt:

„In diesem IAT müssen Testpersonen Namen oder Bilder von schwarzen und weißen Personen (Objekt-Stimuli) per Tastendruck so schnell wie möglich zu den Kategorien ‚schwarz' oder ‚weiß' zuordnen. Alternierend mit dieser Objekt-Diskriminations-Aufgabe wird eine evaluative Entscheidungsaufgabe vorgegeben, in der normativ positive und negative Worte (Attribut-Stimuli) so schnell wie möglich den Kategorien ‚positiv' oder ‚negativ' zugeordnet werden müssen. Entscheidend sind beim IAT zwei unterschiedliche Kombinationen dieser beiden Diskriminationsaufgaben: eine im Sinne der zu messenden Assoziationen kongruente und eine im Sinne der zu messenden Assoziationen inkongruente.

So müssen zum Beispiel weiße Versuchspersonen in der assoziations-kongruenten Kombination mit der gleichen Taste auf positive Worte und weiße Personen bzw. auf negative Worte und schwarze Personen reagieren. In der assoziationsinkongruenten Kombination muss dage-gen mit der gleichen Taste auf negative Worte und weiße Personen bzw. auf positive Worte und schwarze Personen reagiert werden. Der Unter-schied in den mittleren Reaktionszeiten zwischen assoziationskongru-enter und assoziationsinkongruenter Kombination wird üblicherweise als Maß für die automatische (assoziative) Präferenz für Weiße gegen-über Schwarzen interpretiert." (Gawronski & Conrey, 2004, S. 119)

Die ursprünglich aus der Einstellungsforschung stammenden IATs wur-den in der Folge für die indirekte Erfassung von Persönlichkeitsmerk-malen adaptiert. Hierzu wurden die Kategorien „Ich vs. andere" sowie – in Abhängigkeit vom zu erfassenden Konstrukt – „positiv vs. negativ" (Selbstwert; Greenwald & Farnham, 2000), „schüchtern vs. nicht schüch-tern" (Schüchternheit; Asendorpf et al., 2002) oder „Angst vs. Gelassen-heit" (Ängstlichkeit; Egloff & Schmukle, 2002) herangezogen. Die interne Konsistenz dieser Persönlichkeits-IATs ist als gut zu bezeichnen (Cron-bachs α um 0,80). Die Retest-Reliabilität lag im Durchschnitt bei gerin-geren Werten um 0,60 (Egloff et al., 2005).

Persönlichkeits-IATs

Kritik

Einer praktischen Anwendung des IAT für individualdiagnostische Zwe-cke steht derzeit noch entgegen, dass die Abhängigkeit der Testwerte von Situations- und Kontextmerkmalen noch nicht ausreichend unter-sucht ist. Vergleichsweise niedrige Retest-Reliabilitäten werfen zudem die Frage auf, inwieweit die mittels IAT erhobenen Testwerte Eigenschaf-ten oder eher Zustände erfassen. Dessen ungeachtet legte eine Publika-tion in der renommierten Fachzeitschrift *Nature* jüngst eben solche Ein-satzmöglichkeiten im Bereich der Forensik nahe (Gray et al., 2003).

Beispiel

Nonverbal Personality Questionnaire (NPQ). Das strukturierte nonverbale Pa-pier-Bleistift-Verfahren zur Messung von Persönlichkeitsmerkmalen wurde von Paunonen und Mitarbeitern (1990) publiziert. Der NPQ stellt das nonverbale Gegenstück zur Personality Research Form (PRF; Jack-son, 1967) dar, einem multivariaten Fragebogen, der auf der Persönlich-keitstheorie von H. A. Murray aufbaut. Die PRF war zeitweilig eines der am meisten verwendeten angloamerikanischen Persönlichkeitsinventare. Beispiele für die 20 enthaltenen Inhaltsskalen der Originalversion (PRF-E) sind: Achievement (Leistungsstreben), Affiliation (Geselligkeit), Dominance (Dominanzstreben), Endurance (Ausdauer), Exhibition (Bedürfnis nach Beachtung), Harm-Avoidance (Risikomeidung), Impulsivity (Impulsivität), Nurturance (Hilfsbereitschaft) oder Social Recognition (Soziales Anerkennungsbedürfnis).

Der NPQ erfasst 16 Inhaltsskalen mit je acht Items, die auf (Strich-) Zeichnungen basieren, in denen eine Hauptfigur eigenschaftsrelevante Handlungen ausführt (z. B. einem blinden Bettler eine großzügige Geldspende gibt). Die Testpersonen sollen anhand einer siebenstufigen Likert-Skala angeben, wie wahrscheinlich es ist, dass sie sich so verhalten würden wie die abgebildete Figur. Der NPQ weist akzeptable interne Konsistenzen (durchschnittliches α um 0,70) und mittlere konvergente Validitäten mit den inhaltsgleichen PRF-Skalen in einer Größenordnung von durchschnittlich r = 0,50 auf. Selbst- und Bekannteneinschätzungen weisen gute Übereinstimmungen auf. Dabei zeigte sich jedoch ebenfalls, dass nonverbale Skalen in einem ähnlichen Ausmaß verfälscht werden können wie verbale Skalen auch (s. Amelang et al., 2002). Zusammenfassend stellt der NPQ ein interessantes nonverbales Messinstrument dar, das sich für interkulturelle Vergleiche ebenso anbietet wie für den Einsatz bei Testpersonen mit geringer Lesekompetenz.

Stichwort: Polygraf (Lügendetektor). Die Besprechung dieses apparativen Ansatzes zur Bestimmung des Wahrheitsgehalts von Aussagen an dieser Stelle darf verwundern, da das typische Einsatzgebiet der Polygrafie nicht in der Erfassung von Persönlichkeitsmerkmalen besteht. Gleichwohl vertreten Befürworter des Einsatzes von Lügendetektoren die Annahme, dass das Verfahren eine Diagnostik jenseits der bewusst gesteuerten Verhaltensäußerungen erlaubt. Dies ist der Zielsetzung objektiver Persönlichkeitstests ähnlich. Deshalb soll hier kurz auf die Polygrafie eingegangen werden.

Lügendetektoren sind Geräte, die kontinuierlich den Verlauf von körperlichen Parametern wie Blutdruck, Puls und Atmung einer Person während einer Befragung messen und aufzeichnen. Diese psychophysiologischen Daten werden im Rahmen der Auswertung interpretiert, um auf den Wahrheitsgehalt der getätigten Aussagen zu schließen. Die Grundannahme dabei ist, dass sich bei Menschen, wenn sie lügen, unwillkürliche vegetative Reaktionen (z. B. Änderung der Atem- oder Pulsfrequenz, Änderung des Blutdrucks oder des Hautleitwiderstandes) einstellen. Vor und während der eigentlichen Befragung wird das normale physiologische Reaktionsmuster der Testperson ermittelt, das als Vergleichsbasis für die Auswertung der entscheidenden Fragen verwendet wird.

Bei der *Kontrollfragenmethode* (s. → Kap. 3.3.1) werden zusätzlich Fragen gestellt, deren Beantwortung „ja" sein müsste, die von den Befragten aber in der Regel verneint werden (z. B. „Haben Sie jemals etwas von Ihrem Arbeitsplatz mitgehen lassen?"). Die andere Möglichkeit sind gerichtete Lügenkontrollfragen, bei denen der Untersuchte gebeten wird, die Kontrollfrage absichtlich mit einer Lüge zu beantworten. Im Zusammenhang mit Verbrechen wird häufig das *Tatwissenverfahren* angewandt, bei dem zu tatbezogenen Fragen mehrere mögliche Antworten verlesen werden. Die Fragen beziehen sich auf Fakten, die nur dem Täter und den Ermittlern bekannt sind und die sich auch nicht leicht erraten lassen.

Fragenmethoden

Kritik

Die Validität von Lügendetektoren und ihr diagnostischer Einsatz werden aus wissenschaftlicher Sicht ausgesprochen kritisch beurteilt (z. B. Iacono, 2001). Hauptanwendungsgebiet sind vermutlich die USA, wo der Einsatz von Lügendetektoren in der Mehrzahl der Bundesstaaten als Beweismittel bei Gericht zugelassen ist. Auch die Verwendung im Rahmen von Bewerbungsgesprächen für eine Arbeitsstelle ist dort keine Seltenheit. In Deutschland hatte im Jahre 1998 ein deutsches Strafgericht erstmalig einen Lügendetektortest als Beweismittel in einem Prozess zugelassen. In Zivilprozessen war der Polygraf, etwa bei Sorgerechtsentscheidungen, schon länger zugelassen. Tatsächlich setzten deutsche Anwälte die Maschine bei Prozessen vor dem Familiengericht ein, etwa bei sexuellen Missbrauchsverfahren. Ende 1998 wurden Sachverständige vor dem Bundesgerichtshof in Karlsruhe angehört. Das Urteil des BGH vom 17.12.1998 lautete in der Folge: Polygrafen sind als Beweismittel im Sinne des § 244 Abs. 3 StPO unzulässig.

Zusammengefasst: Das zentrale Merkmal objektiver Tests besteht in der Verschleierung der Messintention mit dem Ziel, weniger verfälschbare Testergebnisse zu gewährleisten. Trotz innovativer Beispiele ist der praktische Nutzen solcher Verfahren gering. Die Erfassung von Persönlichkeitsmerkmalen mittels Impliziter Assoziationstests stellt eine interessante Alternative dar, die sich derzeit jedoch noch nicht für den Einsatz in Anwendungskontexten eignet. Die Validität von Lügendetektoren wird von Befürwortern und Gegnern der Methode kontrovers diskutiert. Aus wissenschaftlicher Sicht wird ihr diagnostischer Einsatz überwiegend kritisch beurteilt.

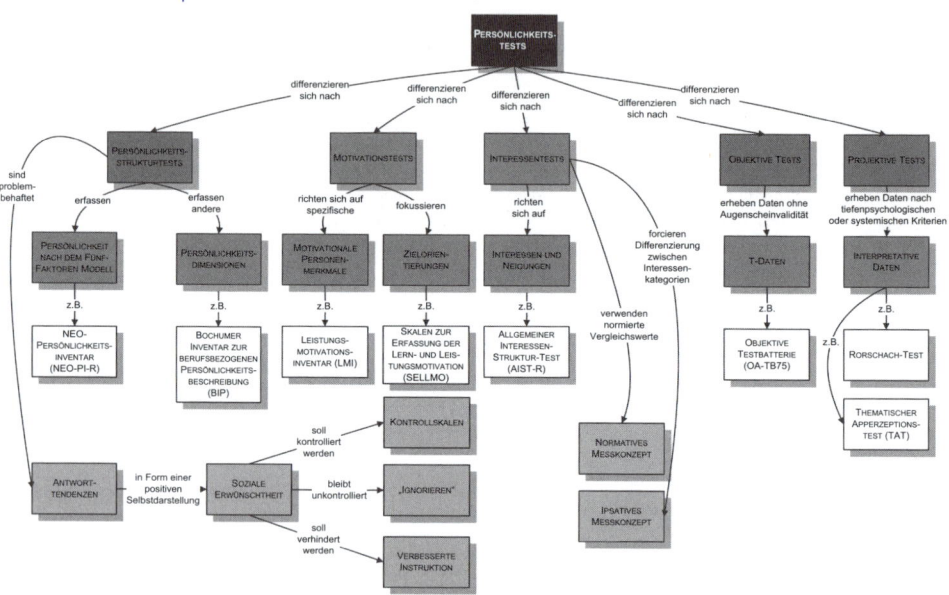

Abb 3.3 | *Concept-Map zur Differenzierung von Persönlichkeitstests*

3.4 | Projektive Tests

Rorschach-Test
Zu den *projektiven Testverfahren* gehören verschiedene psychologische Untersuchungsmethoden, die meist anhand von mehrdeutigem Bildmaterial (z. B. Formdeuteverfahren wie dem *Rorschach-Test*) Antworten der Testpersonen erfragen. Sie sollen Rückschlüsse über grundlegende Verhaltenstendenzen der Person erlauben. Dieser Vorgehensweise liegt die Annahme zugrunde, dass die Projektionen der Testpersonen von Einstellungen, Motiven und Persönlichkeitsmerkmalen beeinflusst sind und daher eine diagnostische Aussage zulassen.

TAT und FIT
Neben dem Rorschach-Test gibt es eine Reihe weiterer und überraschend häufig verwendeter projektiver Testverfahren, z. B. den *Thematischen Apperzeptionstest* (TAT; Murray, 1943). Bei diesem besteht das Stimulusmaterial aus Bildtafeln, die mehrdeutige Situationen enthalten. In der Beratungspraxis mit Kindern wird oftmals der Test *Familie in Tieren* (FIT; Brem-Gräser, 1995) eingesetzt, in dem das Kind aufgefordert wird, seine Familienmitglieder als Tiere zeichnerisch darzustellen. Der Autorin zufolge sollen Kinder auf diese Weise Konflikte im familiären Zusammenhang leichter darstellen können, ohne sich dabei der Sprache

zu bedienen. Die Auswertung erfolgt in freier Interpretation nach tiefen-psychologisch oder systemisch orientierten Kriterien. Die Autorin selbst gibt Hilfestellung mit einem Katalog der Tiereigenschaften.

Kritik

Der Test Familie in Tieren erfüllt jedoch keines der gebräuchlichen Gütekriterien. Petermann (1997) hält daher den Einsatz der FIT als Test für „nicht verantwortbar und als Explorationshilfe [für] zu spekulativ und nicht interpretierbar" (S. 92).

Projektive Tests haben das Bild psychologisch-diagnostischer Diagnostik aus Laiensicht nicht unwesentlich geprägt. Die Vorstellung, dass geschulte Testleiter aus der Deutung von Tintenklecksen bzw. auf der Grundlage generierter Geschichten weitreichende Aussagen selbst über die innersten Wünsche des Getesteten ableiten können, entspricht einem scheinbar weitverbreiteten Stereotyp von (oder Wunsch nach) einem „hinter die Fassade blickenden Psychologen". Dies ist aus Sicht seriöser Diagnostik ebenso wenig reizvoll wie richtig. Wenngleich die Mehrdeutigkeit des Testmaterials eine Bearbeitung im Sinne etwa sozialer Erwünschtheit erschwert, rechtfertigt dieser Vorzug projektiver Verfahren allein noch nicht ihren Einsatz.

Besonders kritisch ist zu bewerten, dass die Qualität der Auswertung und damit auch die Qualität der Diagnose in der Regel stark vom Testleiter abhängen. Neben einer geringen Objektivität erfüllen die meisten projektiven Tests zudem auch Mindestanforderungen an Reliabilität und Validität nur in unzureichender Weise. Verletzungen der Testgütekriterien (Objektivität, Reliabilität, Validität) müssen nicht zwangsläufig als Zeichen für die Unbrauchbarkeit eines Tests verstanden werden. Vor allem im Kontext klinischer Diagnostik wird mitunter angeführt, dass projektive Verfahren sich für den Einsatz als „Eisbrecher" oder als Einstiegshilfe in den Dialog zwischen Therapeut und Klient eignen.

Gleichwohl muss der weitverbreitete Einsatz projektiver Verfahren etwa im Zusammenhang mit familienrechtlichen Gerichtsverfahren (v.a. Sorgerecht, Missbrauch) ausgesprochen kritisch gesehen werden. Zudem gibt es keine Belege dafür, dass das Ausmaß klinischer Erfahrung auf Seiten der Beurteiler mit der Validität diagnostischer Aussagen auf der Grundlage von Formdeuteverfahren in Beziehung steht (s. Grubitzsch, 1991). Leitner (2000) kommt im Rahmen einer Studie zur Qualität familienpsychologischer Gutachten zu dem Schluss, dass sich die häufigsten Mängel in den folgenden drei Bereichen zeigten:

▶ Mängel bei der Aktenanalyse,

▶ Mängel bei der Verarbeitung von Fachliteratur und wissenschaftlichen Konzepten sowie

▶ die Verwendung von Tests, welche die Gütekriterien nicht hinreichend erfüllten:

„Nachdem sehr viele psychologische Gutachten der vorliegenden Stichprobe auf relevanten Ebenen ganz elementaren wissenschaftlichen Anforderungen unzureichend genügen, erscheint die Mehrzahl als Entscheidungsgrundlage für Umgangs- und Sorgerechtsregelung, die sich auf die künftige Lebenswelt und das Erziehungsumfeld von Kindern sehr nachhaltig auswirken, in der vorliegenden Form ungeeignet." (Leitner, 2000, 61f)

Multi-Motiv-Gitter (MMG)
Für den Bereich beruflicher Motivation (Leistungs-, Macht- und Bindungsmotiv) hingegen gibt es inzwischen psychometrisch verbesserte Verfahren (z. B. Multi-Motiv-Gitter, MMG; Schmalt et al., 2000).

Beispiel

Rorschach-Test. Das Formdeuteverfahren nach Rorschach (1921) soll dem Autor zufolge die umfassende Persönlichkeitsstruktur und -dynamik einer Person messen und gleichzeitig Aufschluss über individuelle Intelligenzstrukturen, kognitive Stile oder psychische Konflikte der Person geben. Diesen angestrebten Interpretationsmöglichkeiten entsprechend entsteht der Eindruck, dass das Verfahren in vielfältiger Weise und für nahezu alle Altersgruppen eingesetzt werden kann. Das Testmaterial besteht aus zehn, teils farbigen, teils schwarzweißen symmetrischen „Tintenklecksfiguren", welche der Testperson in einer Individualtestung zur Interpretation dargeboten werden. Die geäußerten Deutungen der Versuchspersonen können vom Auswerter nach formalen und inhaltsanalytischen Aspekten interpretiert werden. Obwohl die formale Auswertung aufgrund verschiedener – im Laufe der Jahre konzipierter – Signierungssysteme die objektivere Methode darstellt, wird die symbolische, teils analytische Interpretation in der Praxis meist bevorzugt.

Empirische Fundierungen des Verfahrens wie Normen, Reliabilitätsbestimmungen oder Objektivitätsmaße sind meist unzureichend oder nicht existent. Untersuchungen zur Beurteilerübereinstimmung erbringen ausgesprochen heterogene Ergebnisse, die von r = 0,00 bis 0,90 reichen. Die Annahme, klinische oder psychotherapeutische Erfahrung würde zu einer fundierteren bzw. genaueren Beurteilung und Interpretation des Verfahrens beitragen, ist empirisch nicht bestätigt. Die theoretische und wissenschaftliche Fundierung der Testergebnisse und deren Übertragung auf persönlichkeits- oder intelligenzrelevante Aspekte sind zusammenfassend nicht hinreichend begründet. Die durch die Befragung gewonnenen Informationen sollten daher für individuelle psychologische Fragestellungen nicht verwendet werden.

Beispiel

Das Multi-Motiv-Gitter (MMG). In der Kategorie der semi-projektiven Verfahren dient das MMG (Schmalt et al., 2000) zur Erfassung der differenzierten Motivstruktur und Ausprägung einer Person hinsichtlich der Komponenten Anschluss-, Macht- und Leistungsmotivation. Zu Beratungszwecken kann das Verfahren im schulischen, beruflichen und personaldiagnostischen Kontext genutzt werden. Jedes der drei Motivthemen wird zudem bezüglich einer Hoffnungskomponente und einer Furcht- oder Vermeidungskomponente unterschieden:

▶ *Anschlussmotiv:* Hoffnung auf Anschluss, Furcht vor Zurückweisung,
▶ *Leistungsmotiv:* Hoffnung auf Erfolg, Furcht vor Misserfolg,
▶ *Machtmotiv:* Hoffnung auf Kontrolle, Furcht vor Kontrollverlust.

Über bildlich dargestellte Situationen sollen die unbewussten Motive der Versuchspersonen aktiviert werden und sich in auswählbaren, vorgegebenen Handlungsbewertungen widerspiegeln. Personen ab 16 Jahren bearbeiten so in einer Einzel- oder Gruppentestung 94 Items (72 Motivitems und 22 Füllitems) innerhalb von 15 Minuten. Durch Auswertungsschablonen können die selektierten Situationsbewertungen den Motivcharakteristika und deren Ausprägungen zugeordnet werden. Die resultierenden sechs Rohwerte der Testpersonen können anschließend in Prozentränge und T-Werte überführt und grafisch als Motivprofil dargestellt werden. Geschlechts- und komponentenspezifische Normwerte liegen aus den Jahren 1994 bis 1998 von N = 1.919 überwiegend studentischen Testpersonen vor. Beschreibungen von Extremausprägungen im Motivprofil ermöglichen dem Testleiter eine standardisierte und differenzierte Rückmeldung der Ergebnisse an die Testperson oder die Testgruppe.

Im Vergleich zu anderen projektiven Verfahren (Rorschach-Test, TAT) kann das MMG durch Standardinstruktionen und Antwortvorgaben als weitgehend objektiv angesehen werden. Untersuchungen zur internen Konsistenz der Motivkomponenten geben Werte zwischen $\alpha = 0{,}61$ und $0{,}76$ an, mit entsprechenden Retest-Reliabilitäten im Bereich zwischen $r = 0{,}77$ und $0{,}92$. Der inhaltliche Aufbau des Inventars wurde den Autoren zufolge durch Explorative und Konfirmatorische Faktorenanalysen bezüglich der zwei Pole, Hoffnung und Furcht, und der resultierenden sechs Komponenten bestätigt. Betrachtungen externer Indikatoren, wie z. B. das Führen interpersonaler Beziehungen oder starkes soziales Engagement, erbrachten sinnvolle Zusammenhänge mit den Ergebnissen des Multi-Motiv-Gitters und tragen so zur Validierung des Verfahrens bei. Weitere Korrelationen zu objektiven externen Kriterien liegen noch nicht vor.

Zusammengefasst: Projektive Verfahren haben sich aus diagnostischer Sicht nicht bewährt. Sie erfüllen die zentralen Gütekriterien für psychologische Testverfahren nicht und basieren darüber hinaus häufig auf zweifelhaften theoretischen Annahmen. Ihr Einsatz in der Praxis ist aus diesem Grund in den meisten Fällen nicht empfehlenswert.

3.5 | Verhaltensbeobachtung

Die Beobachtung von Verhalten kann als eine der natürlichsten Formen der Datenerhebung verstanden werden. In ihrem Alltag beobachten Menschen eine Vielzahl unterschiedlicher Verhaltensweisen anderer Personen und ziehen auf dieser Basis Schlüsse über Eigenschaften des Beobachteten. Verhaltensbeobachtungen im Rahmen der psychologischen Diagnostik gleichen prinzipiell diesen „natürlichen" Beobachtungsformen. Der wesentliche Unterschied zwischen beiden Formen besteht darin, dass sich wissenschaftliche Beobachtungen einer gewissen Systematik unterordnen müssen, um weiter verwertbare Ergebnisse hervorzubringen.

3.5.1 | Gesichtspunkte der Systematisierung von Beobachtungen

In der Literatur werden v. a. vier Gesichtspunkte beschrieben, anhand derer eine Systematisierung wissenschaftlicher Beobachtungen erfolgen kann (s. z. B. Mees, 1977; Greve & Wentura, 1997; Gehrau, 2002). Im Einzelnen befassen sich diese mit

▶ der Frage der Unterteilung des Verhaltensablaufs in einzelne Beobachtungseinheiten (Segmentierung),
▶ der Art und Weise, in der die Beobachtungen protokolliert werden (Abbildung),
▶ der Bestimmung von Verhaltensabschnitten, die beobachtet werden sollen (Verhaltensstichprobe), sowie

▶ den Umständen, unter denen die Beobachtung stattfindet (Rahmenbedingungen).

Segmentierung: Voraussetzung einer sinnvollen Protokollierung menschlichen Verhaltens ist zunächst die Bildung von Beobachtungseinheiten. Vorgehensweisen zur Einheitenbildung werden unter dem Begriff der „Segmentierung des Verhaltensstroms" besprochen. Eine erste Segmentierung erfolgt durch die Entscheidung, in einem bestimmten Zeitraum zu beobachten. Diese als *Globalsegmentierung* bezeichnete Vorgehensweise ist v. a. dann sinnvoll, wenn lediglich die Häufigkeit des Auftretens bestimmter Verhaltensweisen von Interesse ist.

Globalsegmentierung

Besteht ein zusätzliches Interesse an dem konsekutiven Ablauf bestimmter Verhaltensweisen, so wird die Beobachtungsspanne zusätzlich in *Subsegmente* aufgeteilt. Hinsichtlich der Bildung derartiger Subsegmente lassen sich Verfahren der formalen und semantischen Segmentierung unterscheiden (s. Greve & Wentura, 1997):

Subsegmente

▶ Verfahren der *formalen Segmentierung* liegen dann vor, wenn ein bloßes zeitliches Kriterium zur Abgrenzung der Beobachtungseinheiten verwendet wird (z. B. eine Beobachtungseinheit dauert 10 Sekunden).
▶ Bei der *semantischen Segmentierung* werden natürliche Handlungsabschnitte zur Einteilung der Beobachtungseinheiten verwendet. Was als „natürlicher Handlungsabschnitt" zu verstehen ist, wird in diesem Fall von dem jeweiligen Beobachter festgelegt.

Abbildung von Verhalten: Hinsichtlich der Abbildung von Verhalten, d. h. der Frage, in welcher Form die Beobachtungen protokolliert werden sollen, lassen sich nach Mees (1977) drei verschiedene Formen unterscheiden: Verfahren der isomorphen Deskription, Verfahren der reduktiven Deskription sowie Verfahren der reduktiven Einschätzung.

3 Deskriptionsformen

▶ Als *isomorphe Deskription* wird der Versuch verstanden, das Beobachtete möglichst vollständig und unverändert wiederzugeben (isomorph = gleichförmig).
▶ Verfahren der *reduktiven Deskription* bedienen sich eines Zeichensystems, das im Vorfeld der Beobachtung festgelegt wird (z. B. 1 = „Proband steht auf", 2 = „Proband setzt sich").
▶ Im Fall von *reduktiven Einschätzungen* wird auf eine genaue Deskription des Verhaltens verzichtet. Vielmehr schätzen Beobachter auf einer Ratingskala ein, inwiefern die Intensität bzw. die Häufigkeit beobachteter Verhaltensweisen auf den Ausprägungsgrad eines bestimmten

dispositionalen Konstrukts hindeutet (z. B. Semantisches Differential von −3 = „gehemmt" bis +3 = „gelöst").

Verhaltensstichprobe: In den meisten empirischen Untersuchungen ist es weder möglich noch interessant, eine durchgängige Beobachtung aller Verhaltensweisen eines Probanden durchzuführen. Üblicherweise wird daher lediglich auf eine Verhaltensstichprobe, d. h. einen spezifischen Ausschnitt aller ausgeführten Verhaltensweisen, zurückgegriffen. Die Ziehung derartiger Verhaltensstichproben wird im Vorfeld der Untersuchung in einem Stichprobenplan festgehalten. Pawlik und Buse (1996) unterscheiden hierbei zwischen Ereignis- und Zeitstichprobenplänen:

Zeitstichprobenplan
> In *Zeitstichprobenplänen* wird festgehalten, wann (Protokolltermin; z. B. jeden Montag um 9.00 Uhr), wie lange (Beobachtungsfenster; z. B. 30 Minuten) und in welchem Zeitraum (Beobachtungszeitraum; z. B. vom 07.01.2008 bis zum 28.01.2008) Beobachtungen stattfinden sollen.

Ereignisstichprobenplan
> In einem *Ereignisstichprobenplan* ist der Beginn der Beobachtungen zeitlich nicht festgelegt. Vielmehr beginnt die Beobachtung beim Eintreten eines oder mehrerer kritischer Ereignisse (z. B. für das Streitverhalten in einer Kindergruppe: Eines oder mehrere Kinder schreien, schlagen einander, rennen fort etc.).

Beobachtungsformen
Rahmenbedingungen der Beobachtung: Abhängig von der Fragestellung, die mit Hilfe der Verhaltensbeobachtung untersucht werden soll, ergeben sich weitere Aspekte, anhand derer verschiedene *Beobachtungsformen* voneinander abgegrenzt werden können:

> Eine erste Unterteilung kann bezüglich der Person des Beobachters getroffen werden. Ist der Beobachter gleichzeitig auch der Beobachtete, so wird von *Selbstbeobachtung* gesprochen. Sind beides verschiedene Personen, so handelt es sich um *Fremdbeobachtung*.

> Die klassische Unterscheidung zwischen Datenerhebung „im Labor" und Datenerhebung „im Feld" gilt auch für den Bereich der Verhaltensbeobachtung. Während *Feldbeobachtungen* in einem realitätsnahen Umfeld erfolgen, finden *Laborbeobachtungen* in einer von den Untersuchern ausgestalteten Umgebung statt.

> Verhaltensbeobachtungen können weiterhin in offener oder verdeckter Form stattfinden. Von *offener Beobachtung* wird gesprochen, wenn die Beobachteten darüber informiert sind, dass sie beobachtet werden. Sind sie dies nicht, so handelt es sich um eine *verdeckte Beobachtung*.

▶ Bei Verhaltensbeobachtungen sind verschiedene Grade der Teilnahme des Beobachters am Beobachtungsgeschehen denkbar. In diesem Zusammenhang wird unterschieden zwischen der *teilnehmenden Beobachtung*, in der der Beobachter aktiv in das Beobachtungsgeschehen involviert ist, und der *nichtteilnehmenden Beobachtung*, bei der der Beobachter nicht in das Geschehen eingreift.

▶ Hinsichtlich des Einsatzes technischer Hilfsmittel kann eine letzte Unterteilung verhaltensbeobachtender Methodik vorgenommen werden. Hierbei wird von *technisch vermittelter Beobachtung* gesprochen, wenn das Beobachtungsgeschehen vor der Protokollierung über technische Kanäle (Mikrofone, Videokameras etc.) erfasst und auf Speichermedien festgehalten wird. Wird das interessierende Verhalten vom Beobachter an Ort und Stelle protokolliert, so handelt es sich um eine *unvermittelte Beobachtung*.

Reliabilität von Verhaltensbeobachtungen

3.5.2

Die Bestimmung der Reliabilität von Verhaltensbeobachtungen erfolgt üblicherweise durch die Betrachtung der Ähnlichkeit von Beobachtungsprotokollen, die zwei oder auch mehrere Beobachter bezüglich des gleichen Verhaltensstroms angefertigt haben. Der Rückgriff auf diese als Inter-Rater-Reliabilität bezeichneten Kennwerte ist dem Umstand geschuldet, dass die für Fragebogendaten geeigneten Reliabilitätskonzepte (z. B. interne Konsistenz, Retest-Reliabilität) nicht ohne Weiteres auf Beobachtungsdaten angewendet werden können (für eine differenzierte Auseinandersetzung s. Greve & Wentura, 1996). Abhängig vom Skalenniveau der Beobachtungsdaten muss hierbei auf verschiedene Kennwerte zurückgegriffen werden. Gängig sind v. a. Nominal- und Intervallskalen. *Nominalskalen* stammen aus Beobachtungen mittels Verfahren der reduktiven Deskription. *Intervallskalen* liegen vor, sofern Verhalten mittels Verfahren der reduktiven Einschätzung auf Ratingskalen protokolliert wurde.

Nominal- und Intervallskalen

Zur Feststellung der *Beobachterübereinstimmung* bei nominalem Skalenniveau wird üblicherweise der von Cohen (1960) vorgeschlagene Kappa-Koeffizient (κ) verwendet. Grundlegende Idee bei der Berechnung dieses Kennwerts ist es, die Anzahl der übereinstimmenden Einschätzungen festzustellen, die über die rein zufallsmäßig zu erwartende Übereinstimmung hinausgehen. Mathematisch ist Kappa folgendermaßen formuliert:

Beobachterübereinstimmung

$$\kappa = \frac{f_o - f_c}{n - f_c}$$

Tab. 3.1 | **Kreuztabelle zur Beobachterübereinstimmung**

		Beobachter 1		
		vorhanden	nicht vorhanden	
Beobachter 2	vorhanden	35	10	45
	nicht vorhanden	15	40	55
		50	50	

Hierbei entspricht f_o der Anzahl übereinstimmend getroffener Einschätzungen, f_c der Anzahl der Übereinstimmungen, die rein aus Zufall zu erwarten sind, und n der Anzahl aller getroffenen Einschätzungen. Der Koeffizient kann Werte zwischen −1 und 1 annehmen. Im Falle positiver Ausprägungen zeigt sich eine überzufällig hohe Übereinstimmung. Im Falle negativer Ausprägungen bleibt die Übereinstimmung hinter der zurück, die rein zufallsmäßig zu erwarten wäre.

Die Berechnung von Kappa wird anhand des in Tabelle 3.1 dargestellten Beispiels veranschaulicht. Hier werden die Protokolle von zwei Beobachtern bei der Beobachtung von 100 Segmenten eines Verhaltensstromes gegeneinander abgetragen. Die Beobachter konnten hierbei für jedes Segment jeweils nur das Vorhandensein oder das Nichtvorhandensein einer Verhaltensweise kodieren. Die Anzahl der beobachteten Übereinstimmungen (f_o) zeigt sich in den dunkelblau hinterlegten Diagonalzellen und beträgt 75 (da 35 + 40 = 75). Die Anzahl der zufallsmäßig zu erwartenden Übereinstimmungen (f_c) kann aus den Randsummen berechnet werden und beträgt 50 (da $\frac{45 \cdot 50}{100} + \frac{55 \cdot 50}{100} = 22{,}5 + 27{,}5 = 50$). Werden diese Werte in die Formel eingesetzt, so ergibt sich ein Kappa-Wert von 0,5 (da $\frac{75 - 50}{100 - 50} = \frac{25}{50} = 0{,}5$). In der Literatur lässt sich eine Reihe von Erweiterungen finden, mit Hilfe derer der Kappa-Koeffizient auch in komplexeren Szenarien angewendet werden kann (für einen Überblick s. Greve & Wentura, 1996; Faßnacht, 1995).

Kennwerte für Intervallskalen

Werden Ratingskalen (d.h. Verfahren der reduktiven Einschätzung) zur Protokollierung von Verhaltensbeobachtungen eingesetzt, so wird die Inter-Rater-Reliabilität mit Hilfe von *Kennwerten für Intervallskalen* bestimmt. Gängig ist hierbei die Verwendung der Intraklassenkorrelation (rIC). Mathematisch ist dieser Koeffizient folgendermaßen definiert:

$$r_{IC} = \frac{\sigma_\tau^2}{\sigma_\tau^2 + \sigma_\varepsilon^2}$$

Hierbei bezeichnet σ_τ^2 die Varianz, die aus Unterschieden zwischen den eingeschätzten Verhaltensweisen hervorgeht. σ_ε^2 bezeichnet den Varianzanteil, der aus Unterschieden zwischen den Einschätzungen der verschiedenen Beobachter herrührt. Der Korrelationskoeffizient kann Ausprägungen im Bereich zwischen −1 und 1 annehmen. Hohe Werte zeigen an, dass die Varianz der Daten vorrangig auf Unterschiede zwischen den eingeschätzten Verhaltensweisen zurückgeht und die Beobachter daher relativ ähnliche Einschätzungen abgeben. Im Falle niedriger Koeffizienten geht die Varianz der Daten auch auf Unterschiede zwischen den Einschätzungen der Beobachter zurück.

Ein Einsatz von *Intraklassenkorrelationen* zur Feststellung von Beobachterübereinstimmungen ist der Verwendung von Produkt-Moment-Korrelationen vorzuziehen, da letztere insensitiv gegenüber Varianz und Metrik der verglichenen Messwertreihen sind. Die Bedeutsamkeit dieser Eigenschaft der Intraklassenkorrelation wird anhand des Beispiels in Abbildung 3.4 veranschaulicht. In dieser werden die Einschätzungsprofile von vier Beobachtern dargestellt, die drei Verhaltenssequenzen auf einer sechsstufigen Skala eingeschätzt haben. Es kann festgestellt werden, dass die Beobachter B_1 und B_2 identische Einschätzungen abgegeben haben. Die Einschätzungen des Beobachters B_3 weisen im Vergleich hierzu eine andere Varianz und die Einschätzungen des Beobachters B_4 eine andere Metrik auf.

Da alle Beobachter die gleiche Rangreihe aufweisen, würde sich die Produkt-Moment-Korrelation für jeden möglichen Profilvergleich zu 1 ergeben und damit die vorhandenen Unterschiede zwischen den Beobachtern nicht widerspiegeln. Eindeutiger wird die Ähnlichkeit der Beobachterprofile durch die Intraklassenkorrelation wiedergegeben. Diese

Intraklassenkorrelationen

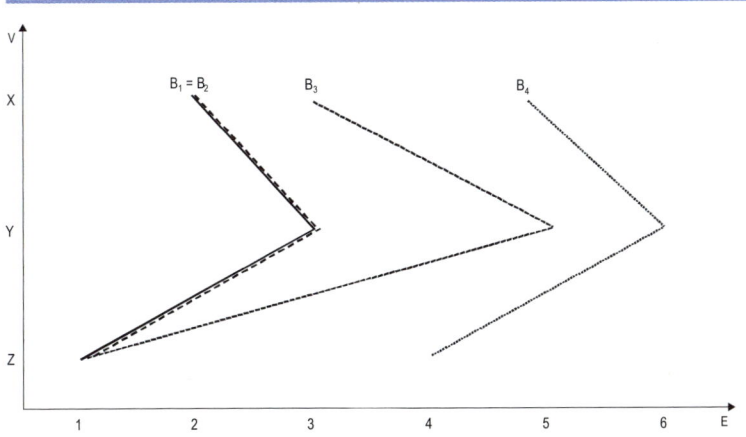

Abb 3.4

Gegenüberstellung von Einschätzungsprofilen

Anmerkung: Achse V = Verhaltenssequenz; Achse E = Einschätzung

beträgt für die identisch einschätzenden Beobachter B_1 und B_2 ebenfalls 1, für den Vergleich zwischen B_1 und B_3 jedoch nur 0,83 und zwischen B_1 und B_4 lediglich −0,38. Ausführliche Hinweise zur Berechnung der Intraklassenkorrelation und weitere Informationen zur Bedeutsamkeit dieses Kennwerts finden sich bei Grewe und Wentura (1996).

Zusammengefasst: Es kann festgehalten werden, dass Beobachtungsmethoden einen Zugang bieten, um Verhaltensdaten direkt, d.h. ohne den vermittelnden Aspekt der Selbstauskunft, zu erfassen. Verschiedene Formen der Verhaltensbeobachtung lassen sich hinsichtlich der Art der Segmentierung und der Abbildung von Verhalten sowie der betrachteten Verhaltensstichprobe und spezifischer Rahmenbedingungen einteilen. Eine Bestimmung der Reliabilität von Verhaltensbeobachtungen erfolgt üblicherweise durch die Betrachtung der Übereistimmung von Protokollen unabhängiger Beobachter.

3.6 | Diagnostische Befragungen

Definition

Das **diagnostische Interview** kann definiert werden als Oberbegriff für „Methoden zur Erhebung von diagnostisch relevanten Informationen mittels Gespräch" (Amelang & Schmidt-Atzert, 2006, S. 328).

Interviews sind zudem in zahlreichen Anwendungskontexten, etwa in der Klinischen Psychologie und im Bereich der Eignungsdiagnostik, die präferierte diagnostische Methode. Im folgenden Abschnitt liegt der Schwerpunkt auf Interviews im Kontext eignungsdiagnostischer Prozesse. Das klinische Interview wird unter Kapitel 6.1.2 behandelt. Einen umfassenden Überblick über die wichtigsten klinischen Interviewverfahren geben Strauß und Schuhmacher (2005).

3.6.1 | Diagnostisches Einzelinterview

Einstellungsinterviews

Erstaunlicherweise erfreuten sich Einstellungsinterviews selbst in einer Zeit großer Beliebtheit, als Übersichtsarbeiten eine ausgesprochen geringe Validität dieser Verfahrensgruppe nahelegten. In einer frühen Metaanalyse berichteten z.B. Hunter und Hunter (1984) für Interviews insgesamt eine korrigierte Validität von nur r = 0,14. Gleichzeitig ergab eine Untersuchung von Schuler und Mitarbeitern (1993) in 105 großen deutschen Unternehmen, dass Einstellungsinterviews in nahezu allen Fällen zur externen Personalauswahl herangezogen wurden.

Bei der internen Personalauswahl war das Interview mit einer Anwendungshäufigkeit von 82 % ebenfalls das am häufigsten eingesetzte eignungsdiagnostische Verfahren. Diese Zahlen deuten an, dass die wahrgenommenen *Funktionen des Interviews* über die Gewinnung valider Informationen zur Vorhersage von Erfolgskriterien hinausgehen. Schuler (2002) nennt hier aus Sicht der auswählenden Organisation z.B. das Kennenlernen der Erwartungen von Bewerbern, das Sammeln von Informationen über den Arbeitsmarkt oder die Kommunikation der Unternehmenskultur. Aus Sicht des Bewerbers sind hier etwa das Eruieren des eigenen Marktwerts oder das Abschätzen von Arbeitsbedingungen in potenziell interessanten Arbeitsfeldern zu nennen. Darüber hinaus hat das Interview auch symbolische Bedeutung, bei dem das persönliche Kennenlernen und die Abschätzung der wechselseitigen Passung wichtige Funktionen darstellen.

Funktionen des Interviews

Aktuellere Übersichtsarbeiten legen höhere Validitäten eignungsdiagnostischer Interviews nahe (z.B. McDaniel et al., 1994; Huffcutt et al., 2004). So berichten McDaniel und Mitarbeiter (1994) auf der Grundlage von 160 Studien mit insgesamt mehr als 25.000 erfassten Personen eine korrigierte Validität bei der Vorhersage von Berufserfolg von r = 0,37.

Eine differenziertere Betrachtung ergab zudem, dass strukturierte Interviews in der Berufserfolgsprognose bessere Werte erzielten (r = 0,44) als unstrukturierte (r = 0,33). Dabei bedeutet der Begriff „strukturiert" hier, dass solche Interviews einem gewissen systematischen Aufbau folgen. Der Grad der Standardisierung von Interviews kann jedoch stark variieren. Zunehmend verbreitet sind teilstandardisierte Verfahren, bei denen im Rahmen einer festgelegten Struktur mit teils vorformulierten, teils freien Interviewelementen gearbeitet wird. Anzumerken ist zu den berichteten Validitätskoeffizienten auch, dass der Effekt beträchtlich sein kann, den Reliabilitäts- und Streuungskorrekturen haben. Die unkorrigierten Validitätskoeffizienten in der Studie von McDaniel und Mitarbeitern (1994) betrugen nur r = 0,24 für strukturierte und r = 0,18 für unstrukturierte Verfahren. Für die Beurteilung, wie nützlich der Einsatz eines Tests in der Praxis ist, sind unkorrigierte Koeffizienten in der Regel vorzuziehen.

strukturiert vs. unstrukturiert

Aus der Arbeit von Huffcutt und Autoren (2004) ging zudem hervor, dass verhaltensbeschreibende Interviews höhere Validitäten erzielten (r = 0,51) als situative Interviews (r = 0,43). In verhaltensbeschreibenden Interviews wurde der Bewerber gefragt, wie er sich in zurückliegenden

verhaltensbeschreibend vs. situativ

realen Situationen verhalten habe, in situativen Interviews wurden Fragen zum Verhalten in hypothetischen Situationen gestellt. Während die Validität situativer Interviews zudem für komplexere Tätigkeiten abnahm, zeigte sich eine gleichbleibende Validität verhaltensbeschreibender Interviews für unterschiedlich anspruchsvolle Tätigkeiten.

Beispiel

Multimodales Interview (MI; Schuler, 1992). Das MI ist ein Beispiel für ein anforderungsbezogenes und unter Berücksichtigung psychometrischer Kriterien konstruiertes, teilstandardisiertes Verfahren. Theoretische Grundlage für das MI ist der *trimodale Ansatz* der Berufseignungsdiagnostik, in dessen Rahmen eigenschafts-, simulations- und biografieorientierte Herangehensweisen kombiniert werden. Darüber hinaus wird mit dem MI die Zielsetzung verfolgt, ein sozial valides und mit moderatem Trainingsaufwand erlernbares Verfahren zur Verfügung zu stellen, dessen Ergebnis von der Person des Durchführenden und seiner Qualifikation relativ unabhängig ist. Der Aufbau des Multimodalen Interviews umfasst in der Regel acht Komponenten (Schuler, 2002):

1. *Gesprächsbeginn:*
   ► Überleitung von der Begrüßung ins Interview; Schaffen einer offenen, freundlichen Atmosphäre,
   ► keine Beurteilung.
2. *Selbstvorstellung des Teilnehmers:*
   ► freier Bericht des Bewerbers über seinen Werdegang, Berufserfahrung, Berufswahl sowie berufsbezogene Erwartungen,
   ► verhaltensorientierte und summarische Beurteilung von in dieser Situation beobachtbaren Dimensionen des Anforderungsprofils.
3. *Freier Gesprächsteil:*
   ► Fragen zur vorangegangenen Selbstvorstellung oder den Bewerbungsunterlagen,
   ► summarische Bewertung der Antworten.
4. *Berufsinteressen, Berufs- und Organisationswahl:*
   ► Fragen zu berufsbezogenen Interessen und Berufswahl; Fragen zu Beweggründen der Bewerbung, evtl. des Arbeitgeberwechsels; Fragen zur Selbsteinschätzung hinsichtlich Passung zur Tätigkeit,
   ► bei berufserfahrenen Bewerbern ggf. praxisbezogene Kenntnisfragen,
   ► Bewertung anhand verhaltensverankerter Einstufungsskalen bzw. Richtig-/Falschlösungen (Kenntnisfragen).

5. *Biografiebezogene Fragen:*
   ▶ aus Anforderungsanalysen abgeleitete biografische Fragen zur Erfassung allgemeiner Verhaltenstendenzen sowie konkretem Verhalten in beruflichen Situationen,
   ▶ Bewertung anhand verhaltensverankerter Einstufungsskalen.
6. *Realistische Tätigkeitsinformation:*
   ▶ Information über Ausbildung oder Tätigkeit, Anforderungen und Unternehmen; geeignete Hinweise zur Selbstselektion und Entscheidungsfindung des Bewerbers,
   ▶ keine Beurteilung.
7. *Situative Fragen:*
   ▶ knappe Schilderung erfolgskritischer Situationen aus dem Tätigkeitsspektrum und Frage nach dem Verhalten des Bewerbers in solchen Situationen,
   ▶ Bewertung anhand verhaltensverankerter Einstufungsskalen.
8. *Gesprächsabschluss:*
   ▶ Gelegenheit für Fragen seitens des Bewerbers; Informationen über das weitere Vorgehen,
   ▶ keine explizite Beurteilung.

Das MI kann als Konstruktionsleitfaden für die Erstellung konkreter Einstellungsinterviews mit modularem Aufbau betrachtet werden. Anwendungsbeispiele sowie Belege für die Erfüllung der Gütekriterien durch das MI anhand ausgewählter empirischer Studien finden sich bei Schuler (2002).

Zusammengefasst: Das diagnostische Interview kann als eine der meistverwendeten Methoden zur Datengewinnung im angewandten Kontext bezeichnet werden. Seine Validität ist abhängig von der Art der Gestaltung. Dabei haben sich standardisierte Verfahren bewährt, die strukturiert und unter Verwendung von situativen bzw. verhaltensbeschreibenden Elementen durchgeführt werden.

Gruppendiagnostik   3.6.2

Bislang wurde der Begriff *Gruppenverfahren* verwendet, um auszudrücken, dass ein bestimmter Test die gleichzeitige Testung mehrerer Personen oder ganzer Gruppen erlaubt. Im Mittelpunkt stand dabei jedoch immer die Messung bedeutsamer Dimensionen bei Individuen. Soll hingegen berücksichtigt werden, dass Individuen in einer Vielzahl relevanter sozialer Situationen mit anderen Personen interagieren (z. B. in Partnerschaften, in der Familie oder am Arbeitsplatz), so bedarf es Verfahren, die solche sozialen Konstellationen berücksichtigen.

Soziometrie   Eine lange forschungsgeschichtliche Tradition haben in diesem Zusammenhang Methoden der empirischen Sozialforschung, wie etwa die von Jakob Levy Moreno in den 1930er Jahren begründete *Soziometrie*.

Definition

Die **Soziometrie** dient dazu, Beziehungen zwischen Mitgliedern einer Gruppe zu erfassen, mit Hilfe eines Soziogramms grafisch darzustellen und dieses bezüglich unterschiedlicher Kennwerte (z. B. Status der einzelnen Gruppenmitglieder, soziale Integration etc.) auszuwerten (s. Moreno, 1954).

SYMLOG   Im Rahmen der Diagnostik des Interaktionsverhaltens in Familien sowie zur Erfassung familiärer Strukturen kommen u. a. Methoden aus der Kleingruppenforschung wie SYMLOG zum Einsatz (Systematic Multiple Level Observation of Groups; Bales & Cohen, 1982; Wälte & Kröger, 2000).

Klann und Mitarbeiter (2003) haben in einem Diagnostik-Manual Materialien zur Diagnostik und Therapie in Ehe-, Familien- und Lebensberatung zusammengestellt. Ihre Sammlung umfasst 16 Tests zu verschiedenen Aspekten des Bereichs Partnerschaft sowie sieben Verfahren zum Bereich Familie. Zum größten Teil handelt es sich bei diesen Tests um Fragebögen. Ein häufig angeführtes Verfahren ist der Gießen-Test (GT; Beckmann et al., 1991), der im Folgenden vorgestellt werden soll.

Beispiel

Gießen-Test (GT; 4. überarbeitete Auflage). Der GT (Beckmann et al., 1991) ist ein mehrdimensionaler klinischer Persönlichkeitstest mit psychoanalytischer Orientierung. Das Inventar bietet die Möglichkeit, das Selbstbild, das Idealbild, eine Fremdeinschätzung der Person oder eine Gruppenstruktur zu erheben. Erfasst werden sechs Skalen, die die emotionale Grundstimmung einer Person, deren Qualitäten sowie Aspekte der sozialen Interaktion beinhalten. Skalen: Soziale Resonanz, Dominanz, Kontrolle, Grundstimmung, Durchlässigkeit, Soziale Potenz.

In einer Individual- oder Gruppentestung bearbeitet die Testperson 40 bipolare Aussagen, die nach dem jeweiligen Interessenschwerpunkt eine reale Selbstdarstellung, das Idealbild oder eine andere Person betreffen. Die Bearbeitungszeit pro Zielperson beträgt ca. 10 bis 15 Minuten.

Die Auswertung erfolgt für jede der sechs Skalen sowie zwei Kontrollskalen anhand von Schablonen über die Berechnung von Skalenrohwerten und anschließender Transformation in T-Werte oder Prozentränge. Das Testergebnis kann grafisch als individuelles Profil einer Person dargestellt werden. Im Rahmen einer Vergleichserhebung (z. B. Selbst- und Idealbild) oder Gruppendiagnostik werden die erstellten Profile in Beziehung gesetzt.

Die Normierung des Verfahrens erfolgte 1989 für N = 1.575 Personen zwischen 18 und 60 Jahren und für eine weitere Gruppe über 60 Jahren (N = 450). Untersuchungen zur zeitlichen Stabilität erbrachten Retest-Korrelationen nach sechs Wochen zwischen r_{tt} = 0,65 und 0,76 für die Standardskalen. Die mittlere Retest-Korrelation des Testprofils betrug $r \times 0,56$. Die Autoren betonen, dass die Standardskalen sowohl zeitkonstante als auch zeitvariable Aspekte erfassen sollen.

In der Paardiagnostik findet eine Variante des GT Verwendung, der *Paar-GT* (Brähler & Brähler, 1993). Im Paar-GT wurden fünf der ursprünglichen sechs GT-Skalen (unter Verzicht auf Soziale Potenz) so modifiziert, dass die individuellen Persönlichkeitsmerkmale beider Partner (Selbstbild) und die gegenseitige Einschätzung der Partner (Fremdbild) erhoben werden können. Durch den Vergleich der Selbst- und Fremdbilder sollen ein Einblick in die strukturellen Grundmuster der Beziehung ermöglicht und zentrale Partnerschaftskonflikte aufgedeckt werden. Für die Paarberatung eignet sich die Darstellung beider Selbst- und beider Fremdbilder auf einem gemeinsamen Profilblatt, da Abweichungen zwischen Selbst- und Fremdeinschätzungen so auf nachvollziehbare Weise grafisch veranschaulicht werden können.

Für den klinischen Bereich fanden Brähler und Brähler (1993) in Clusteranalysen auf Grundlage der Daten von insgesamt 2.953 Paaren *16 typische Beziehungsmuster* (Typen 2. Ordnung bzw. Obertypen). Die Paare entstammten insgesamt 53 Stichproben und umfassten z. B. Eltern kranker Kinder, psychosomatisch Erkrankte mit Partner sowie Paare, bei denen einer der Partner an einer chronischen oder psychiatrischen Erkrankung litt. Die 16 Obertypen tragen Bezeichnungen wie „aktive, verleugnende Harmoniebeziehung", „misstrauisch-resignative Paarbeziehung", „sadomasochistische Paarbeziehung" oder „paranoide Gemeinschaft". Letzterem Typ gehörten z. B. Eltern psychosomatisch kranker Kinder, Paare mit Sexualstörungen und Paare mit Angstzuständen an. Kennzeichnend, so die Autoren, seien die Verschlossenheit und paranoide Ängstlichkeit beider Partner und die Bedrücktheit der Frauen. Die psychoanalytische Orientierung des Verfahrens kommt insbesondere in der Beschreibung der Typen zum Ausdruck, wenn es für die „paranoide Gemeinschaft" z. B. heißt:

„In diesen Familien und Paarbeziehungen werden Aggressionen und Differenzen als große Bedrohung der symbiotischen Einheit erlebt und deshalb nach außen verlagert. Projektions- und Spaltungsmechanismen führen zu einer Aufteilung in eine aggressiv-bedrohliche Umwelt und ein pseudoharmonisches familiäres Binnenklima." (Brähler & Brähler, 1993, S. 151)

Für die Praxis existiert ein computergestütztes Auswertungsprogramm, mit dem die Zuordnung einzelner Paare zu den 16 Obertypen möglich ist (Kubinger et al., 1999). Allerdings fehlen bislang Belege für die Änderungssensitivität der Paar-GT-Skalen. Amelang und Schmidt-Atzert (2006) kritisieren darüber hinaus neben der unzureichenden theoretischen Verankerung des Paar-GT auch den Mangel an empirischen Belegen für Zusammenhänge zwischen Intrapaar-Ähnlichkeiten und Kriterien wie Stabilität der Partnerschaft, Zufriedenheit oder seelische und körperliche Gesundheit der Partner.

Zusammengefasst: Der Großteil diagnostischer Verfahren ist auf die Erhebung von Merkmalen bei einzelnen Personen ausgelegt, während Gruppenverfahren die Ausnahme bilden. In der Paardiagnostik kommen Fragebögen wie der Paar-Gießen-Test zur Anwendung. Die vergleichende Profilbetrachtung von Selbst- und Partnereinschätzungen kann im Rahmen der Paartherapie unterstützend eingesetzt werden. Kritische Nachweise für die Eignung der Profilinterpretationen stehen noch aus.

1 Skizzieren Sie die verschiedenen Gestaltungsformen psychologisch-diagnostischer Verfahren und nennen Sie Vor- und Nachteile.

2 Welchen Messgegenstand haben Entwicklungstests?

3 Welche Inhaltsbereiche werden in Intelligenz-Testbatterien üblicherweise erfasst?

4 Warum ist eine aktuelle Normierung besonders im Bereich der Intelligenzdiagnostik besonders wichtig?

5 Was unterscheidet Konzentrations- von Vigilanztests?

6 Was kennzeichnet kriteriumsorientierte Schulleistungsdiagnostik?

7 Was bedeutet der Begriff „typical performance" im Zusammenhang mit Persönlichkeitsdiagnostik?

8 Was wird unter sozialer Erwünschtheit (SD) verstanden und wie kann diagnostisch mit ihr umgegangen werden?

9 Inwiefern sind in der Motivationsdiagnostik Aspekte von Person und Umwelt zu berücksichtigen?

10 Welche Schwierigkeit kann bei der Erfassung von Interessen auftreten und welchen Lösungsansatz bietet in diesem Zusammenhang ein ipsatives Messkonzept?

11 Was ist kennzeichnend für objektive Tests in der Tradition Cattells? Geben Sie ein Beispiel.

12 Welche Vorteile sind mit der Verfügbarkeit nichtsprachlicher Persönlichkeitstests verbunden?

13 Wie geeignet sind projektive Tests in der diagnostischen Anwendung?

14 Nach welchen Gesichtspunkten lassen sich Verhaltensbeobachtungen einteilen?

15 Welche Koeffizienten zur Beurteilung der Beobachterübereinstimmung bestehen für Daten auf Nominal- bzw. Intervallskalenniveau?

16 Beschreiben Sie, welche Faktoren die Validität eignungsdiagnostischer Interviews positiv beeinflussen.

17 Skizzieren Sie das Vorgehen bei Verwendung des Paar-Gießen-Tests in der Paardiagnostik.

4 | Diagnostischer Prozess und Begutachtung

4.1 | Verfahrensschritte der diagnostischen Urteilsbildung

Ausgangspunkt des diagnostischen Prozesses ist ein Problem oder eine Frage, die durch einen Klienten, eine andere Person oder eine Institution an den Diagnostiker herangetragen wird. In einem *diagnostischen Gespräch* übersetzt dieser das Anliegen in die psychologische Fachsprache, leitet daraus eine *differenzierte Fragestellung* ab und versucht *psychologische Hypothesen* zu formulieren, die sich auf das Zustandekommen des Problemverhaltens beziehen. Sind die Untersuchungshypothesen formuliert, stellt sich die Frage der *Operationalisierbarkeit* (also der Umsetzung in eine messbare Form). Dazu wiederum sind Entscheidungen zum *Untersuchungsplan* zu treffen und adäquate Verfahren zu bestimmen, die eine möglichst optimale Zielerreichung gewährleisten. Mit der ersten Datenauswertung können erste Versuche der *Hypothesenabsicherung* unternommen, ggf. neue, zusätzliche Hypothesen formuliert und in einem weiteren Zyklus überprüft werden (s. Jäger, 1986).

Merkmale und Arten diagnostischer Begutachtung | 4.2

Der diagnostische Prozess mündet im *diagnostischen Urteil*. Damit werden Aussagen auf der Grundlage erhobener psychologischer Daten bezeichnet, die den Klienten, eine Gruppe von Personen, eine Institution oder einen Sachverhalt betreffen und in spezifischen Empfehlungen oder auch Entscheidungen bezüglich einer Intervention münden.

diagnostisches Urteil

Um die Leistungsfähigkeit einer diagnostischen Prozedur untersuchen zu können, wird der Prozess der *Datenerhebung bzw. Messung* vom Prozess der *Datenkombination* für eine Vorhersage getrennt. Dabei können im Zuge der Datenerhebung *psychometrische* (Tests oder andere standardisierte Verfahren) und *nichtpsychometrische* (Einschätzungen des Diagnostikers) Daten als Informationsquellen dienen. Auf der Seite der Datenkombination stehen wiederum *formelle* (statistische Vorhersagemodelle auf der Grundlage expliziter Regeln) und *informelle* (Beurteilungen durch den Diagnostiker) Methoden zur Verfügung. Beide Arten von Daten können prinzipiell mit beiden Methoden kombiniert werden.

Datenerhebung vs. -kombination

Hinsichtlich der Validität von Diagnosen wird auch von *klinischen* (informellen) und *statistischen* (formellen) *Methoden der Datenintegration* gesprochen. Die klinische Form der Datenkombination beruht auf Einzeldaten, die der Diagnostiker mittels seiner Expertise zu einem diagnostischen Urteil (einer menschlichen Beurteilung) integriert. Dagegen verwendet die statistische Form statistische Gleichungen, wie sie sich mittels linearer Regressions- und Diskriminanzanalysen oder nichtlinearer Schätzverfahren (wie z. B. künstlicher neuronaler Netzwerkmodelle, s. → Kap. 8.1.4) ableiten lassen.

klinische vs. statistische Datenintegration

In vielen Vergleichsstudien haben sich die statistischen Urteilsbildungen in ihrer Prognosegenauigkeit gegenüber der klinischen Form als überlegen herausgestellt, da klinische Diagnosen nie frei von Verzerrungs- oder Fehlertendenzen sind. Auch das psychologisch-diagnostische Wissen und Training immunisiert den Diagnostiker nicht gegenüber Inkonsistenzen bei der Verwendung diagnostischer Entscheidungsregeln. Entscheidungsregeln werden in der Folge nicht immer konsequent eingesetzt, sondern von Fall zu Fall abgewandelt. Viele getroffene Diagnosen erlauben keine Verifikation hinsichtlich ihrer Richtigkeit. So kann z. B. bei abgelehnten Bewerbern nicht die Richtigkeit einer getroffenen Selektionsentscheidung überprüft werden. Statistische Methoden hingegen sind – wenn korrekt ausgewählt und angewendet – frei von diesen Problemen und können selbst durch kreuzvalidierte statistische Diagnosesysteme Rückmeldungen hinsichtlich ihrer Anpassungsgüte liefern.

Allerdings besitzen auch statistische Urteilsmodelle ihre Grenzen, da sich verlässliche Informationen nur aus umfassenden und vollständigen

Datensätzen, anhand großer Fallzahlen und nur auf der Basis multipler Testungen erzielen lassen. Statistische Modelle ignorieren zudem kontextuelle Rahmenbedingungen (die individuelle Besonderheit konkreter Fälle), verleiten zu Generalisierungen von Ergebnissen (verkennen den Wahrscheinlichkeitsgehalt statistischer Aussagen), führen zu unangemessenen Kausalattributionen (ignorieren, dass Vorhersage *nicht* Verursachung bedeutet) und zu fehlerhaften Übertragungen auf Einzelfälle (denn statistische Häufigkeiten in Populationen determinieren *nicht* den Einzelfall). Andererseits lassen sich statistische Vorhersagemodelle aber durch den Einbezug von Moderatorvariablen präzisieren. Zudem sind statistische Einzelfallanalysen mit adäquaten Verfahren (z. B. speziellen Randomisierungstests) durchaus möglich, wenn in systematischer und kontrollierter Weise Daten vom Klienten oder Patienten erhoben werden.

paramorphe Modelle

Zusammenfassend spricht daher vieles für eine breite Anwendung formeller Methoden zur Beantwortung diagnostischer Fragestellungen. Die diagnostische Praxis kombiniert zudem häufig beide Urteilsmodelle und setzt ein Modell als Korrektiv für das andere ein. Andere Herangehensweisen versuchen, aus den Algorithmen und Heuristiken von professionellen Diagnostikern sog. *paramorphe Modelle* abzuleiten. Solche formellen Modelle sollen die Zusammenhänge zwischen der Information, die ein Diagnostiker erhebt (die Auswahl von Daten), und der Entscheidungsfindung (die Gewichtung und Kombination von Daten) reproduzieren. Damit werden Diagnostiker zu Probanden, indem sie gebeten werden, zu Datenreihen von Personen spezifische Diagnosen hinsichtlich eines Merkmals (Expertenurteile) abzugeben.

Idealerweise werden diagnostische Untersuchungen wie wissenschaftliche Experimente aufgefasst, die explizite Hypothesen, vorab geplante und kontrollierte Untersuchungsbedingungen und standardisierte Auswertungsverfahren beinhalten. Darüber hinaus sollten Entscheidungsregeln expliziert, Prognosegenauigkeiten erfasst und Angaben zur Validität der Diagnose vorgelegt werden. Nur durch systematische Verifikation von diagnostischen Urteilen können Rückschlüsse über den Erfolg und Misserfolg der Arbeit gezogen und ggf. korrigiert werden. Diese sind allerdings nicht immer möglich, da sich z. B. abgelehnte Bewerber hinsichtlich ihrer (Nicht-)Eignung oder abgebrochene Behandlungen hinsichtlich ihres möglichen Therapie(miss)erfolgs nicht überprüfen lassen (s. Fisseni, 1982).

Zusammengefasst: Der diagnostische Prozess umspannt eine Phase der Datenerhebung und eine Phase der Datenintegration. Alle Phasen sollten durch explizite Entscheidungsregeln gekennzeichnet sein, damit

Diagnostik prinzipiell überprüf- und korrigierbar wird und damit zur kontrollierten Praxis wird.

Aufbau eines diagnostischen Gutachtens | 4.3

Definition

Ein **psychologisches Gutachten** nimmt Bezug auf eine konkrete Fragestellung, die eine Person (personenbezogenes Gutachten), eine Gruppe von Personen, eine Institution oder eine Sache (umweltbezogenes Gutachten) betreffen und fasst den psychodiagnostischen Prozess, insbesondere die Ergebnisse der Begutachtung und die daraus abgeleiteten Schlussfolgerungen für den Auftraggeber zusammen. Ziel des Gutachtens ist es, zu treffende Entscheidungen des Auftraggebers zu unterstützen.

In einem psychologischen Gutachten werden zumeist in schriftlicher Form Fragestellung, verwendete diagnostische Methoden, einzelne Befunde und wissenschaftlich fundierte Schlussfolgerungen zusammenfassend dargestellt. Damit muss ein psychologisches Gutachten den gleichen Kriterien genügen, die an eine wissenschaftliche Arbeit hinsichtlich der Gültigkeit von Aussagen, der Angemessenheit der Operationalisierungen und zentraler Merkmale wie Objektivität und Reliabilität herangetragen werden. Die häufige Verwendung durch Nichtfachleute erfordert es dabei, die Aussagen in verständlicher und nachvollziehbarer Form aufzubereiten. Dies entspricht der Forderung nach Kommunizierbarkeit, die wesentlich von der Transparenz und Prüfbarkeit aller Schritte abhängt. Für Gutachten und Untersuchungsberichte gelten Kriterien, die der besonderen Verantwortung von Psychologen Rechnung tragen sollen (s. Westhoff & Kluck, 2003):

Kriterien

▶ *Sorgfaltspflicht*: Die Erstellung und Verwendung von Gutachten erfordert sachlich und wissenschaftlich fundierte Expertise, durch die der Diagnostiker auf geeignete diagnostische Erhebungsverfahren rekurrieren, relevante Hypothesen formulieren und auf empirisch begründetes Wissen zurückgreifen kann. Diese Expertise befähigt ihn, mit geforderter Sorgfalt und Gewissenhaftigkeit ein Gutachten frist- und formgerecht zu erstellen.
▶ *Transparenz*: Der Auftraggeber (Adressat) eines Gutachtens ist angemessen und nachvollziehbar über die diagnostischen Verfahrensschritte, die zur Gewinnung der Befunde vollzogen wurden zu infor-

mieren. Dabei sind ggf. auch die Grundlagen einzelner Schlussfolgerungen zu explizieren.

▶ *Ethische und rechtliche Standards*: Gutachtertätigkeiten können durch
eine Vielzahl ethischer Auflagen und rechtlicher Bestimmungen vor-
strukturiert sein. Der freiwillige Kontakt (bei dem zumeist begutachtete Person und Auftraggeber zusammenfallen) setzt dabei andere
ethische Limitierungen als mehr oder weniger erzwungene Kontakte
(z.B. bei einem Sorge- und Umgangsrechtsstreit).

▶ *Einsichtnahme*: Eine Einsicht in das Gutachten erhält zunächst nur der
Auftraggeber. Gutachter und Auftraggeber sollten sich allerdings immer darüber verständigen, ob auch anderen Personen (z.B. der begutachteten Person) Einsicht in das Gutachten gewährt wird. Wird die
Einsichtnahme prinzipiell ausgeschlossen, ist die begutachtete Person davon in Kenntnis zu setzen und die Weitergabe an den Auftraggeber schriftlich zu bestätigen.

Formaler Gestaltungsrahmen eines Gutachtens

Bei der Erstellung eines Gutachtens ist ein bestimmter diagnostischer
Entscheidungsprozess in einen entsprechenden formalen Gestaltungs-
rahmen zu übersetzen.

Fragestellung   Erster Gliederungspunkt eines Gutachtens ist die *Fragestellung*. Sie
wird im Gutachten so wiedergegeben, wie sie vom Auftraggeber an den
Psychologen herangetragen wurde. Zu nennen sind Fragestellung, Auftraggeber, Klient, Untersucher, Untersuchungstermine und das Untersuchungsverfahren. Grundsätzlich sollte die Fragestellung hinsichtlich
ihrer ethischen und rechtlichen Vertretbarkeit und mit Blick auf die erforderliche Fachkompetenz vorab geprüft worden sein.

Eingangsdaten   Danach sollten die *Eingangsdaten* berichtet werden, die eine Zusammenfassung der Vorgeschichte (z.B. vorliegende Berichte, Vorgutachten,
Zeugnisse, Protokolle, Gerichtsakten) beinhalten und nachfolgend als
Grundlage für die psychologischen Annahmen des Psychologen dienen.
Dazu sind die Vorinformationen ggf. hinsichtlich ihrer Quellen und Relevanz zu gewichten und in angemessener Weise bei der Formulierung
erster Hypothesen zu berücksichtigen.

Anforderungsprofil   Der diagnostische Prozess soll als Entscheidungshilfe dienen. Daher
ist ggf. ein *Anforderungsprofil* anhand definierter Kriterien festzuschrei-
ben, das den Verhaltensmerkmalen der zur beurteilenden Person gegen-
überzustellen ist (z.B. besondere Anforderungskriterien hinsichtlich einer Berufseignung).

Hypothesen   Aus wissenschaftlicher Fragestellung und Eingangsdaten werden die
Hypothesen (die psychologischen Fragen) abgeleitet, welche die weitere
diagnostische Strategie bestimmen. Geklärt werden die Hypothesen

durch Variablen, welche die relevanten Merkmale bzw. das Verhalten erklären bzw. vorhersagen können. Dabei beziehen sich die Hypothesen auf eine Beschreibung des Ausgangszustands des Klienten, die Ursachen des Zustands, auf die Definition eines Zielzustands sowie des Weges zur Zielerreichung. Erlauben die Eingangsdaten keine präzise Hypothesengenerierung oder erweisen sich die aufgestellten Hypothesen als unzureichend, muss anhand erster Ergebnisdaten eine Hypothesenpräzisierung vorgenommen werden. Ggf. ist dieser Prozess als diagnostische Schleife mehrfach zu durchlaufen. Durch dieses Vorgehen erhält das Gutachten die geforderte Struktur und Transparenz, die es für die geforderte Nachvollziehbarkeit und prinzipielle Überprüfbarkeit benötigt.

In den *Untersuchungsplan* gehen die verwendeten Verfahren und anderen Informationsquellen ein. Ihre Auswahl wird begründet und beschrieben. Auch der Untersuchungsplan kann im Hinblick auf veränderte Hypothesen eine Anpassung erfahren. Daran schließt sich die *Untersuchungsdurchführung* an. [*Untersuchungsplan und -durchführung*]

Abschließend werden die *Untersuchungsergebnisse* dargestellt. Dazu gehören sämtliche Ergebnisse aus Tests, Fragebögen, Interviews, Verhaltensbeobachtungen und anderen Informationsquellen, die gegliedert nach den einzelnen Quellen dargestellt werden. Bei den Ergebnissen normierter Tests werden dabei Standardwerte (IQ, T-Werte oder sehr häufig Prozentränge) berichtet. Bei Informationen aus Gesprächen oder Interviews wird eine Unterteilung nach Themengebieten vorgenommen. Auch das Verhalten des Klienten während der Untersuchung kann Teil der Ergebnisdarstellung sein. [*Untersuchungsergebnisse*]

Der *Befund* integriert die erhobenen Informationen (aus Eingangsdaten und Untersuchungsmethoden) zu einer Aussage, welche die zuvor gestellten psychologischen Fragen beantwortet. Übereinstimmungen werden dabei ebenso erwähnt wie Widersprüche in den Daten. Treten Widersprüche auf, sollten diese hinsichtlich möglicher Ursachen (methodische Probleme oder besondere Durchführungsbedingungen) eingehend erörtert werden. Auf jeden Fall sollten die Interessen aller Beteiligten angemessen berücksichtigt werden – dies schließt ein, stark abwertende Urteile grundsätzlich zu vermeiden. [*Befund*]

Alle Einzelbefunde münden schließlich in einer abschließenden *Stellungnahme* (Schlussfolgerung oder Entscheidung), in der eine abschließende Antwort auf die Fragestellung des Gutachtens geliefert wird. Damit wird die Ausgangsfrage auf dem Hintergrund der erhobenen Daten abschließend beantwortet. Wenn weitere Empfehlungen vereinbart wurden, kann die Stellungnahme auch mit Vorschlägen möglicher Interventionen (z. B. therapeutische oder andere Maßnahmen) verknüpft sein. [*Stellungnahme*]

Gliederung   Aus diesen generellen Abschnitten eines Gutachtens ergibt sich folgende Gliederung für den Aufbau:

▶ Titelseite
  – Absender
  – Adressat
  – Auftraggeber
  – Aktenzeichen (wenn vorhanden]
  – Überschrift („Psychologisches Gutachten") mit Untertitel
  – Name und Anschrift zur begutachteten Person
  – Ort, Datum
  – Name des Gutachters
▶ Inhaltsverzeichnis mit Seitenzahlen (bei umfangreichen Gutachten)
▶ Zusammenfassung (bei umfangreichen Gutachten)
▶ Untersuchungsanlass
▶ Fragestellung
▶ Vorgeschichte (Zeugnisse, Vorgutachten etc., wenn vorhanden)
▶ Psychologische Fragen
▶ Untersuchungsmethoden (Tests, Fragebögen etc.)
▶ Untersuchungsergebnisse
▶ Befund
▶ Stellungnahme
▶ Empfehlungen (wenn ausdrücklich vereinbart)
▶ Unterschrift (mit Ort und Datum)
▶ Literaturverzeichnis
▶ Anhang (für Materialien, die nur auszugsweise verwendet wurden)

Zusammengefasst: Ein Gutachten sollte hinsichtlich der Beantwortung der Fragestellung umfassend, für den Auftraggeber nachvollziehbar, durch eine klare Darlegung der Aufgabe, des Verlaufs und des Ergebnisses gekennzeichnet und seitens der Ergebnisse sachgerecht und kompetent bewertet sein. Der Prozess des Abwägens der Untersuchungsergebnisse hinsichtlich ihrer Relevanz für die Fragestellung stellt dabei die wichtigste Aufgabe dar. Dazu sind die verwendeten Beurteilungsmaßstäbe des Gutachters anzugeben.

Rechtliche Rahmenbedingungen von Diagnostik | 4.4

Psychologische Diagnostik unterliegt wie die meisten Bereiche des öffentlichen und beruflichen Lebens einer Vielzahl rechtlicher Bestimmungen. In den einschlägigen Lehrbüchern finden sich zu dieser Thematik allerdings in der Regel nur unzureichende Informationen.

Grundsätzlich muss diagnostisches Handeln in Übereinstimmung mit dem Grundgesetz erfolgen. Insbesondere Artikel 1(1) („Die Würde des Menschen ist unantastbar. Sie zu achten und zu schützen ist Verpflichtung aller staatlichen Gewalt") sowie Artikel 2(1) und 2(2) („Jeder hat das Recht auf die freie Entfaltung seiner Persönlichkeit, soweit er nicht die Rechte anderer verletzt…Jeder hat das Recht auf Leben und körperliche Unversehrtheit. Die Freiheit der Person ist unverletzlich") sind hier von Bedeutung.

Grundgesetz

Das Strafgesetzbuch enthält Bestimmungen zum Schutz vor Verletzung der Vertraulichkeit beim Umgang mit psychodiagnostischen Informationen (etwa § 203 StGB).

Strafgesetzbuch

Wie steht es jedoch um konkrete rechtliche Bestimmungen mit Relevanz für diagnostisches Handeln? Arbeitsrechtliche Aspekte spielen etwa in der Personalauswahl eine bedeutsame Rolle: Das Fragerecht des Arbeitgebers, die Offenbarungspflicht des Bewerbers und das Mitbestimmungsrecht des Betriebsrats sind typische Konfliktfelder mit juristischem Klärungsbedarf. Dem Arbeitgeber wie dem diagnostisch tätigen Psychologen sind bei der Durchführung von Personalauswahlverfahren und dem damit verbundenen Bestreben, den geeigneten Bewerber zu finden, rechtliche Grenzen gesetzt.

Arbeitsrecht

Kritik

Unglücklicherweise ist das Arbeitsrecht, das bis heute in einer kaum überschaubaren Anzahl von Einzelgesetzen geregelt ist, für den juristisch nicht gebildeten Diagnostiker kaum nachvollziehbar. Zudem haben sich existierende Rechtsgrundsätze aus einer umfangreichen Einzelfallrechtsprechung entwickelt.

Glücklicherweise haben Franken und Melzer (2007) aktuelle rechtliche Grundlagen der Eignungsbeurteilung zusammengefasst. Die beiden Tabellen 4.1 *Arbeitgeberfragerecht* und 4.2 *Offenbarungspflicht* von Bewerbern sind diesem Beitrag entnommen.

Tab. 4.1 | **Arbeitgeberfragerecht (nach Franken & Melzer, 2007)**

Frage nach ...	Zulässig / Unzulässig	Anmerkungen/Urteile
Qualifikation ▶ Ausbildung ▶ beruflicher Werdegang ▶ Prüfungsergebnisse	*Zulässig:* Diese Fragen dienen der Ermittlung der fachlichen Qualifikation des Bewerbers und sind zulässig.	s. BAG 7.9.1995, AP (Arbeitsrechtliche Praxis) Nr. 24 zu § 242 BGB – Auskunftspflicht.
Gesundheitszustand (allgemein)	*Zulässig,* soweit die Einsatzfähigkeit auf dem vorgesehenen Arbeitsplatz in Frage steht und gesundheitliche Beeinträchtigungen Auswirkungen auf die geschuldete Tätigkeit haben.	s. BAG 7.6.1984, DB 1984, S. 2706.
Gesundheitszustand (AIDS-Erkrankung)	*Zulässig,* da aufgrund der Schwere der Erkrankung unmittelbare Auswirkungen auf die Leistungsfähigkeit des Bewerbers zu befürchten sind.	
Gesundheitszustand (AIDS-Infektion)	*Nur zulässig,* wenn die HIV-Infektion Auswirkungen auf die geschuldete Tätigkeit hat.	Wegen des Blutkontaktes z. B. im Bereich der Heilberufe. Mangels Ansteckungsgefahr hingegen nicht in Bezug auf eine als Küchengehilfe zu besetzende Stelle.
Gewerkschafts-zugehörigkeit	*Unzulässig:* Der Bewerber soll nicht der Gefahr ausgesetzt werden, dass er nur deshalb abgelehnt wird, weil der Arbeitgeber gewerkschaftsfeindlich eingestellt ist und / oder eine Tarifbindung vermeiden möchte.	Dies ergibt sich aus Art. 9 Abs. 3 GG.
Lohn-/Gehaltspfändungen	*Umstritten:* Wegen des hiermit verbundenen, zusätzlichen Arbeitsaufwands für den Arbeitgeber bei der Lohnabrechnung ist ein berechtigtes Interesse seinerseits wohl zu bejahen.	Die Zulässigkeit im Allgemeinen hingegen ablehnend ArbG Berlin, 16.7.1986, BB (Betriebs-Berater) 1986, S. 1853.
Parteizugehörigkeit	*Grundsätzlich unzulässig,* da sie dem Arbeitgeber keinen Aufschluss über die berufliche Qualifikation des Bewerbers gibt.	Ausnahme: Bei der Einstellung in Tendenzbetrieben, in denen eine parteipolitische Vorgabe besteht.
Religionszugehörigkeit	*Grundsätzlich unzulässig,* wegen des in Art. 3 Abs. 3 GG verankerten Verbots einer Benachteiligung aufgrund des persönlichen Glaubens.	Ausnahme: Bei konfessionsgebundenen Trägern des zu besetzenden Arbeitsplatzes (z. B. Krankenhäuser, Schulen).

Arbeitgeberfragerecht (nach Franken & Melzer, 2007) | noch Tab. 4.1

Frage nach …	Zulässig / Unzulässig	Anmerkungen/Urteile
Schwangerschaft	*Grundsätzlich unzulässig.*	
Schwerbehinderung	*Grundsätzlich unzulässig.*	*Ausnahme:* Ihr Fehlen ist eine wesentliche und entscheidende Voraussetzung für die auszuübende Tätigkeit.
Scientology-Mitgliedschaft	Im Regelfall *zulässig.*	Nach Auffassung des BAG ist Scientology keine Religionsgemeinschaft (s. BAG, 22.3.1995, DB 1995, S. 1714).
Vermögensverhältnisse	*Grundsätzlich unzulässig.*	*Ausnahme:* Bei zu besetzenden Stellen, die eine besondere Zuverlässigkeit des Bewerbers beim Umgang mit Geld erfordern.
Vorheriges Einkommen	*Nur berechtigt,* wenn die bisherige Vergütung für die begehrte Stelle aussagekräftig ist und Aufschluss über die Qualifikation gibt.	s. BAG 19.5.1983, DB 1984, S. 298.
Vorstrafen	*Einzelfallabhängig.*	
Wehr- und Ersatzdienst	*Umstritten.*	Für die Zulässigkeit spricht, dass der Arbeitgeber ein Interesse daran hat, ob der Bewerber ihm tatsächlich zur Verfügung steht. Zieht man jedoch die für schwangerschaftsbedingte Beschäftigungsverbote geltenden Grundsätze heran, so dürfte die Frage unzulässig sein.

Erläuterung: ArbG – Arbeitsgesetz, BAG – Bundesarbeitsgericht, BGB – Bürgerliches Gesetzbuch, GG – Grundgesetz

Die in den Tabellen enthaltenen Beispiele geben einen Einblick in die Komplexität individualrechtlicher Aspekte im Kontext von Eignungsdiagnostik. Hinzu kommen mögliche Rechtsfolgen bei Verstößen gegen diese gesetzlichen Bestimmungen, etwa Schadensersatzansprüche nach Überschreiten des Fragerechts oder die Anfechtung des Arbeitsvertrages nach Verstößen gegen die Offenbarungspflicht. Zudem können verschiedene kollektivrechtliche Aspekte von diagnostischem Handeln berührt sein, z.B. das Unterrichtungs- und Beratungsrecht des Betriebsrates bei der Personalplanung, die Ausschreibung von Arbeitsplätzen und die Mitbestimmung des Betriebsrats bei der Personalauswahl.

Tab. 4.2 | **Offenbarungspflicht des Bewerbers (nach Franken & Melzer, 2007)**

Tatsache	Offenbarungspflichtig?	Anmerkungen / Urteile
Fehlende Arbeits- / Aufenthaltserlaubnis	*Ja.*	
Bevorstehende Haftstrafe	*Ja,* soweit der Bewerber deshalb am Dienstantritt gehindert wird.	Auf den Grund der Haftstrafe kommt es nicht an.
Krankheit	*Grundsätzlich nein.* *Ausnahme:* Offenbarungspflichtig sind nur solche Erkrankungen, die den Bewerber wegen der Ansteckungsgefahr oder der Schwere der Erkrankung an der Erbringung der Arbeitsleistung dauerhaft hindern.	Dies ist z. B. bei einer AIDS-Erkrankung in der Regel der Fall. Bei der HIV-Infektion hingegen nur dann, wenn sich aus der Art der Tätigkeit eine erhöhte Ansteckungsgefahr für Dritte ergibt.
Kur	*Ja,* wenn der Bewerber sich zum Zeitpunkt des voraussichtlichen Arbeitsantritts voraussichtlich in Kur befindet.	
Schwangerschaft	*Nein.*	Selbst dann nicht, wenn die Bewerberin die vertraglich geschuldete Tätigkeit aufgrund der Schwangerschaft nicht erbringen kann.
Schwerbehinderung	*Grundsätzlich nein,* es sei denn, der Bewerber vermag aufgrund seiner Behinderung die vertraglich geschuldete Tätigkeit überhaupt nicht zu leisten.	Kann der Bewerber die vertraglich geschuldete Tätigkeit ohne Weiteres erbringen, so ist er im Einstellungsgespräch nicht verpflichtet, den Arbeitgeber von sich aus darauf hinzuweisen, dass er derzeit noch eine befristete Erwerbsunfähigkeitsrente bezieht (s. LAG Düsseldorf, 6. 3. 1991, NZA 1991, S. 674).
Vorstrafen	*Grundsätzlich nein.* Ausnahme: Wenn der Bewerber aufgrund der Vorstrafe bzw. des laufenden Ermittlungs-/Strafverfahrens generell ungeeignet für die zu besetzende Stelle ist (s. BAG 20. 5. 1999, S. 975).	Ein anhängiges, noch nicht abgeschlossenes Ermittlungs- bzw. Strafverfahren muss der Bewerber nicht von sich aus offenbaren (s. ArbG Münster 20. 11. 1992, NZA 1993, S. 461).
Wettbewerbsverbote	*Ja.*	

Erläuterung: ArbG – Arbeitsgesetz, LAG – Landesarbeitsgericht, NZA – Neue Zeitschrift für Arbeitsrecht

arbeitsplatzbezogene Daten

Für die psychologische Eignungsdiagnostik gilt, dass die Durchführung psychologischer Tests nur zulässig ist, wenn die Bewerber der Untersuchung zustimmen, und auch dann nur so weit, wie es um die Ermittlung *arbeitsplatzbezogener Daten* geht. Psychologische Tests dürfen nur durchgeführt werden, wenn die Bewerber über die Funktionsweise und den Zweck der Testung aufgeklärt werden. Entscheidend für den Einsatz psychologischer Testverfahren ist zudem ein inhaltlicher Bezug zu den Anforderungen des zu besetzenden Arbeitsplatzes, wie folgendes Zitat verdeutlicht:

„Intelligenztests, anhand derer lediglich allgemein der Intelligenzquotient ermittelt wird, stellen einen Eingriff in die Persönlichkeitssphäre

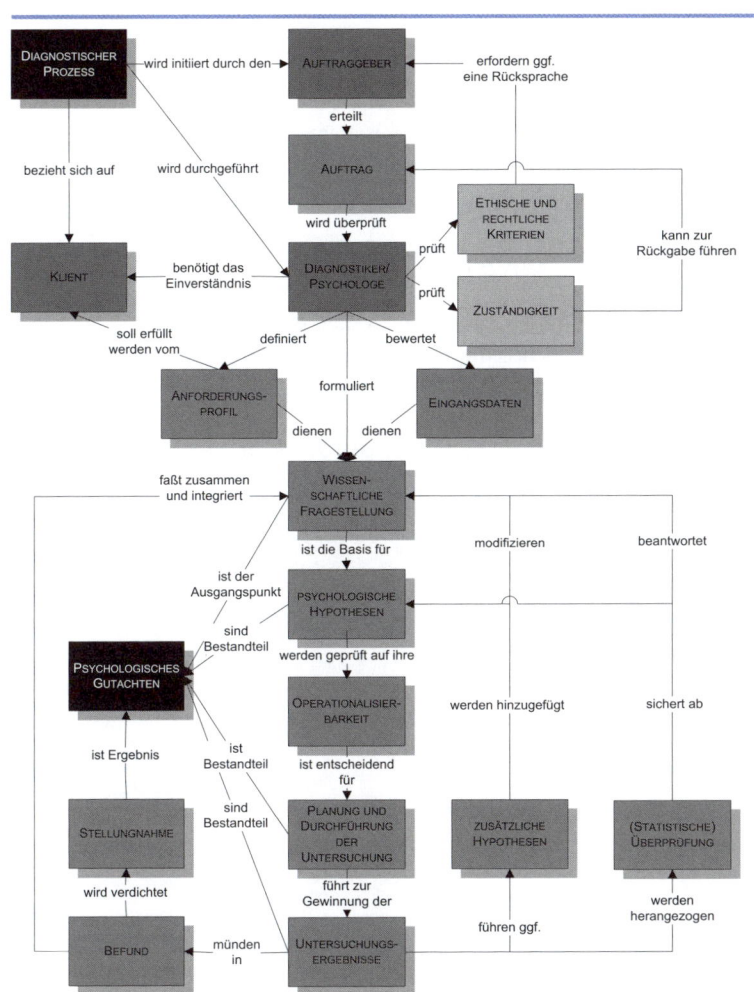

Abb 4.1

Concept-Map zum diagnostischen Prozess und zur psychologischen Beurteilung

des Bewerbers dar und sind wegen des fehlenden Bezugs zu dem zu besetzenden Arbeitsplatz ebenso wie Persönlichkeitstests zur Bestimmung der Gesamtpersönlichkeit des Bewerbers unzulässig." (Franken & Melzer, 2007, S. 87)

Der zentrale Qualitätsstandard in der Eignungsbeurteilung in Deutschland ist die DIN 33430 (DIN 2002; s. → Kap. 5.2.2). Die an dieser Stelle exemplarisch ausgeführten rechtlichen Rahmenbedingungen eignungsdiagnostischen Handelns zeigen, wie wichtig fundierte Kenntnisse in diesem Bereich sind. Weiterführende Literatur findet sich u.a. bei Zuschlag (2006).

Testfragen

1 Was kennzeichnet den diagnostischen Prozess?
2 Was versteht man unter einer psychologischen Begutachtung?
3 Was unterscheidet klinische von statistischen Methoden der Datenintegration?
4 Welche Maßnahmen erhöhen die Gültigkeit klinischer Urteilsbildung?
5 Aus welchen Informationen entstehen paramorphe Modelle?
6 Was sind die wichtigsten Schritte im diagnostischen Prozess?
7 Wie unterscheidet sich die Fragestellung in einem Gutachten von den Hypothesen?
8 Welcher Unterschied besteht zwischen den diagnostischen Untersuchungsergebnissen und dem Befund?
9 Welche Funktion hat die Stellungnahme in einem Gutachten?
10 Erläutern Sie den Zusammenhang zwischen Arbeitsgeberfragerecht und Offenbarungspflicht von Bewerbern.

Arbeits- und organisationspsychologische Diagnostik | 5

Inhalt

Die zentrale Aufgabe der arbeits- und organisationspsychologischen Diagnostik richtet sich auf die Diagnose und Entwicklung von Organisationen (organisationspsychologische Diagnostik), Personengruppen und Einzelpersonen (personalpsychologische Diagnostik), als auch auf die Analyse und Gestaltung von Aufgaben, Anforderungen und Arbeitsbedingungen (arbeitspsychologische Diagnostik).

Diagnostik von Organisationen | 5.1

Organisationsdiagnostik | 5.1.1

Zentrale Aufgabe einer psychologisch orientierten *Organisationsdiagnostik* ist die Analyse und Diagnose menschlichen Erlebens und Verhaltens von Mitgliedern in Organisationen und die Nutzung dieser Erkenntnisse zur Beschreibung, Erklärung und Entwicklung personeller Ressourcen im Kontext organisationaler Strukturen.

Struktur- vs.
Prozessdiagnostik

Die zur Organisationsdiagnostik herangezogenen diagnostischen Techniken unterscheiden eine *Strukturdiagnostik*, die auf Unterschiede zwischen Organisationsstrukturen bezogen ist (z.B. Aufbau, Größe oder technische Ausstattung eines Unternehmens), von einer *Prozessdiagnostik*, die zeitlich veränderliche Merkmale und Bedingungen einer Organisation untersucht (z.B. strukturelle Anpassungen durch neue Arbeitszeitmodelle oder neue Produktionsformen). Dabei erfasst die Organisationsdiagnostik nur einzelne aktuelle, konkrete Teilbereiche, die von einer Organisation als dringlich angesehen werden.

Organisationsanalyse-
Instrumentarium

Einen anderen Weg beschreitet das *Organisationsanalyse-Instrumentarium* (OAI) von van de Ven und Ferry (1980), das sich aus fünf verschiedenen Fragebögen zu folgenden Teilbereichen zusammensetzt (s. Krohne & Hock, 2007):

1. *Macroorganizational module* zur Erhebung der Gesamtstruktur einer Organisation;
2. *Interunit relations module* zur Erhebung der Koordination zwischen organisationalen Abteilungen;
3. *Organizational unit module* zur Erfassung von Aufgaben, Strukturen und Prozessen der organisationalen Arbeitsebenen;
4. *Job design module* zur Erhebung inhaltlicher, struktureller und anforderungsspezifischer Merkmale von Arbeitsplätzen sowie der resultierenden Arbeitszufriedenheit;
5. *Performance module* zur Erhebung der Effizienz und Effektivität der organisationalen Arbeitsebenen.

5.1.2 | Organisationsentwicklung

personelle und
strukturelle Änderungen

Unter dem Begriff der *Organisationsentwicklung* subsummieren sich zumeist längerfristig angelegte umfassende Veränderungsplanungen, die in einer gezielten Intervention münden und oft mit personellen und strukturellen Konsequenzen verbunden sind. Derartige Entwicklungen zeigen sich v.a. im Zuge des Wandels sozialer Strukturen, z.B. bei der Neugliederung bisher zentral gesteuerter Unternehmen und Einrichtungen in relativ selbstständige Einheiten, bei der Ausgliederung bestimmter Funktionsbereiche in Servicezentren, bei internationalen Firmenkooperationen und Firmenfusionen. Dabei erfordern *personelle Änderungen* v.a. Beratungs-, Trainings- und Weiterbildungsangebote, während *strukturelle Änderungen* z.B. die Begleitung und Integration neuer Arbeitszeit- oder Arbeitsformmodelle zum Thema haben. Das folgende Beispiel zeigt, dass solche Maßnahmen nicht zwangsläufig zum angestrebten Ziel führen.

Management by Objectives (MBO) ist eine Strategie der Führung von Organisationen, bei der aus der übergeordneten Unternehmensphilosophie einer Organisation stufenweise Unterziele für die einzelnen Unternehmensbereiche abgeleitet werden. Die konkreten Einzelziele für jeden Mitarbeiter, die er in einem definierten Zeitraum zu erreichen hat, werden in schriftlichen Vereinbarungen, in sog. Zielbildern, festgelegt. Wesentlich ist dabei, dass die Mitarbeiter weitgehende Handlungsfreiheit bei der Wahl der Mittel und Wege zur Zielerreichung haben (s. Deich, 2005).

Management by
Objectives (MBO)

Beispiel

Ein großes Unternehmen beschloss, in einem Unternehmenszweig MBO einzuführen. Die Entscheidung schien sinnvoll, denn MBO passte optimal zur handelsorientierten Struktur dieses Unternehmenszweiges. Die Maßnahme erwies sich jedoch als völlig erfolglos: Die Mitarbeiter waren unzufrieden. Die notwendigen MBO-Schritte wurden nicht eingehalten. Was war der Grund? Als Hauptursache stellte sich Folgendes heraus: Der Betriebsrat hatte bei den Mitarbeitern die Hoffnung geweckt, die Neuerungen seien mit finanziellen Vorteilen für sie verbunden. Man war davon ausgegangen, dies sei bei solchen Maßnahmen üblich, um die Zustimmung der betroffenen Mitarbeiter zu erhöhen. Die Unternehmensleitung war jedoch nicht bereit, solche Mehrleistungen zu erbringen. Das Ziel bei der Einführung von MBO lag für die Unternehmensführung nämlich in der Hoffnung, durch die Innovationen den Unternehmensgewinn zu steigern. Weil dieses unausgesprochene Missverständnis zwischen Belegschaft, Betriebsrat und Unternehmensleitung nie offen angesprochen worden war, scheiterte die Aktion.

Das Beispiel zeigt, dass das Anliegen der Organisationsentwicklung nur sinnvoll funktionieren kann, wenn auf Seiten des Managements sowie der Belegschaft neben der Überzeugungsarbeit auch Zielsetzungen angemessen kommuniziert werden. Nötig sind gezielte Führungs- und Teamfähigkeitstrainings sowie Schulungen der Mitarbeiter.

Zusammengefasst: Die Organisationsdiagnostik ist v. a. auf die Aspekte *Individuum und Organisation* ausgerichtet. Ihre wesentlichen Aufgaben bestehen u. a. in der Entwicklung von Strategien zur Organisationsentwicklung, der Planung und Durchführung von Veränderungsprozessen mit den Betroffenen (z. B. Organisationsentwicklungsprojekte zur Einführung neuer Technologien, v. a. der Informationstechnologien, zur

Automatisierung der Produktion oder zur Anpassung an Entwicklungen des Marktes), der Reduzierung personalwirtschaftlicher Kostenfaktoren, der Untersuchung psychologischer Auswirkungen von Reorganisationsmaßnahmen und der Optimierung von Managementprozessen, der Stabilisierung der Beschäftigungslage, der Analyse und Beeinflussung des Organisationsklimas, der Überprüfung von Auswirkungen und Umsetzungen von Unternehmens- und Führungsleitlinien und schließlich der Humanisierung von Arbeit.

5.2 | Diagnostik von Personen

5.2.1 | Personalbeurteilung

Im Rahmen der *Personalbeurteilung* werden v. a. leistungs- und potenzialbezogene Daten ermittelt, die der Platzierung, Selektion, Beurteilung und Förderung von Mitarbeitern dienen. Zweckdienlich sind solche Beurteilungen, um Über- und Unterförderungen zu vermeiden, Aufstiegs- bzw. Entwicklungsmöglichkeiten zu sichern und effizientes Arbeiten in Organisationen sicherzustellen (s. Hossiep & Mühlhaus, 2005). Bei der Personalbeurteilung wird unterschieden zwischen

▶ einer *Beurteilung alltäglichen Arbeitsverhaltens* (ein *Day-to-day-Feedback* zum Zwecke der direkten, aktuellen Verhaltenssteuerung),
▶ einer *Leistungsbeurteilung* (einer systematischen Einschätzung und Beurteilung, z. B. in Form eines halbstandardisierten Gesprächs zwischen Vorgesetztem und Mitarbeiter, zum Zwecke einer Platzierungs- oder Beförderungsentscheidung) sowie
▶ einer *Potenzialbeurteilung* (einer prognostischen Einschätzung besonderer Fähigkeiten auf der Grundlage einer Eignungsdiagnose oder einer Assessment-Center-Technik).

5.2.2 | Eignungsdiagnostik

Platzierung vs. Selektion

Die (Berufs-)*Eignungsdiagnostik* sammelt Daten über die Eignung und Befähigung potenzieller Bewerber für berufliche Stellen und Funktionen mit dem Ziel einer Optimierung beruflicher Leistung und beruflicher Zufriedenheit. Im Zentrum einer solchen Maßnahme steht zumeist die optimale Platzierung eines Kandidaten oder die Auswahl des bestmöglichen Kandidaten im Rahmen einer Konkurrenzauslese. Bei der *Platzierung* geht es eher um das Finden eines optimalen Eignungsprofils, das auch den realistischen (beruflichen) Interessen und der Persönlichkeit des Kandidaten entspricht. Dagegen sucht die *Selektion* nach dem „besten" Kandidaten, der die Anforderungen umfassend erfüllt und die stärksten Leistungsmerkmale zeigt. Besonders in dieser Auswahlsituation versuchen Kandidaten, sich möglichst vorteilhaft darzustellen und sind ggf. geneigt, Ergebnisse im Sinne einer günstigen Darstellung zu verfälschen. Daher ist neben der eignungsdiagnostischen Aufgabe ggf. auch eine *Arbeits- und Anforderungsanalyse* entscheidend, um zu bestimmen, für welche Tätigkeit ein Bewerber wirklich geeignet ist (s. Schuler, 2000; s. → Kap. 5.3).

Für die berufsbezogene Eignungsdiagnostik liegt inzwischen ein (nicht rechtsverbindlicher) Qualitätsstandard für Auftraggeber und Mitwirkende bei Eignungsbeurteilungen vor. Zusammengefasst ist dieser in den „Anforderungen an Verfahren und deren Einsatz bei berufsbezogenen Eignungsbeurteilungen: DIN 33430" (erstveröffentlicht in 2002). Die Norm beinhaltet

DIN-Norm

(1) einen Leitfaden für die Planung und Durchführung von Eignungsbeurteilungen,
(2) einen Maßstabskatalog für die Bewertung von Angeboten zu Eignungsbeurteilungen,
(3) Angaben zur Qualitätssicherung von Personalentscheidungen und
(4) Angaben zum Schutz vor missbräuchlicher Anwendung derartiger Verfahren.

Allgemeine Empfehlungen finden sich in den Leitsätzen der Norm, u. a. zu Aspekten der Vorauswahl und der Festlegung von objektiven Auswahlkriterien, zur Aufklärung der Kandidaten über die Untersuchungssituation und zu gesetzlichen Vorgaben (wie Schweigepflicht und Datenschutz). Die Norm unterscheidet Auftraggeber (z. B. ein Unternehmen), Auftragnehmer (Hauptverantwortliche für Planung, Durchführung und Auswertung des Verfahrens und der Ergebnisinterpretation) und „Mitwirkende" (Mit- oder Hauptverantwortliche v. a. bei der Durchführung des Verfahrens). Die eingesetzten Verfahren müssen einen angemessenen Anwendungsbezug besitzen und detailliert zu Zielsetzung, theoretischen Grundlagen und den Hauptgütekriterien dokumentiert sein (s. Berufsverband Deutscher Psychologinnen und Psychologen, 2002).

Eigenschaftsorientierte Diagnostik

| 5.2.3

Die eigenschaftsorientierte Diagnostik bedient sich einer breiten Palette verfügbarer Instrumente. Unabhängig vom Einsatz *standardisierter Leistungstests* (vorwiegend zur allgemeinen Intelligenz, ggf. auch zu be-

verschiedene Instrumente

sonderen Wahrnehmungs- oder motorisch-physischen Fähigkeiten) spielt das *Bewerbungs- oder Vorstellungsgespräch* (immer noch) eine zentrale Rolle. Häufig wird gefordert, dieses aus Gründen der Fairness und zur Steigerung der Validität als *strukturiertes Interview* durchzuführen. Daneben werden auch Aspekte der *Leistungsmotivation* (wie z. B. Dominanzstreben, Bedürfnis nach Beachtung und sozialer Anerkennung, Risikovermeidung, Ordnungsstreben) einbezogen, da sie verbreitet als Voraussetzung für beruflichen Erfolg angesehen werden.

Kritik

Bisherige Analysen weisen allerdings auf eine eher mäßige Beziehung zwischen Leistungsmotivation und beruflicher Leistung hin. Eine ähnlich schwache Korrelation zeigt sich für den Zusammenhang zwischen Persönlichkeitsmerkmalen (aus dem Fünf-Faktoren-Modell) und Berufserfolg.

Einzige Ausnahme mit befriedigender Validität sind sog. *Integritätstests*, die kontraproduktives Verhalten im Unternehmen (z. B. Drogenabhängigkeit, Neigung zu Diebstahl oder Sachbeschädigung) vorhersagen sollen. Sie werden in Deutschland allerdings nur selten angewendet. Für bestimmte Berufsgruppen (u. a. für Wissenschaftler) sind *biografische Fragebögen* als Prädiktoren für den zukünftigen Berufserfolg geeignet, die vergangene Erfahrungen und deren subjektive Bewertung erfragen.

5.2.4 | Situationsorientierte Diagnostik

Problematisch an den eigenschaftsorientierten Verfahren der Eignungsdiagnostik ist die Tatsache, dass es sich um eine Status- und nicht um eine Prozessdiagnostik handelt. In der Folge ist die prognostische Validität derartiger Verfahren hinsichtlich zukünftiger Entwicklungen und Potenziale von Bewerbern eingeschränkt.

Assessment-Center (AC)   Eine Fortentwicklung stellt in dieser Hinsicht das *Assessment-Center* (AC) dar. Beim AC werden potenzielle Kandidaten für drei bis fünf Tage an einem gemeinsamen Ort zusammengeführt und bei üblichen Leistungstests, v. a. in Einzel- wie Gruppenübungen, bei Diskussionen, Interviews und Planspielen bis hin zu Arbeitssimulationen beobachtet. Alle Resultate werden von erfahrenen Gutachtern – bestehend aus Führungskräften und Psychologen – zusammengetragen, analysiert und hinsichtlich des Potenzials der Bewerber bewertet. Abschließend werden die Ergebnisse der Beurteiler an die Teilnehmer zurückgemeldet (s. Obermann, 1992). Ein AC zeichnet sich v. a.

▶ durch seine Orientierung an Verhaltensweisen, die Ähnlichkeit zu den tatsächlichen Aufgaben besitzen,
▶ durch seine Anforderungsbezogenheit,
▶ durch methodische Vielfalt,
▶ einer validen Beurteilung durch mehrere Experten und
▶ Transparenz hinsichtlich der Anforderungen und Beobachtungskriterien aus.

Auch wenn das Verfahren sowohl zeitlich als auch finanziell aufwendig ist, wird es verstärkt zur Auswahl von Führungskräften als auch als Instrument zur Personalentwicklung eingesetzt. Die größte Zielgruppe für AC-Seminare stellen Hochschulabsolventen dar. Vorteile sehen Befürworter von AC v. a. in der hohen Augenscheinvalidität und der Reduzierung von angst- und stressinduzierenden Erlebnissen. Problematisch sind bei AC-Seminaren die fehlende Durchführungsobjektivität aufgrund des situativen Charakters der Übungen und schwankende Angaben bei der Prüfung der Beurteilerübereinstimmung (Inter-Rater-Reliabilität und interne Konsistenz). Kommen sehr verschiedene Aspekte bei der Leistungsbeurteilung zum Tragen, erreichen die Koeffizienten nur mittlere Höhen um 0,50. Auch die Validitätskoeffizienten weisen erhebliche Streuungen auf. Zudem sind sie durch die Bekanntgabe der Ergebnisse der Gefahr ausgesetzt, artifiziell erhöht zu sein. Es kann nämlich nicht ausgeschlossen werden, dass ihre Veröffentlichung spätere Beförderungs- und Besetzungsentscheidungen direkt beeinflusst – man spricht in diesem Zusammenhang auch von einer *direkten Kriterienkontamination*.

Ein ganz anderes Prinzip folgt dem *Prinzip der Bewährung*: Nach einer angemessenen Probezeit wird entschieden, ob sich der eingestellte Bewerber in der geforderten Arbeitssituation bewährt hat oder nicht.

Probezeit

Problematisch ist hier, dass lediglich eine Entscheidung über den Kandidaten getroffen werden kann, der eingestellt wurde. Die Bewährung für die abgelehnten Kandidaten bleibt hingegen unbekannt.

Personalentwicklung

5.2.5

Maßnahmen der *Personalentwicklung* setzen am Ausgang eines diagnostischen Prozesses an und orientieren sich an der Förderung spezifischer Kompetenzen. Aufgaben sind v. a. die Konzeption und Durchführung von Weiterbildungsmaßnahmen, sei es zur Verbesserung des Kompetenzniveaus für bestehende Arbeitsabläufe, sei es im Zusammenhang mit der Einführung neuer Arbeitstechniken (z. B. im EDV-Bereich) oder neuer Richtlinien (z. B. der Kundenorientierung oder des Führungsverhaltens). Zum Einsatz kommen spezielle Trainings oder selbst organisierte Lernphasen zur Erweiterung einer Fachkompetenz und besondere Trainingsverfahren zur Förderung der Sozialkompetenz (Kooperations- und Kommunikationsfähigkeit) und personalen Kompetenz.

Coaching

Einen gesonderten Bereich stellt die Personalentwicklung dar, die von Trainings zur Wahl einer adäquaten Entscheidungsmethode über das Einüben von Kreativitätstechniken bis hin zu Maßnahmen der Förderung von Sozial- und Personalkompetenz (*Coaching*) reicht.

Erhöhung intrinsischer Arbeitsmotivation

Zur Personalförderung und Personalentwicklung gehört auch die Entwicklung neuer Arbeitsformen, welche die intrinsische Arbeitsmotivation erhöhen sollen. Am bekanntesten sind die Konzepte des *Job enlargement* (einer Erweiterung des Tätigkeitsspielraums), der *Job rotation* (ein geplanter Arbeitsplatztausch) und des *Job enrichment* (einer Ausweitung des Arbeitsbereichs zu mehr Autonomie). Dazu passt die Einrichtung von *Qualitätszirkeln*, die moderierte Gesprächsrunden für Arbeitsgruppen darstellen, um Probleme zu thematisieren und Lösungsvorschläge zu erarbeiten.

Zusammengefasst: Personaldiagnostik ist v. a. auf die Aspekte *Individuum und Arbeit* ausgerichtet. Sie muss den praktischen Bedürfnissen von Organisationen gerecht werden: Neues Personal ist angemessen zu beurteilen und anhand optimierter Kriterien auszuwählen, vorhandenes Personal ist spezifisch zu fördern.

5.3 | Arbeits- und Anforderungsanalyse

Eine konkrete Arbeitstätigkeit wird durch *Aufgaben und Zielsetzungen* einer Organisation bestimmt. Die Arbeitsaufgaben ergeben sich aus spezifischen *Informationen* (Anweisungen, Regeln, Vorschriften) sowie aus erforderlichen *Materialien* (technische Geräte oder Werkzeuge). Diese drei Aspekte – Ziele, Informationen und Materialien – determinieren die Anforderungen und Merkmale einer Arbeitstätigkeit, die bei einer Eignungsprüfung relevante Erfolgsgrößen darstellen. Aufgabe der Arbeitspsychologie sind die *Arbeitsanalyse*, die Arbeitssituationen und -aufgaben beschreibt, sowie die *Anforderungsanalyse*, die erforderliche Verhaltensweisen und Qualifikationen feststellt.

Aufgabenebene. Zur Beschreibung von Tätigkeiten und ihrer Elemente auf Aufgabenebene werden sog. *Aufgabeninventare* eingesetzt, mit denen Aufgabenmerkmale u.a. hinsichtlich ihrer Häufigkeit, Schwierigkeit und ihres Ablaufs beurteilt werden (z.B. das Arbeitswissenschaftliche Erhebungsverfahren zur Tätigkeitsanalyse – AET, das Arbeitstätigkeiten nach Arbeitsformen, Arbeitsobjekten, Arbeitsmitteln und Umgebungseinflüssen bewertet; Rohmert & Landau, 1979).

Aufgabeninventar

Verhaltensebene. Auf der Verhaltensebene wird häufig ein *standardisiertes Beobachtungsinterview* eingesetzt, eine Kombination aus direkter Beobach-

standardisiertes Beobachtungsinventar

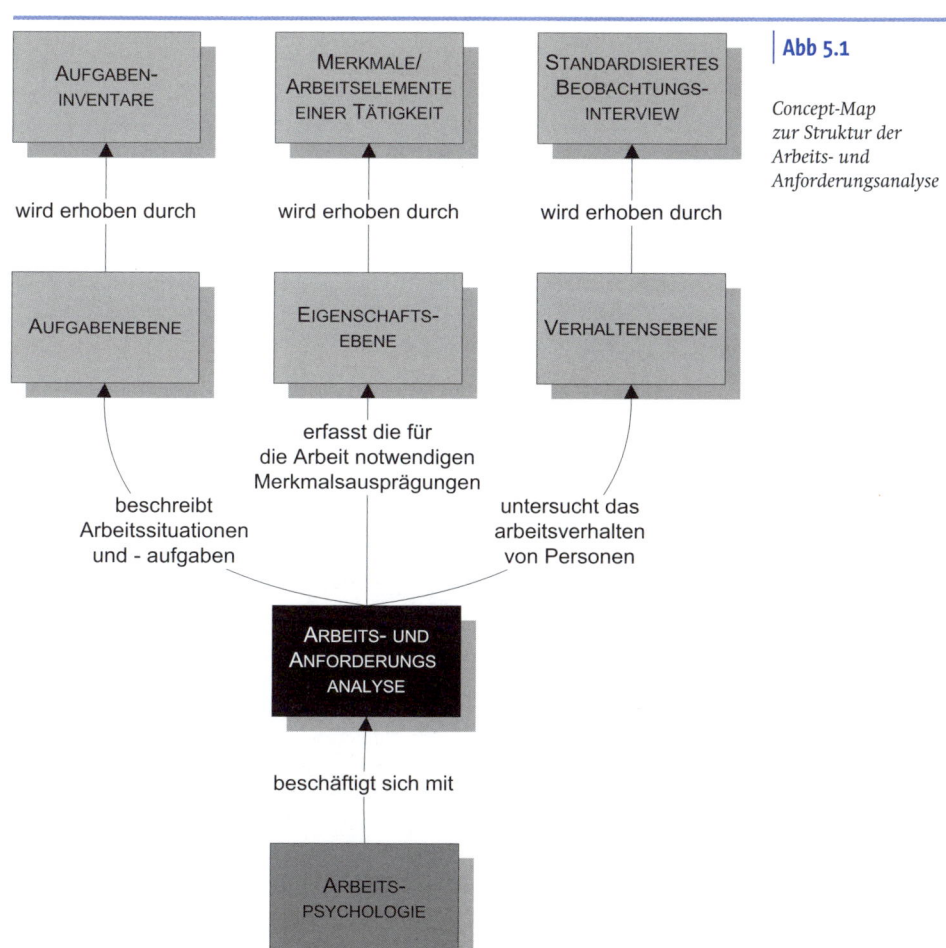

| Abb 5.1

Concept-Map zur Struktur der Arbeits- und Anforderungsanalyse

tung und Interview bzw. Fragebögen (z.B. das Position Analysis Questionnaire – PAQ, das Arbeitselemente zu den Bereichen Informationsquellen, Entscheidungs- und Urteilsquellen, Arbeitsmittel, Eigenständigkeit und Vielfältigkeit von Aktivitäten, physiologische, psychologische und

Abb 5.2 | *Concept-Map zur arbeits- und organisationspsychologischen Diagnostik*

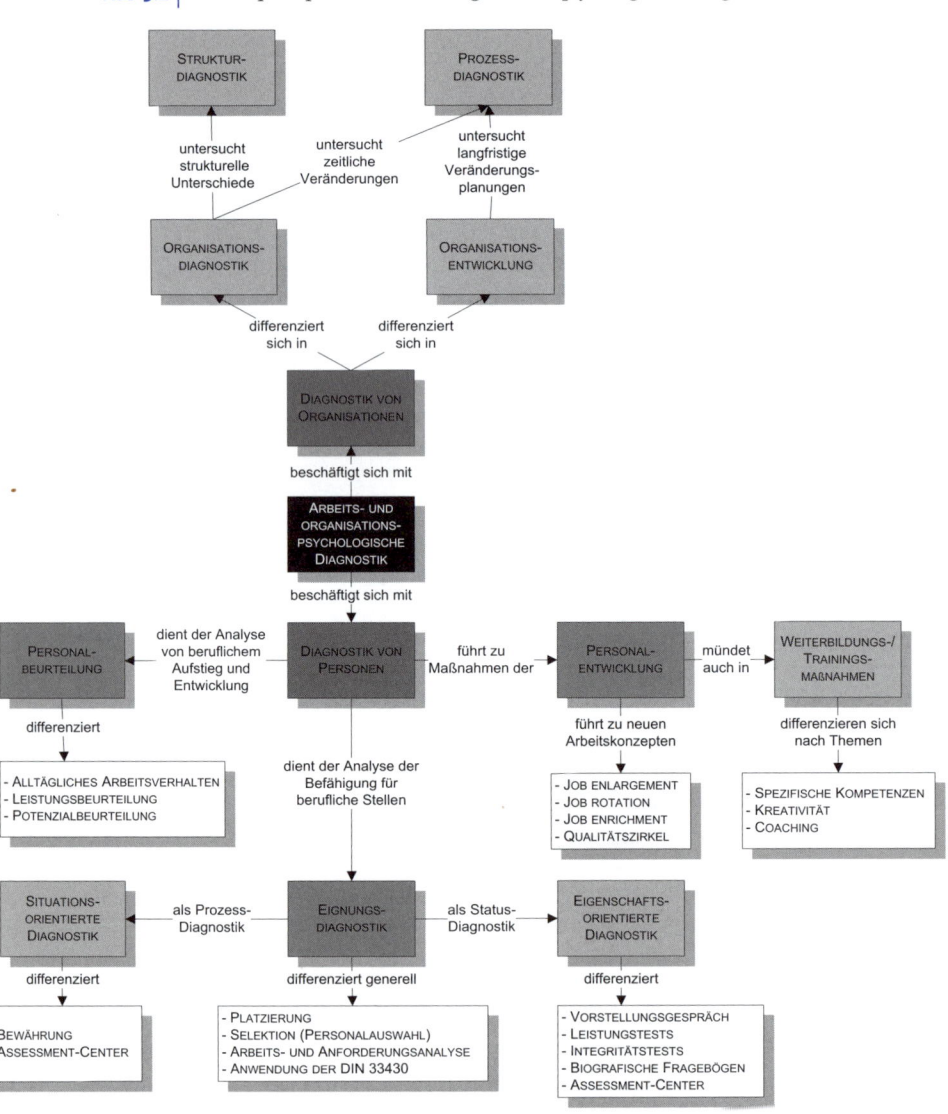

soziale Aspekte der Arbeitssituation, Arbeitszeit, Entlohnung, Anforderungen und Verantwortung erfragt; Mc Cormick et al., 1969; Mc Cormick, 1989; ein ähnliches deutschsprachiges Verfahren ist der Fragebogen zur Arbeitsanalyse – FAA; Frieling & Graf Hoyos, 1978).

Eigenschaftsebene. Auf Eigenschaftsebene werden schließlich Merkmals-   Anforderungsprofil
ausprägungen zu erfassen versucht, die dem *Anforderungsprofil* einer
konkreten Arbeitstätigkeit entsprechen. Für einfachere Tätigkeiten können dazu die Arbeitselemente und die dafür geforderten Fähigkeiten
und Kenntnisse seitens der Bewerber bestimmt werden. Aus der Wich-
tigkeit der Arbeitselemente und der geforderten persönlichen Voraussetzungen für diese Arbeitstätigkeit kann schließlich abgeleitet werden,
welche Persönlichkeitsmerkmale besondere Relevanz für eine Arbeitstätigkeit besitzen. Bei komplexeren Tätigkeiten hingegen dürfte sich diese
Zuordnung von Merkmalen zu Eigenschaften allerdings sehr schwierig
gestalten.

Zusammengefasst: Somit kann festgestellt werden, dass die Arbeits- und
Anforderungsanalyse v. a. auf die Aspekte *Individuum und Aufgaben* ausge-
richtet ist. Die Arbeitspsychologie bedient sich dazu Verfahren, die der
Beschreibung von Aufgaben und ihrer Merkmale dienen, die geforderte
Verhaltensweisen beschreiben und schließlich eine Passung zu den ent-
scheidenden Persönlichkeitsmerkmalen herstellen.

Testfragen

1 In welchen Anwendungsfeldern wird eine arbeits- und organisationspsychologische Diagnostik betrieben?
2 Wozu dienen Maßnahmen der Organisationsentwicklung?
3 Worin besteht die Aufgabe der (Berufs-)Eignungsdiagnostik?
4 Was ist ein Assessment-Center?
5 Auf welchen Ebenen lassen sich Tätigkeiten und Aufgaben beschreiben?

6 | Klinisch-psychologische und klinisch-neuropsychologische Diagnostik

6.1 | Klinisch-psychologische Diagnostik

Definition

Die **klinisch-psychologische Diagnostik** bemüht sich um die Erfassung psychischer sowie psychosomatischer Erkrankungen (körperliche Erkrankungen, welche durch psychische Faktoren mit verursacht und beeinflusst werden), um diese mit Hilfe der Erkenntnisse der wissenschaftlichen Psychologie zu erklären.

Diesem Bestreben liegt die Notwendigkeit zugrunde, psychische Störungen in ihrer Entstehung und den sie aufrechterhaltenden Bedingungen zu verstehen. Erst aus diesem Verständnis heraus lassen sich spezifische Störungsmodelle abstrahieren, ohne die zielgerichtete und damit angemessene Interventionen nicht möglich wären.

Zielsetzung

6.1.1

Indikation

Diagnostik in der klinisch-psychologischen Anwendung dient in erster Linie der *Indikationsstellung* psychotherapeutischer und/oder psychopharmakologischer Interventionen. Dabei gilt es, die zugrunde liegende psychische Problematik anhand des klinischen Bildes (Symptomatik), ihres Verlaufs, ihrer Ansprechbarkeit auf bisherige Behandlungen zu beschreiben und unter Berücksichtigung möglicher ätiologischer und pathogenetischer Faktoren zu klassifizieren.

Definition

Unter **Indikation** wird im Allgemeinen die Zuordnung von Patienten zu einer der beklagten Symptomatik angemessenen Behandlungsform verstanden. Die Fachliteratur unterscheidet zwischen selektiver, adaptiver (oder prozessualer) und differentieller Indikation.

▶ Bei der *selektiven Indikation* wird die Auswahl bestgeeigneter Therapiemethoden für einen bestimmten Patienten und damit eine prognostisch hoch relevante Entscheidung angestrebt.
▶ Die *adaptive (prozessuale) Indikation* fokussiert eine kontinuierliche Anpassung der therapeutischen Interventionen an den Verlauf bzw. an die unter dem Einfluss der Behandlung auftretenden Veränderungen der Symptomatik.
▶ Von *differentieller Indikation* wird gesprochen, wenn zwischen verschiedenen Therapieverfahren entschieden werden soll (z.B. ob eher eine verhaltenstherapeutische oder tiefenpsychologisch fundierte Behandlung für eine bestimmte Störung indiziert bzw. angezeigt ist).

Befund

Die Stellung der Indikation und die damit einhergehende Selektion der Interventionsform basiert auf der Befunderhebung (dieses gilt im Grunde genommen für alle 3 Indikationsformen).

Der **Befund** stellt sowohl das Resümee aller Erkenntnisse, die durch die klinisch-psychologische Anamnese und Untersuchungen gewonnen wurden, als auch die erklärende Legitimation für die anschließende Festlegung der Diagnosen dar.

Neben der umschriebenen Indikationsdiagnostik übernimmt die klinische Psychodiagnostik Aufgaben aus den Bereichen der Verlaufsdiagnostik und evaluativen Diagnostik. Letztere nimmt in der Qualitätssicherung der psychosozialen Medizin eine zentrale Rolle ein.

6.1.2 | Klinisches Interview

Exploration

Die Beschreibung psychischer Zustandsbilder erfolgt zunächst psychiatrisch-intuitiv. Die dafür benötigten Informationen und Daten werden im *klinischen Interview* exploriert (*Exploration*).

▶ *Eigenanamnese:* Der Untersuchte wird nach der aktuellen Symptomatik und seinen subjektiven Theorien bzw. Erklärungsmodellen befragt.
▶ *Fremdanamnese:* Als zusätzliche Datenquellen stehen dem Diagnostiker Vorbefunde aus früheren Untersuchungen oder Gutachten sowie Angaben Dritter, wie z. B. Symptombeschreibungen von Angehörigen, Vorbehandlungen durch den Hausarzt u. Ä., zur Verfügung.

diagnostisches Gespräch

Das klinische Interview ist demnach das *diagnostische Gespräch* zwischen Untersucher und Untersuchten. Das Ziel ist dabei, einen möglichst komplexen Eindruck von der Gesamtbefindlichkeit des Untersuchten zu erhalten, um die Notwendigkeit weiterführender diagnostischer und/oder therapeutischer Maßnahmen zu beurteilen und ggf. diese einzuleiten. Neben der Deskription des Problemverhaltens (der psychischen Störung) richtet sich deshalb im klinischen Interview der Fokus insbesondere auf das die Symptomatik umgebende Bedingungsgefüge wie auslösende Bedingungen, die begleitenden physiologischen, kognitiven, emotionalen und behavioralen Reaktionen und letztlich auf die resultierenden Konsequenzen (*Krankheitsanamnese*).

biografische Anamnese

Ausgehend von der Annahme biopsychosozialer Modelle psychischer Störungen muss in Ergänzung der Beschreibung der aktuellen Problematik im nächsten Schritt die *biografische Anamnese* folgen. Hierbei sollen die aus der Perspektive des Untersuchten bedeutsamen lebensgeschichtlichen Ereignisse, die in einem möglichen Zusammenhang mit der Problemlage stehen, Beachtung finden. Relevant ist der situative Hintergrund, vor dem die beklagte Symptomatik erstmalig auftrat, insbesondere aber Angaben über andere problematische Verhaltensweisen als die aktuelle psychische Störung sowie über eigene Bewältigungsversuche des Untersuchten und Vorbehandlungen. Die biografischen Angaben können sich chronologisch über Kindheit, Adoleszenz, frühes Erwachsenenalter bis zur Gegenwart erstrecken. Sozial-, Familien-, Sexual- und berufliche Anamnesen können als Unterpunkte der biografischen Anamnese integriert oder eigenständig aufgeführt werden (s. Möller & Laux, 2007).

Die Zuverlässigkeit der eigenanamnestischen Informationen wird durch die Erhebung des *psychopathologischen Befunds* geschätzt. Hierbei wird zunächst die zeitlich-kalendarische, räumlich-geografische sowie situativ-personelle „Orientiertheit" des Patienten überprüft. Ist die Orientiertheit zu allen Qualitäten gegeben, können akute hirnorganisch oder psychotisch bedingte Bewusstseinstrübungen ausgeschlossen werden. Weiterhin wird der formal-inhaltliche Gedankengang auf Stringenz bzw. Brüche geprüft. Betrachtet werden das optische Erscheinungsbild, die Art der Kontaktaufnahme in der Gesprächssituation, das sprachliche und affektive Interaktionsverhalten des Untersuchten, auffällige Persönlichkeitsmerkmale, Anhalte für von der Norm abweichendes Verhalten sowie Hinweise auf latente oder offene Suizidalität. Substanzabusus oder Substanzabhängigkeit werden explizit erfragt.

psychopathologischer Befund

Die Erhebung dieser drei Schwerpunkte des klinischen Interviews (Problembeschreibung/Exploration, biografische Anamnese, psychopathologische Befunderhebung) bildet das diagnostische „Fundament". Auf diesem analysiert der Untersucher die durch das klinische Interview gewonnenen Eindrücke und faktischen Informationen synoptisch, um unter Berücksichtigung aller zur Verfügung stehenden Daten Arbeitshypothesen bzw. Verdachtsdiagnosen zu formulieren. Mit diesem Arbeitsschritt verlässt der Diagnostiker die „psychiatrisch-intuitive Ebene", um die Reliabilität der Verdachtsdiagnosen mittels standardisierter, psychometrischer Verfahren zu überprüfen.

Klassifikation psychischer Störungsbilder

6.1.3

Die Formulierung von Arbeitshypothesen bzw. Verdachtsdiagnosen setzt eine „klassifikatorische Logik" voraus, nach der die zur Verfügung stehenden Daten geordnet werden. Dabei wird die zunächst rein deskriptive Erfassung der individuellen Symptomatik nach der ihr immanenten Systematik analysiert, um sie *syndromatologisch* oder *nosologisch* klassifizieren zu können.

Syndromatologie und Nosologie

Die **Syndromatologie** psychischer Störungen definiert Symptomgruppen, die sich bei verschiedenen Erkrankungen unterschiedlicher Genesen manifestieren. Die **Nosologie** beschreibt als Krankheitslehre die im Rahmen einer definierten Erkrankung zu erwartenden Symptome und ihre Verläufe, sie trifft Aussagen über Entstehung und Prognosen.

Angesichts der komplexen Phänomenologie psychischer Störungen mit all ihren Mischformen und den sich verändernden Zustandsbildern, kann ein generell gültiges und für alle diagnostischen Belange befriedigendes System nur schwer kreiert werden (s. Baumann & Perez, 2005 sowie Amelang & Schmidt-Atzert, 2006).

Klassifikationssysteme   Die heutige Psychiatrie, Klinische Psychologie und Psychotherapie verfügen über zwei multiaxiale Systeme zur klassifikatorischen Diagnostik psychischer Störungen: Die *Internationale Klassifikation psychischer Störungen* (10. Revision – ICD-10; Dilling et al., 2008) und das *Diagnostische und statistische Manual psychischer Störungen* (4. Revision – DSM-IV; in deutscher Bearbeitung von Saß et al., 2003).

ICD-10: Die ICD-10 ist ein für die internationale Gesundheitsversorgung verbindliches *Diagnosesystem*, das DSM-IV findet seine Verbreitung vorwiegend in der internationalen Forschungslandschaft. Die ICD-10 umfasst insgesamt drei Achsen:

▶ *Achse Ia:* psychische Störungen [Kapitel 5 (V)];
▶ *Achse Ib:* somatische Diagnosen [andere Kapitel];
▶ *Achse II:* Ausmaß der psychosozialen Funktionseinschränkungen gemäß der WHO Disability Diagnostic Scale;
▶ *Achse III:* Faktoren, die den Gesundheitszustand beeinflussen und zur Inanspruchnahme des Gesundheitswesens führen [Kapitel XXI (Z)].

Die gesamte ICD-10 beinhaltet 21 Kapitel, von denen für die Diagnostik psychischer Störungen lediglich das fünfte Kapitel (V) von Bedeutung ist. Das Kapitel V der ICD-10 gliedert sich in zehn Hauptgruppen:

F0: Organische, einschließlich symptomatische psychische Störungen;
F1: Psychische und Verhaltensstörungen durch psychotrope Substanzen;
F2: Schizophrenie, schizotype und wahnhafte Störungen;
F3: Affektive Störungen;

F4: Neurotische, Belastungs- und somatoforme Störungen;

F5: Verhaltensauffälligkeiten in Verbindung mit körperlichen Störungen und Faktoren;

F6: Persönlichkeits- und Verhaltensstörungen;

F7: Intelligenzminderung;

F8: Entwicklungsstörungen;

F9: Verhaltens- und emotionale Störungen mit Beginn in der Kindheit und Jugend.

Concept-Map zur klinisch-psychologischen Diagnostik | **Abb 6.1**

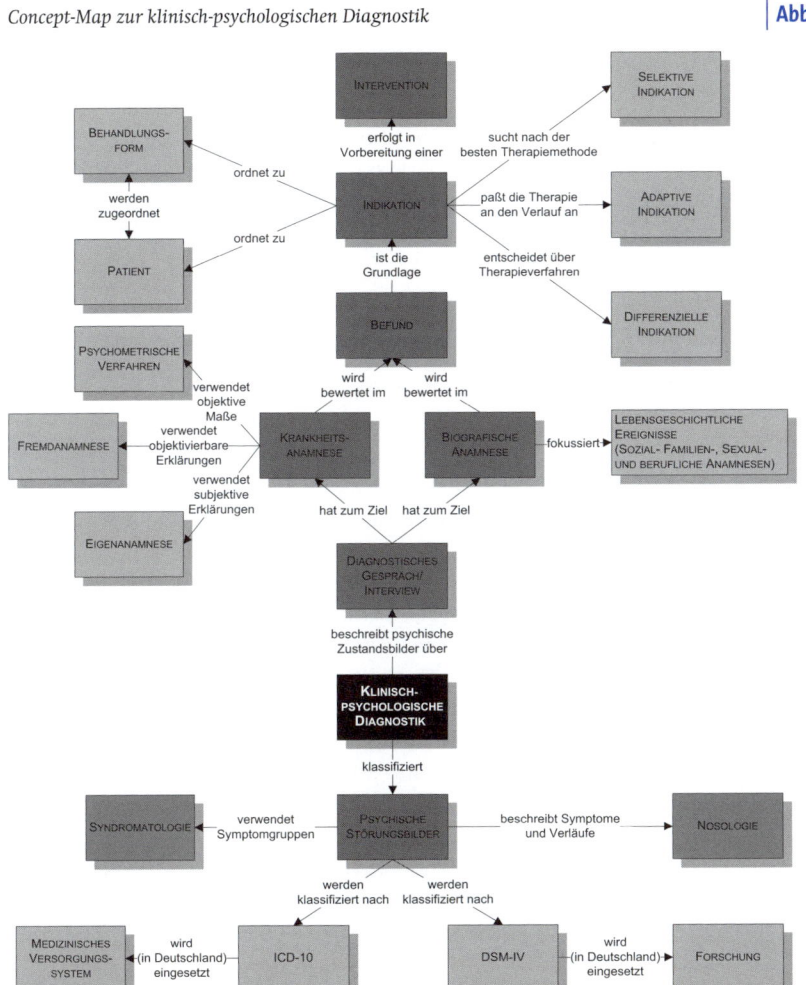

DSM-IV: Das DSM-IV erstreckt sich über fünf Achsen:

▶ *Achse I:* psychische Störungen und andere Zustandsbilder von klinischer Relevanz;
▶ *Achse II:* Persönlichkeitsstörungen und Intelligenzminderung;
▶ *Achse III:* körperliche Störungen;
▶ *Achse IV:* psychosoziale und umgebungsbezogene Probleme;
▶ *Achse V:* Global assessment of functioning (GAF) Scale.

Beiden Diagnosensystemen gemeinsam sind die expliziten Angaben diagnostischer Kriterien und Algorithmen. Für jede einzelne diagnostische Klasse sind notwendige und hinreichende Symptome sowie Symptomkombinationen definiert. Trotz großer Übereinstimmungen zwischen dem ICD-10 und DSM-IV wird gegenwärtig weiterhin an der Existenz beider Systeme festgehalten. Aus jeweils beiden Klassifikationssystemen sind konzeptuell zugehörige Erhebungsinstrumente hervorgegangen, die diesen Umstand mittels eines polydiagnostischen Ansatzes zu kompensieren versuchen. So werden in Störungsklassen mit hohen Übereinstimmungen beide Kodierungen aufgeführt.

6.1.4 | Klinisch-diagnostische Verfahren und Interventionsmethoden

Das Instrumentarium standardisierter Psychodiagnostika ist äußerst umfangreich, was eine (den Anforderungen des diagnostischen Alltags entsprechend) differenzierte Komposition verschiedener Verfahren erlaubt. Gebraucht werden diese Verfahren in den unterschiedlichsten klinisch-psychologischen Tätigkeitsfeldern bzw. Institutionen, wie z.B. in Kliniken (Psychosomatische und psychiatrische Kliniken, Rehabilitationskliniken usw.), psychologischen Beratungsstellen, privaten psychologischen und ärztlichen Psychotherapiepraxen etc. Aus Gründen der Kosten- und Zeitersparnis führen Kliniken häufig psychometrische Untersuchungen als Gruppentests durch. In Praxen und im Rahmen von Gutachten oder Psychotherapie sind Einzeltests jedoch unerlässlich.

In Abhängigkeit vom Anwendungskontext und von der Fragestellung stehen dem Untersucher *strukturierte* und *standardisierte Interviews* sowie *Selbst-* und *Fremdbeurteilungsverfahren* in Form von Fragebögen und Checklisten zur Verfügung.

Therapiebezogene Daten können zusätzlich im Rahmen von *Verhaltensbeobachtung* und *Verhaltenstests* (z.B. in Rollenspielen) sowie mit Hilfe von *Protokollen* und *Tagebuchaufzeichnungen* der Patienten erhoben werden. *Psychophysiologische Verfahren* finden bevorzugt bei somatoformen Störungen und psychischen Störungen mit komplexen körperlichen Begleiterscheinungen Anwendung (z. B. bei Angst- und Panikstörungen). Zu den populären Messverfahren gehören die Elektrokardiografie (EKG), die Elektromyografie (EMG) und die Messung der Hautleitfähigkeit. Letztere können in der Psychotherapie vom Psychotherapeuten selbst abgeleitet werden, während EKG und EMG in der Regel an die fach- oder hausärztliche Praxis delegiert werden müssen.

Strukturierte und standardisierte Interviews: Beispielhaft sei eine kleine Auswahl an strukturierten und standardisierten Interviews gelistet:

▶ *SKID-I:* Strukturiertes Klinisches Interview für DSM-IV, Achse I (Wittchen et al., 1997a).
▶ *SKID-II:* Strukturiertes Klinisches Interview für DSM-IV, Achse II (Wittchen et al., 1997b).
▶ *SKID-D:* Strukturiertes Klinisches Interview für Dissoziative Störungen (Gast et al., 2000).
▶ *DIPS:* Diagnostisches Interview bei psychischen Störungen (Schneider & Margraf, 2006).
▶ *CIDI:* Composite international diagnostic interview (Wittchen & Semler, 1991).
▶ *DIA-X:* Expertensystem zur Diagnostik psychischer Störungen (Wittchen & Pfister, 1997).
▶ *IPDE:* International Personality Disorder Examination (Mombour et al., 1996).

Die Anwendung strukturierter und standardisierter Interviews steigert die Reliabilität der psychiatrisch-intuitiven Diagnosen. Trotz z. B. definierter Sprungregeln, die ein Auslassen irrelevanter Themenbereiche gestatten, ist der zeitliche Durchführungsaufwand für diese Verfahren enorm hoch. Deswegen geht die diagnostische Praxis zunehmend dazu über, im Vorfeld *Screeningverfahren* einzusetzen. Das Screening ermöglicht einen raschen Überblick über die behandlungsrelevante Symptomatik und dadurch eine vorläufige Identifikation in Betracht zu ziehender psychischer Störungsbereiche. Dieses Wissen hilft, die Auswahl der darauffolgenden Diagnostik „symptomgerichtet" zu treffen und deswegen bspw. nur die entsprechend relevanten Sektionen des gewählten Messinstruments zu prüfen.

Screeningverfahren

Erwähnt seien an dieser Stelle exemplarisch *PRIME-MD* (Prime care evaluation of mental disorders; Hahn et al., 1999), *SPS-J* (Screening psychischer Störungen bei Jugendlichen; Hampel & Petermann, 2005) sowie *DemTect* (Demenz Detektion; Kessler et al., 2000). Die genannten Verfahren werden u. a. in der Hausarztpraxis und in psychiatrischen Praxen

PRIME-MD, SPS-J, DemTect

eingesetzt, um Hinweise auf psychische Störungen bei Erwachsenen (PRIME-MD) oder Jugendlichen zwischen 11 und 16 Jahren (SPS-J) bzw. auf neurodegenerative Prozesse bei der Patientengruppe über 55 Jahren (DemTect) zu finden.

Diagnose- und Symptom-Checkliste

Basierend auf der Konzeption der ICD-10 und des DSM-IV gibt es eine Reihe von Diagnose- und Symptom-Checklisten. Hier wären die *Internationalen Diagnose Checklisten* für ICD-10 (IDCL; Hiller et al., 1995), außerdem die *Internationale Diagnose Checklisten für Persönlichkeitsstörungen* (IDCL-P; Bronisch et al., 1995) zu nennen. Subjektive körperliche und psychische Beeinträchtigung innerhalb der jüngsten sieben Tage erfasst die *Symptom-Checkliste* (SCL-90-R; Derogatis, 2002). Sie stellt eine nützliche Hilfe zur Erfassung zeitlich sehr variabler Daten der Befindlichkeit dar. Vor dem Hintergrund fundierter klinisch-psychologischer Erfahrungen können die Checklisten als Screeninginstrument genutzt werden, um die aus dem klinischen Interview gewonnenen Informationen zu verifizieren.

störungsabhängige Selbstbeurteilung

Klinische Selbst- und Fremdbeurteilungsverfahren: Selbst- und Fremdbeurteilungsverfahren können nach den zu erfassenden Merkmalsgruppen unterschieden und die relevanten Merkmale wiederum in störungsabhängige oder störungsunabhängige Gruppen untergliedert werden. Verfahren der *störungsabhängigen Selbstbeurteilung* bei *depressiven Erkrankungen* wären z. B. das Beck-Depressions-Inventar (BDI; Hautzinger et al., 1995), die Allgemeine Depressionsskala (ADS; Hautzinger & Bailer, 1993) und die Depressivitätsskala (D-S; von Zerssen, 1976). Korrespondierende Verfahren der *Fremdbeurteilung* wären u. a. die Hamilton Depressions-Skala (HAMD; Hamilton, 1976b), die Montgomery-Asberg-Depression-Ratingskala (MADRS; Montgomery & Asberg, 1979) oder das Depression Status Inventory (DSI; Zung, 1976b).

Für den Bereich der *Angststörung* sind der Fragebogen zu körperbezogenen Ängsten, Kognitionen und Vermeidung (AKV; Ehlers et al., 2001) und das State-Trait-Inventar (STAI; Laux et al., 1981) als Selbstbeurteilungsinstrumente zu erwähnen. Im Bereich der Fremdbeurteilung von Angststörungen sind u. a. das Anxiety Status Inventory (ASI; Zung, 1976a) oder die Hamilton Angstskala (HAMA; Hamilton, 1976a) gängige Verfahren. Analog gibt es für andere Störungsgruppen, wie z. B. Zwangserkrankungen, dissoziative Störungen, Suchterkrankungen, Schmerzen, Persönlichkeitsstörungen etc., eine Fülle weiterer Selbst- und Fremdbeurteilungsverfahren.

störungsunabhängige Verfahren

Störungsunabhängige Verfahren kommen zur Erfassung von Themen wie soziale Kompetenz, Bindungsstile und Qualität zwischenmenschlicher Beziehungen, Kontrollüberzeugungen wie irrationale Überzeugungen oder dysfunktionale Einstellungen, Befindlichkeit und körperliche Beschwerden etc. zum Einsatz. Diese Verfahren liegen ebenfalls in Form von Fragebögen vor.

Allen Fragebogenverfahren gemeinsam ist der niedrige Zeitaufwand im Verhältnis zur hohen Reliabilität. Die Erhebung *therapiebezogener Daten* erfolgt (wie schon erwähnt) in der Regel im Kontext einer psychotherapeutischen Behandlung. Jedes Psychotherapieverfahren verfügt über seine eigenen theoriegeleiteten Diagnostikinstrumente.

therapiebezogene Daten

Beispiele für kognitiv-verhaltenstherapeutische Methoden

Im Folgenden sollen nur die auf den kognitiv-verhaltenstherapeutischen Ansätzen basierten Methoden expliziert werden. Die in der modernen kognitiven Verhaltenstherapie verwendeten Untersuchungsmethoden beziehen relevante Informationen aus der Beobachtung des Patienten in konkreten, symptomauslösenden Situationen und/oder Interaktionen. Die angewandten Beobachtungsmethoden unterteilen sich in die Gruppe der Selbstbeobachtung und die der Fremdbeobachtung.

Bei *Selbstbeobachtungen* dokumentieren Patienten subjektiv belastende Situationen, Verhaltensweisen, ihre mit diesen einhergehenden Gedanken und Gefühle sowie körperliche Begleitreaktionen in Ereignisprotokollen oder Tagebuchaufzeichnungen. Diese Aufzeichnungen sollen den Patienten helfen, funktionale Zusammenhänge zwischen ihrem situativen Erleben und dem Auftreten der Symptomatik zu erkennen, um (mit Hilfestellung des Psychotherapeuten) ein angemessenes Störungs- und Erklärungsmodell zu entwickeln. Der diagnostische Nutzen von Selbstbeobachtung sei anhand eines kognitiv-verhaltenstherapeutischen Fallbeispiels veranschaulicht:

Selbstbeobachtung

Beispiel

Eine bulimische Patientin protokolliert die Häufigkeit der Fressattacken, die sich ihr im Zusammenhang damit aufdrängenden Kognitionen und Emotionen sowie die vorausgegangenen Situationen und sozialen Interaktionen. Dabei wird deutlich, dass im Vorfeld ihrer Fressattacken regelmäßig konflikthafte und aggressionsauslösende Auseinandersetzungen stattfanden. Sie fühlt sich ihnen hilflos ausgeliefert, weil sie es nicht vermag, Kränkungen ihrer Person zu verbalisieren und sich abzugrenzen.

Diese Beobachtung kann im diagnostischen Prozess genutzt werden, um an den beobachteten Verhaltensdefiziten zu arbeiten. Es würde sich konsequent die Frage stellen, weshalb die Fähigkeit zur Wahrung eigener Interessen defizitär blieb, welche Strategien die Patientin in ihrer Lernbiografie nie oder nur unzureichend erwerben konnte. Angesichts dieser Fragen würde der Umgang mit Aggressionen und Kränkungen im Elternhaus oder primären Bezugssystem der Patientin in den diagnostischen Fokus rücken.

Es könnten die frühen Reaktionen des sozialen Umfelds auf ihre Versuche, Bedürfnisse zu äußern, sich gegen Grenzüberschreitungen zu verteidigen und zu behaupten, eruiert werden. Die biografischen Lernerfahrungen der Patientin werden erkannt, der Therapeut erfährt, ob das frühe assertive Verhalten „bestraft" (z. B. mit Rügen, ignoriert werden etc.) oder bestärkt (Verständnis, Lob, Kooperation u. Ä.) wurde.

Fremdbeobachtung Die ebenfalls protokollierten Gedanken und Gefühle, wie etwa Befürchtungen und Ängste, werden mittels Fremdbeobachtungsmethoden aufgegriffen.

Beispiel

So geben *Rollenspiele* zu diesem für die Patientin offensichtlich sehr schwierigen Thema rasch Aufschluss über dysfunktionale Überzeugungen und daraus folgernde maladaptive Interaktionsmuster. Hieran kann der Patientin demonstriert werden, welche „Überlebensregeln" sie aufgrund dieser biografischen Erfahrung für sich abgeleitet hat (wie z. B. „Ich bin ein schlechter Mensch, wenn ich meine Bedürfnisse nicht den Bedürfnissen anderer unterordne") und wie diese Regeln ihr aktuelles Verhalten, wie z. B. Retention aggressiver Gefühle, Unterwürfigkeit, emotionaler Rückzug, Essen und Erbrechen, steuern. Der biografische Background macht es nachvollziehbar, weshalb sich exzessives Essverhalten und das anschließende Erbrechen als maladaptives Regulatorium innerer Spannungszustände etablierten. Kurzfristig stellen sich zwar Gefühle der Erleichterung ein, die Patientin sieht sich jedoch darin bestärkt, aversive Emotionen besser „mit sich selbst auszumachen". Dadurch wird das Risiko minimiert, durch konfrontatives Verhalten soziale Abwertung zu provozieren.

Bedingungsmodell Während Selbstbeobachtungsmethoden das subjektive emotionale und gedankliche Erleben einer Situation des Patienten wiedergeben, analysieren Methoden der Fremdbeobachtungen beobachtbares, d. h. objektivierbares Verhalten. Ungeachtet der Datenquelle werden die gewonnenen Informationen in der kognitiv-verhaltenstherapeutischen Diagnostik in eine Problem- und Verhaltensanalyse integriert, um ein *Bedingungsmodell* über das funktionale Gefüge aus symptomauslösenden

Bedingungen (diskriminative Stimuli), den manifesten Symptomreaktionen und die aus ihr resultierenden Konsequenzen zu erwerben.

Definition

In der Diktion der Lerntheorie sind **diskriminative Stimuli** Verhaltensweisen oder situative Faktoren, die ursprünglich neutral waren und erst in Kombination mit den unmittelbar eintretenden Konsequenzen ihre diskriminierende Qualität annehmen.

Bewirkt ein bestimmtes Verhalten bzw. eine bestimmte Situation die Reduktion oder das Schwinden eines als unangenehm erlebten Zustands oder führt zu einem als angenehm wahrgenommenen Zustand, wird diese Konsequenz als *Verstärkung* gelernt und erhöht konsekutiv die Auftretenswahrscheinlichkeit dieses bestimmten Verhaltens bzw. bewirkt das Aufsuchen dieser diskriminativen Situation. Führt es hingegen zur Reduktion oder Auflösung eines als angenehm erlebten Zustands oder gar zu einem als unangenehm erlebten Zustand, wird diese Folge als *Bestrafung* abgespeichert und bewirkt ein Sinken der Auftretenswahrscheinlichkeit dieses auslösenden Verhaltens resp. ein Vermeiden der auslösenden Situationen.

Verstärkung vs. Bestrafung

In dieser Logik wird erkennbar, dass die jeweils erfahrenen Konsequenzen sukzessiv zur konsequenten *Aufrechterhaltung* oder *Vermeidung* der spezifischen, sie auslösenden Verhaltensweisen führt. Das ist zunächst „überlebenstechnisch" sinnvoll und zielführend, an nützlichen Verhaltensweisen bzw. Situationen festzuhalten und schädigendes Verhalten bzw. schädigende Situationen zu vermeiden. Problematisch wird es erst, wenn aufgrund des gezeigten Verhaltens das alltägliche Funktionieren im Sinne lebensbewältigender Fertigkeiten und Fähigkeiten erheblich eingeschränkt und die Lebensqualität des Betroffenen und seines Umfelds in Mitleidenschaft gezogen wird (Qualität sozialer Beziehungen, Berufsfähigkeit, Freizeitaktivitäten, Genusserleben etc.).

Aufrechterhaltung oder Vermeidung

Die Einschränkungen sind Folgen wachsender Anstrengungen zur Aufrechterhaltung des als „günstig" oder zur Vermeidung des als „ungünstig" erlernten Verhaltens. Das gezeigte Verhalten gewinnt dann einen „dysfunktionalen" Charakter, wenn die Aufmerksamkeits- und Kraftaufwendung das gewünschte Ergebnis weit überwiegt.

Das Missverhältnis zwischen Aufwand und Ergebnis stellt das eigentliche Problem, die psychische Störung, dar. Die Problem- und Verhaltensanalyse strebt deshalb Erkenntnisse über die Art der auslösenden Faktoren (diskriminative Stimuli), die biografisch sensiblen Lernerfahrungen, welche die Entwicklung maladaptiver Verhaltensweisen bahnen, die einzelnen Reaktionsebenen (physiologisch, kognitiv, emotional, motorisch) sowie die kurz-, mittel- und langfristigen Konsequenzen an. Das daraus abgeleitete Bedingungsmodell trifft Aussagen über das Zusammenwirken der genannten Faktoren und stellt die Grundlage für die psychotherapeutische Fallkonzeption dar. Auf ihm aufbauend werden Therapieziele formuliert und operationalisiert.

Wie am obigen fiktiven Fallbeispiel deutlich wird, kann der Übergang zwischen Diagnostik und Intervention fließend sein. Das Festlegen eines Verhaltens als problematisch impliziert die Notwendigkeit von Alternativen und Veränderungen. Das mit dem Therapeut gemeinsam explorierte Störungs- und Bedingungsmodell setzt gewissermaßen eine Distanzierung des Patienten von der Problematik voraus. Auf diese Weise greift die diagnostische Prozedur immer auch in die Störungsdynamik ein. Sie veranlasst nämlich den Patienten dazu, seinen subjektiven Blickwinkel vorübergehend zugunsten einer „Außenperspektive" zu verlassen. Im Setting einer Psychotherapie käme also eine Einigung zwischen Therapeut und Patient auf ein Störungs- und Behandlungsmodell (als Arbeitskontrakt) einer Einigung gleich, der psychischen Problematik einen Krankheitswert und damit Behandlungsbedürftigkeit zuzusprechen.

psychosoziale Beratung

Das Repertoire der klinisch-psychologischen Interventionen beinhaltet jedoch mehr als die psychotherapeutische Behandlung von „krankheitswertigen" psychischen Störungen. Interveniert wird gleichermaßen in der *psychosozialen Beratung* von Einzelpersonen, Paaren und Familien zu Fragen der Lebensführung, Partnerschaft, Sexualität, Kindererziehung etc. Dies gilt analog für indikationsspezifische Beratungsstellen, wie z.B. Beratung bei Suchterkrankungen oder bei chronischen Erkrankungen des zentralen Nervensystems (Multiple Sklerose, Epilepsien etc.).

Für Patienten mit Asthma, Neurodermitis und Diabetes mellitus gibt es inzwischen gut evaluierte und von den gesetzlichen Krankenkassen finanzierte Patientenschulungsprogramme. Sie bieten eine Kombination aus medizinischer Beratung (Vermittlung des Krankheits- und Behandlungsmodells) und Psychoedukation (Herstellung von Krankheits- und Behandlungseinsicht). Das Angebot richtet sich sowohl an die betroffenen Patienten selbst als auch an Angehörige. Zielsetzung dieser Interventionsform ist die Förderung der Patientencompliance (Bereitschaft zur Mitarbeit in der Behandlung) durch Vermittlung eines Grundwissens über die Erkrankung und Aufbau eines eigenverantwortlichen Krankheitsmanagements. Ebenfalls von gesetzlichen Krankenversicherungen gefördert werden Gesundheitsprogramme zur Prävention von Schlaganfall oder Herzinfarkten. Hierzu gehören neben Ernährungsberatung v.a. psychologische Beratungen zum Umgang mit Stressbelastung.

Als psychologische Beratung im weiteren Sinne können Supervision und Coaching gefasst werden. Dieses Beratungsangebot richtet sich an komplexe soziale Systeme oder Organisationen in der Wirtschaft (Teamsupervision, Betriebssupervision), deren Führungskräfte etc. (z.B. im Bereich der Arbeitspsychologie; s. → Kap. 5).

Klinisch-neuropsychologische Diagnostik 6.2

Definition

Die **Neuropsychologie** ist eine psychologische Disziplin, welche den Zusammenhang zwischen psychischen Funktionen und den damit verbundenen zentralnervösen Prozessen erforscht. Sie ist interdisziplinär eng mit den neurowissenschaftlichen Fächern der Medizin wie etwa der Klinischen Neurologie (Nervenheilkunde) und der Neuroanatomie verbunden. Die Wurzeln der Neuropsychologie finden sich in der Tradition der experimentellen sowie der physiologischen und biologischen Psychologie. Zur Anwendung kommen die wissenschaftlichen Befunde und Modelle der Neuropsychologie in der Klinischen Neuropsychologie.
Die **Klinische Neuropsychologie** untersucht und behandelt Menschen, die eine neurologische Erkrankung (z.B. Hirntumore) oder Schädigung (z.B. Kopfverletzungen durch Unfälle) erlitten haben, auf mögliche Veränderungen oder Beeinträchtigungen ihrer psychischen Funktionen.

Zur Diagnostik kognitiver und affektiver Funktionen bedient sich die Klinische Neuropsychologie standardisierter psychometrischer Verfahren. Dabei handelt es sich sowohl um allgemein psychologische als auch spezielle neuropsychologische Diagnostika. Die klinisch-neuropsychologische Diagnostik ist somit ein spezielles Anwendungsgebiet der klinisch-psychologischen Diagnostik.

Zielsetzung 6.2.1

Die klinisch-neuropsychologische Diagnostik bemüht sich um eine möglichst exakte Erfassung sowie Beschreibung der Auswirkungen einer Schädigung oder Veränderung des zentralen Nervensystems auf die menschliche Informationsverarbeitung. Infolge eines Schlaganfalls, Schädelhirntraumas, Kopftumors u.Ä., aber auch im Zusammenhang mit neurodegenerativen Prozessen (Hirnabbauprozessen) können sich Beeinträchtigungen der kognitiven Leistungsfähigkeit sowie Veränderungen des emotionalen Erlebens und Verhaltens manifestieren.

Art und Ort der Störung Aufgabe der klinisch-neuropsychologischen Diagnostik ist es deshalb, *Ausmaß und Art der Funktionsbeeinträchtigung* dezidiert zu objektivieren. Die neuropsychologische Diagnostik geht dabei hypothesengeleitet vor. Ausgehend von der Art (medizinische Diagnose) und dem Ort (Lokalisation) der neurologischen Erkrankung bzw. Störung werden (unter Berücksichtigung der funktionellen Neuroanatomie) lokalisationsspezifische Ausfallmuster antizipiert und mittels standardisierter neuropsychologischer Untersuchungen verifiziert.

Leistungs- bzw. Funktionsstörungsprofil Auf Grundlage der verfügbaren neurologischen, neuroradiologischen, psychiatrischen und internistischen Befunde sowie unter Einbeziehung des prämorbiden Bildungsniveaus wird das aktuelle *Leistungs- bzw. Funktionsstörungsprofil* erstellt. Dieses Profil gibt nicht nur die neuropsychologischen Defizite wieder, sondern erlaubt auch die Einschätzung der individuellen Ressourcen, d.h. des rehabilitativen Potenzials der Patienten. Dies ist insofern unverzichtbar, da nach der Behandlung im Akutkrankenhaus sich in der Regel medizinische Rehabilitationsmaßnahmen anschließen und deshalb die Erfolgsaussichten prognostiziert werden müssen.

Neurorehabilitation Die Prognose für den zu erwartenden Erfolg der sich anschließenden *Neurorehabilitation* hängt im Wesentlichen von der Art und dem Ausmaß der neuropsychologischen Beeinträchtigungen ab.

Kostenentscheidungen Die prognostische Beurteilung der klinisch-neuropsychologischen Diagnostik ist nicht nur für die medizinisch-neuropsychologische Behandlungskonzeption von Relevanz. Sie beeinflusst auch maßgeblich *Kostenentscheidungen* über stationäre, teilstationäre und ambulante Anschlussheilbehandlungen (unmittelbar im Anschluss an die Behandlung im Akutkrankenhaus) und Heilverfahren (Rehabilitationsmaßnahmen im späteren Krankheitsverlauf). Dies begründet sich darin, dass der zu erwartende Outcome physikalisch-medizinischer Interventionen oder übender Therapien, z.B. Krankengymnastik, Ergotherapie, Logopädie etc., mit dem Behandlungskostenaufwand in einem vertretbaren Verhältnis stehen müssen. Die Leistungsfähigkeit eines Patienten bestimmt z.B. darüber, wie aufwendig und engmaschig die Versorgung durch das Klinikpersonal berechnet werden muss.

Beispiel

Ein neurologischer Patient mit räumlichen Orientierungsstörungen oder schweren Gedächtnisdefiziten bedarf einer anderen, aufwendigeren Behandlung als ein gut orientierter Patient mit einer Aphasie (eine durch Hirnschädigung erworbene Sprachstörung).

Neben der umschriebenen Aufgabe der selektiven Indikation übernimmt die klinisch-neuropsychologische Diagnostik in der neurologischen Rehabilitation Aufgaben der *Prozess- und Evaluationsdiagnostik*. Wiederholte Verlaufsuntersuchungen während eines Rehabilitationsprozesses ermöglichen erst eine angemessen rasche Anpassung therapeutischer Maßnahmen an die regenerative Dynamik der Patienten.

Prozess- und Evaluationsdiagnostik

Die evaluative Diagnostik in der Klinischen Neuropsychologie spielt gerade in Zeiten weitreichender Kosteneinsparungen im Gesundheitswesen eine gewichtige Rolle. Hier gilt es, Erfolge der neuropsychologischen Therapie mit reliablen und validen Instrumenten zu dokumentieren. Als Erfolgskriterium werden nicht nur der Grad der Reduktion neuropsychologischer Störungen, sondern auch die aufgrund der Funktionsverbesserung oder -wiederherstellung zu erwartenden Einsparungen weiterer Folgebehandlungskosten herangezogen. Ferner trägt die evaluative Psychodiagnostik zur Entwicklung von Behandlungsrationalen und Therapiemanualen bei.

Rehabilitationsdiagnostik

6.2.2

Die medizinische – in diesem Fall neurologische – Rehabilitation basiert grundsätzlich auf drei Prinzipien:

▶ Restitution (Wiederherstellung),
▶ Kompensation (Ausgleich) und
▶ Adaptation (Anpassung).

In erster Linie wird die *Restitution*, nämlich eine möglichst weitgehende Wiederherstellung des prämorbiden (z. Z. vor der Erkrankung herrschenden) sensomotorischen, kognitiven und emotionalen Funktionsniveaus, angestrebt. Eine Wiederherstellung beschädigter Funktionen kann entweder spontan (Spontanremission) eintreten oder durch gezielte Interventionen initiiert werden.

Restitution

Oftmals wird jedoch rasch absehbar, dass aufgrund weitreichender strukturell-morphologischer Schädigungen des Gehirns beeinträchtigte

Kompensation

neuropsychologische Leistungen nicht mehr vollständig oder gar unzureichend wiedererlangt werden können. Daher integriert eine Rehabilitationstherapie immer zeitgleich kompensatorische Module, mit deren Hilfe den Betroffenen sehr früh Strategien zum Ausgleich des krankheitsbedingten Ausfalls vermittelt werden. Die Fachliteratur benennt folgende Strategien der *Kompensation* (s. Dixon & Bäckman, 1999):

▶ durch *erhöhten Zeit- und Konzentrationsaufwand,*
▶ durch *Substitution* (systematische Nutzung intakter Funktionen),
▶ durch gezielten Einsatz von internen und externen *Hilfsmitteln,*
▶ durch *Reflexion* eigener Ziele und Erwartungshaltungen sowie
▶ durch *Revision* der Ziele, entsprechend dem aktuellen Leistungsprofil.

Adaptation   *Adaptationen* zielen auf die *Anpassung* des Lebensumfelds an die veränderte Leistungsfähigkeit bzw. Beeinträchtigungen.

ICF: Die obig verwendeten Begriffe „Beeinträchtigung", „Schädigung" und „Leistungsfähigkeit" werden nach den Kriterien der *Internationalen Klassifikation der Funktionsfähigkeit, Behinderung und Gesundheit* (ICF; Deutsches Institut für medizinische Dokumentation und Information, 2005) definiert. Die ICF ist ein zur ICD-10 komplementäres Klassifikationssystem, das konzeptuell sowohl Defizite als auch Ressourcen berücksichtigt. Sie umfasst zwei Teile mit je zwei Komponenten, die jeweils mit positiven oder negativen Begriffen expliziert werden. Jede Komponente setzt sich aus unterschiedlichen Domänen zusammen, jede Domäne wiederum aus Kategorien, deren Einheiten die diagnostischen Klassifikationen bilden.

Teil I beschreibt *„Funktionsfähigkeit und Behinderung"*, die sich in die Komponenten *„Körperfunktionen und -strukturen"* untergliedern. Teil II erfasst *„Kontextfaktoren"* mit den Komponenten *„Umweltfaktoren und Personenbezogene Faktoren"*.

Ziel der ICF ist die *Klassifizierung von Problemen*, die Menschen aufgrund von Behinderungen haben, jedoch nicht die Klassifizierung von Menschen mit Behinderungen. Über die Behinderungen hinaus werden v.a. nichtbehinderte Leistungs- und Lebensbereiche in der ICF kodiert. Dies ist insofern wichtig, als dass durch die Einbeziehung individueller Stärken und Möglichkeiten von Menschen mit Behinderung sowie von Kontext- und Förderfaktoren auch die Bewältigungsressourcen mit eingeschätzt werden können.

Definition

Beeinträchtigung und **Schädigung** werden nach der ICF dem Oberbegriff „Behinderung" zugeordnet. Dieser wiederum wird definiert als „negative Aspekte der Wechselwirkung zwischen einer Person (mit einem Gesundheitsproblem) und ihren Kontextfaktoren (Umwelt- und personbezogenen Faktoren)". **Leistungsfähigkeit** wird nach dem Verständnis der ICF als Konstrukt definiert, das die höchstmögliche individuelle Funktionsfähigkeit zu einem bestimmten Zeitpunkt beschreibt.

Mithin stellt die ICF einen Rahmen zur Verfügung, innerhalb dessen die klinisch-neuropsychologische Diagnostik nicht nur Aussagen über Funktionsbeeinträchtigung, sondern auch über Störungen der Aktivität und Partizipation am alltäglichen Leben macht. Um Letzteres zu realisieren, werden sog. *ADL-Skalen* (Activities of Daily Living) herangezogen. Im Bereich der Neurologie wären dies u.a. Barthel ADL-Index, Functioning Independence Measurement Scala (FIM), Neuromentalindex (NMI) etc. (s. Masur, 2000).

ADL-Skalen

Die Befunderhebung der Klinischen Neuropsychologie verläuft im Grundsatz analog zur klinisch-psychologischen Diagnostik. Dennoch sind einige Besonderheiten der klinisch-neuropsychologischen Diagnostik unbedingt hervorzuheben.

Besonderheiten der Befunderhebung

▶ Aufgrund der erhöhten Ermüdbarkeit und dadurch stark reduzierten Belastbarkeit, die innerhalb der ersten sechs Monate nach der Erkrankung oft beobachtbar ist, müssen von vornherein viele Pausen bzw. Unterbrechungen zeitlich einkalkuliert werden. Komplexere Untersuchungsverfahren (z.B. Testbatterien) müssen ggf. auf mehrere Tage „verteilt" werden.

▶ Sprachliche Störungen oder Verständnisprobleme, welche aufgrund der Hirnschädigung entstehen können, machen häufig ein Wiederholen oder Paraphrasieren der Testinstruktionen notwendig. Auch Gedächtnisstörungen können den Patienten dazu veranlassen, die Testleistung zu unterbrechen, um die Testinstruktion nachzufragen.

Diese „Störfaktoren" müssen Eingang in die Befundstellung finden, da sie ein wichtiger Teil der klinischen Verhaltensbeobachtung und damit von beträchtlichem diagnostischen Wert sind. Neben den genannten Einflussfaktoren sollte das Verhalten während der neuropsychologischen Untersuchung besondere Beachtung finden. Auf diesem Weg können kooperative oder ängstlich-ablehnende Haltungen gegenüber der Testsituation, aber auch der Umgang mit Frustrationen (Fehlleistungen) berücksichtigt werden.

Abb.6.2 | *Concept-Map zur klinisch-neuropsychologischen Diagnostik*

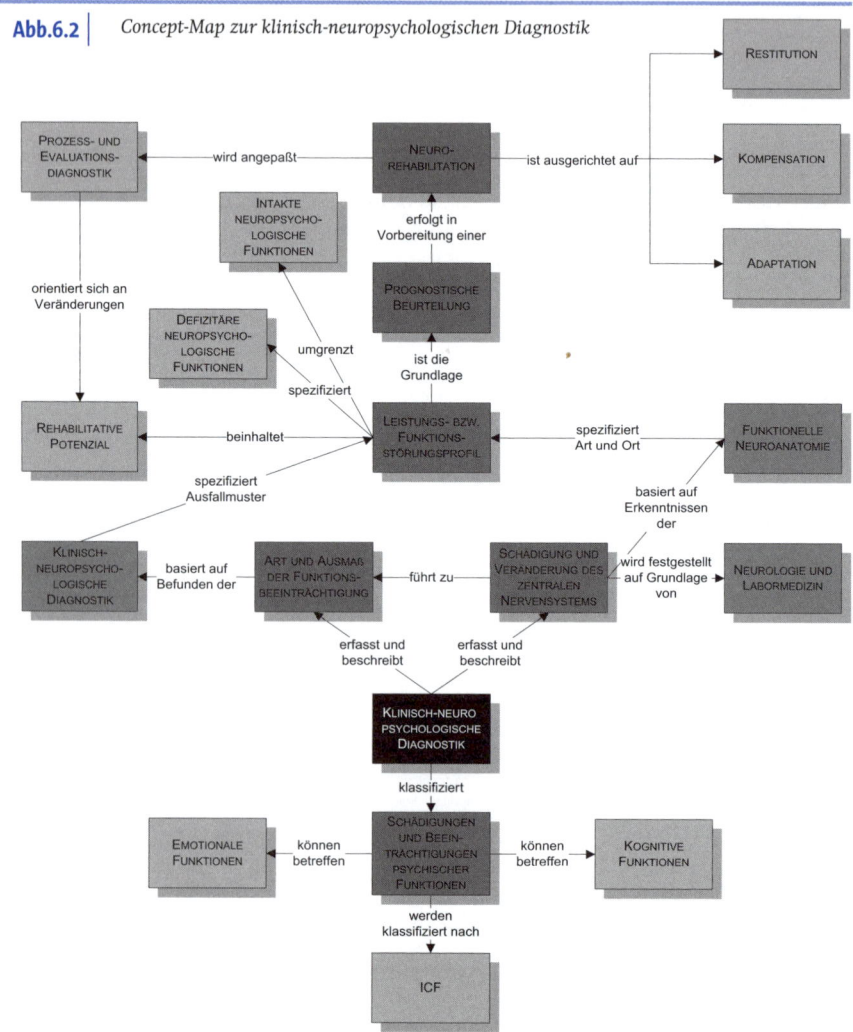

Wie schon erwähnt setzt die Klinische Neuropsychologie zur Untersuchung psychischer Funktionen standardisierte psychometrische Verfahren ein. Die Diagnostika zur Erfassung emotionaler Funktionen wurden bereits unter Kapitel 6.1.4 erläutert. Im Folgenden soll auf die klinisch-neuropsychologisch relevanten Verfahren eingegangen werden. Gegenstand der Rehabilitationsdiagnostik sind alle kognitiven und emotionalen Funktionen, deren Schädigung aufgrund des Ortes und der Art der Hirnschädigung zu erwarten sind.

Neuropsychologische Tests | 6.2.3

Generell sei angemerkt, dass die klinisch-neuropsychologische Diagnostik ihr Instrumentarium stets in Abhängigkeit von der medizinischen Diagnose bzw. dem Ort (Lokalisation) der neurologisch-neuroanatomischen Schädigung „komponiert". Diese Faktoren fundieren die Arbeitshypothesen, also Annahmen über die zu erwartenden neuropsychologischen Funktionsbeeinträchtigungen, und entscheiden somit die Auswahl der zum Einsatz kommenden psychometrischen Verfahren.

Eine Hirnschädigung kann sich auf folgende Funktionsbereiche verändernd auswirken: Basale Funktionen der Orientierung und Aufmerksamkeit, Konzentrationsfähigkeit und multisensorische Wahrnehmungsfunktionen (visuell, auditiv, taktil, olfaktorisch). Des Weiteren komplexe kognitive Leistungen wie etwa verbal-sprachliche und rechnerische Fähigkeiten, räumlich-konstruktive und Gedächtnisleistungen, schlussfolgerndes, induktives Denken, Exekutivfunktionen, Handlungsplanung und Handlungssteuerung.

Folgen einer Hirnschädigung

Orientierungstestung: Die Überprüfung der Orientierung erfolgt über konkrete Fragen nach Zeit, Ort und Person. Patienten können gebeten werden, Datum und Uhrzeit zu schätzen sowie die Dauer und den Anlass ihres Klinikaufenthalts wiederzugeben. Dieses Vorgehen entspricht der Erhebung des psychopathologischen Befunds (s. → Kap. 6.1.2).

Aufmerksamkeitstestung: Zur Untersuchung von Aufmerksamkeitsfunktionen stehen sowohl *Paper-Pencil-Verfahren* als auch computergestützte *Testbatterien* zur Verfügung. Zu den wohl bekanntesten Papier-Bleistift-Tests gehören der d2 (Brickenkamp, 2002) und der Zahlen-Verbindungstest (ZVT; Oswald & Roth, 1987). Programme zur computergestützten Aufmerksamkeitstestung sind u.a. die Testbatterie zur Aufmerksamkeitsüberprüfung (TAP; Zimmermann & Fimm, 2007) sowie das Wiener Testsystem (WTS; Schuhfried, o.J.). Diese ermöglichen die Testung einzelner Komponenten der Aufmerksamkeit, indem jeweils die Reaktionszeiten gemessen werden, die für das Quittieren der am Monitor dargebotenen Stimuli benötigt werden. Der grundsätzliche Vorteil PC-unterstützter Tests gegenüber Papier-Bleistift-Verfahren liegt darin, dass Auswertungen sowohl zeitökonomisch als auch exakt und zuverlässig durchführbar sind.

d2, ZVT, TAP, WTS

Nach Van Zomeren und Brouwer (1994) lässt sich Aufmerksamkeit in mindestens fünf Komponenten aufgliedern:

Komponenten der Aufmerksamkeit

▶ Alertness (tonisch oder phasisch),
▶ Vigilanz,
▶ Daueraufmerksamkeit,
▶ selektive Aufmerksamkeit und
▶ Aufmerksamkeitsteilung.

Hirnorganisch bedingte Aufmerksamkeitsstörungen schlagen sich in der Regel in erheblich verlangsamten Reaktionen nieder, v. a. bei Aufgaben, die die *Alertness* (Aufmerksamkeitsaktivierung) und *Aufmerksamkeitsteilung* fordern. Klinisch zeigen sich Aufmerksamkeitsstörungen in der vorschnellen Erschöpfbarkeit. Sie tritt in der postakuten Phase oftmals bereits bei geringer konzentrativer Beanspruchung auf, erst recht bei Anforderungen an die Daueraufmerksamkeit oder Aufmerksamkeitsteilung.

Konzentrationsfähigkeit

Die Aufmerksamkeitskomponente *selektive* oder auch fokussierte *Aufmerksamkeit* entspricht dem Laienverständnis von Konzentration. Die „Konzentrationsfähigkeit" wird (außer in der TAP oder im WTS) z. B. mit dem d2 oder ZVT, aber auch mittels Darbietung von Zahlenspannen überprüft. In der klinisch-neuropsychologischen Diagnostik kommt häufig die Aufgabe „Zahlen-Nachsprechen" (vor- und rückwärts) zum Einsatz, ein Subtest des Wechsler Gedächtnis Tests, Revidierte Fassung (WMS-R; Härting et al., 2000).

Corsi Block-Tapping-Test

Die Aufmerksamkeitsspanne kann auch sprachungebunden, z. B. mit dem *Corsi Block-Tapping-Test* (Subtest des WMS-R), überprüft werden. Hierzu tippt der Untersucher in einer festen Reihenfolge mehrere „Blöcke" (insgesamt 8 auf einer Platte befestigte Würfeln) an. Der Patient hat die Aufgabe, diese Reihenfolge zu reproduzieren. Dies wird bis zu einer Reihe von maximal acht Einheiten sowie mit der Bedingung „rückwärts" fortgesetzt. Zahlen- oder Blockspannen-Aufgaben überprüfen jedoch nicht ausschließlich Aufmerksamkeitsleistungen, sondern auch zeitgleich die Intaktheit des verbalen und visuellen Arbeitsgedächtnisses.

Lernen, Behalten, Abrufen

Störungen des Gedächtnisses: Neben Aufmerksamkeitsdefiziten gehören Störungen des Gedächtnisses zu den häufigsten Folgen einer Hirnschädigung. Die klinisch-neuropsychologische Diagnostik differenziert (entsprechend der gängigen Gedächtnismodelle) verschiedene Gedächtnissysteme, Gedächtnismodalitäten und Materialspezifität des Gedächtnisses. Der diagnostische Fokus richtet sich auf die Fähigkeit der Patienten, neue Inhalte zu erfassen (zu *lernen*), diese „abzuspeichern" (zu *behalten*), um sie schließlich *abzurufen*. Gedächtnistests betrachten gesondert das Lernen, Behalten und Abrufen von verbal-sprachlichem und nicht-sprachlichem, bildhaften Material. Beim Abruf des gelernten Materials werden zwischen Leistungen des freien und geleiteten Abrufs sowie Wiedererkennens unterschieden.

Der o. g. *Wechsler Gedächtnis Test* (WMS-R) ist eines der Verfahren, dessen Konzeption diese Modellvorstellungen widerspiegelt. Der WMS-R beurteilt mittels 14 Untertests fünf einzelne mnestische Leistungsaspekte. Es werden „Memory-Indices" für die Bereiche „allgemeine Gedächtnisleistung", die sich in „verbale und visuelle Gedächtnisleistungen" untergliedert, „verzögerte Gedächtnisleistung" sowie „Aufmerksamkeits- und Konzentrationsleistungen" durch Transformation der Rohwerte berechnet.
`Wechsler Gedächtnis Test`

Störungen des Gedächtnisses können unterschiedlicher Ausprägung sein. Zu den schwersten Gedächtnisstörungen gehören *Amnesien*, die retrograd (Verlust der Erinnerung an die Zeit bis zur Hirnschädigung) oder/und anterograd (Verlust der Erinnerungen an die Zeit seit der Hirnschädigung) geprägt sein können.
`Amnesie`

Bei amnestischen Patienten hat sich der *Rivermead Behavioral Memory Test* (RBMT; Wilson et al., 2003) aufgrund seiner Nähe zu den Kompetenzen der Alltagsbewältigung, zur Objektivierung und Quantifizierung der Gedächtnisstörung bewährt. Ein weiteres Verfahren für die Diagnostik mnestischer Störungen ist der *Berliner Amnesie-Test* (BAT; Metzler et al., 1992). Der BAT quantifiziert (unter Berücksichtigung von Alter und prämorbider Intelligenz) über acht Untertests leichte bis schwere mnestische Defizite.
`RBMT und BAT`

Auch Patienten ohne objektivierbare, größere kognitive Defizite, klagen vereinzelt über Gedächtnisstörungen. Sie beschreiben für gewöhnlich Einbußen in der Fähigkeit, im Alltag zeitlich nah aufeinanderfolgende Informationen angemessen zu verarbeiten und später zu erinnern. Zur quantitativen Erfassung kann in einem solchen Fall der *Lern- und Gedächtnistest* (LGT 3; Bäumler, 1974) eingesetzt werden. Der LGT 3 wurde insbesondere für den Einsatzbereich der Ausbildungs- und Berufsberatung konzipiert, eignete sich jedoch bei klar umgrenzten klinischen Fragestellungen auch als Funktionsdiagnostikum. Ein neueres, für diese Art der Fragestellung geeignetes, jedoch zeitlich aufwendiges Verfahren ist das *Inventar zur Gedächtnisdiagnostik* (IGD; Baller et al., 2006).
`LGT 3 und IGD`

Fokale, d. h. neuroanatomisch klar umgrenzte, neuroradiologisch objektivierbare Hirnschädigungen erleichtern die Formulierung von Hypothesen bzw. die Antizipation geschädigter neuropsychologischer Funktionen. *Diffuse neurologische Schädigungen* erfordern ein anderes diagnostisches Vorgehen. Diese können nach zerebralen Hypoxien (z. B. nach Herzstillstand unterschiedlicher Genese) oder auch häufig im Rahmen zerebrovaskulärer Erkrankungen, als Spätfolgen oder Sekundärsymptomatik z. B. von langjährigem Diabetes mellitus, Arteriosklerosen, koronaren Herzkrankheiten aber auch von Alkoholismus usw., auftreten.

neuropsychologische Screeningverfahren

In diesen Fällen sind insbesondere *neuropsychologische Screeningverfahren* indiziert. In der klinischen Anwendung sind in dieser Gruppe v. a. der Kurztest zur Erfassung von Gedächtnis- und Aufmerksamkeitsstörungen (SKT; Erzigkeit, 2001) und der Kaufman-Neuropsychologischer Kurztest (K-NEK; Melchers & Schürmann, 2004) zu nennen. Die Durchführung beider Verfahren dauert (abhängig von der Belastbarkeit des Patienten) zwischen 15 und 30 Minuten und gibt dem Diagnostiker Hinweise auf neuropsychologische Defizite.

neurodegenerative Erkrankungen

Für die Gruppe der Patienten ab 50 Jahren stellt sich häufig die Frage nach dem möglichen Beginn *neurodegenerativer Prozesse*. In diesem Zusammenhang sind insbesondere differentialdiagnostische Maßnahmen entscheidend. Der Demenz-Test (DT; Kessler et al., 1999) sowie c.I.Test (Lehrl & Fischer, 1997) eignen sich gut für die Gewinnung eines ersten Eindrucks vom neuropsychologischen Funktionszustand.

Differentialdiagnostik

Detailliertere Informationen über die einzelnen Aufmerksamkeits- und Gedächtnisfunktionen bei Älteren können mit den Testbatterien Nürnberger-Alters-Inventar (NAI; Oswald & Fleischmann, 1997) oder der Alzheimer's Disease Assessment Scale (ADAS; Rosen et al., 1993) erhoben werden. Die neuropsychologische Befunderhebung bei älteren Menschen muss stets umfangreiche, internistische als auch psychiatrische *Differentialdiagnostik* mit einschließen. Die von Älteren beklagten, mnestischen und konzentrativen Defizite können Begleitsymptome einer depressiven Grunderkrankung sein. Dies ist nicht selten der Fall, bedenke man die sich stetig und teilweise dramatisch verändernden Lebensstrukturen älterer Menschen und sich häufende Verlusterfahrungen. Schwerwiegende onkologische oder endokrine Grunderkrankungen müssen ausgeschlossen bzw. in der Befundung klar berücksichtigt werden.

Diagnostik von Demenzen

Der Einsatz des strukturierten Interviews für die Diagnose von Demenzen (SIDAM; Zaudig et al., 1996) erweist sich in den meisten Fällen als recht hilfreich, da es differentialdiagnostische Aspekte und psychosoziale Leistungskomponenten integriert.

Sensorische Wahrnehmungsstörungen: Unabhängig vom Alter, jedoch in Abhängigkeit von der Lokalisation der Schädigung können Störungen der sensorischen Wahrnehmung in mehreren Modalitäten auftreten. Die olfaktorische, taktile, auditive sowie visuelle Perzeption werden neurophysiologisch untersucht. So werden bei Verdacht auf zentrale (zerebrale) Verarbeitungsstörungen auditiver (oder visueller) Reize „akustisch (analog visuell) werden evozierte Potentiale" abgeleitet, um Auffälligkeiten in der Reaktion des Gehirns auf die dargebotenen Reize zu objektivieren. Taktile Perzeptionsstörungen können vereinzelt elektroneurografisch (ENG) untersucht werden, um Schädigungen peripherer Nerven (Nervenbahnen außerhalb des Gehirns) auszuschließen. Diese Untersuchungsmethoden sind im Bereich der neurologischen Diagnostik anzusiedeln.

Während die klinisch-neuropsychologische Diagnostik bei Störungen der olfaktorischen, taktilen und auditiven Wahrnehmung eine eher marginale Rolle spielt, erfüllt sie im Bereich der visuellen Wahrnehmungsstörungen wichtige diagnostische Funktionen.

visuelle Wahrnehmungsstörungen

Obwohl die Prävalenz visueller Wahrnehmungsstörungen relativ niedrig ist, gibt es einen großen Umfang standardisierter Untersuchungsverfahren zur quantitativen Erfassung *visueller Wahrnehmungsstörungen*. Visuelle Perzeptionsstörungen treten z. B. in Form von Gesichtsfelddefekten, Ausfällen des Farbsehens (Achromatopsien), der Wahrnehmung von Bewegungen, der Erkennung von Objekten (Objektagnosien) sowie Gesichtern (Prosopagnosien) auf.

visuoräumliche Störungen

Des Weiteren kann die *Perzeption visuoräumlicher Informationen* beeinträchtigt sein. Betroffene Menschen können Distanzen, Winkel, Größenverhältnisse und Positionen von Objekten im Raum nicht mehr adäquat wahrnehmen oder einschätzen. Zur Erfassung dieser Beeinträchtigungen liegt das computergestützte Visual Space Programm (VS; Kerkhoff & Marquardt, 1998) vor. Die Visual Object and Space Perception Battery (VOSP; Warrington & James, 1992; deutsch: Testbatterie für visuelle Objekt- und Raumwahrnehmung) untersucht in acht Untertests basale visuoräumliche Wahrnehmungsfunktionen.

visuokonstruktive Störungen

Visuoräumliche Störungen können sich nicht nur passiv-perzeptiv, sondern auch aktiv konstruktiv manifestieren. Dies hat zur Folge, dass es Betroffenen nicht mehr gelingt, weder frei noch nach visuellen Vorlagen simple abstrakte Figuren oder einfache Gegenstände nachzuzeichnen. Zur Überprüfung *visuokonstruktiver Leistungen* können freie Zeichnungen (z. B. Gänseblümchen, Haus, Gesicht etc.) von den Patienten angefertigt werden (s. Lezak et al., 2004). Der Complex Figure Test (CFT; Rey & Osterrieth, 1944/2004) erlaubt die Überprüfung visuokonstruktiver Leistungen über das Abzeichnen und anschließende freie Reproduzieren einer komplexen abstrakten Bildvorlage. Der Mosaiktest, ein Subtest des Wechsler Intelligenztests für Erwachsene (WIE; Wechsler, 2006, dt. Übersetzung und Adaptation der WAIS-III), wird oft gezielt zur Überprüfung visuokonstruktiver Störungen eingesetzt.

Störung der Exekutivfunktionen: Exekutivfunktionen werden in der Literatur vereinzelt auch als „kognitive Leistung höherer Ordnung" bezeichnet (Zoppelt & Daum, 2003). Tatsächlich existiert noch keine einheitliche Begriffsdefinition.

Im Kontext der Neurorehabilitation fungiert der Terminus **Exekutivfunktionen** als Oberbegriff für eine Reihe von Metaprozessen, welche die Gesamtheit kognitiver Prozesse konzipieren, koordinieren und optimieren. Smith und Jonides (1999) postulieren fünf Komponenten der Exekutivfunktionen:

▶ Dazu gehören zunächst die Fähigkeiten, die Aufmerksamkeit auf handlungsrelevante Informationen zu fokussieren, d. h. Relevantes vom Irrelevanten zu unterscheiden (1. „attention and inhibition"), und zwischen mehreren gleichwertigen Aufmerksamkeitsanforderungen zu wechseln (2. „task management"). Im Alltag sichern diese Komponenten die Erreichung eines definierten Handlungsziels mittels Unterdrückung ablenkender Reize.

▶ Als nächste Komponenten gelten die Fähigkeiten, Handlungsziele in einen sinnvollen Ablauf einzelner Teilschritte zu zerlegen (3. „planning") und die Umsetzung dieser Handlungskonzeption so zu überwachen, dass schnelle Anpassungen an Reaktionen oder Veränderungen des Handlungsumfelds sichergestellt sind (4. „monitoring").

▶ Als letzte Komponente nennen die Autoren das Protokollieren des Handlungsablaufs im Arbeitsgedächtnis (5. „coding").

exekutive Dysfunktion Generell ist es schwer, Exekutivfunktionen adäquat zu erfassen. Dies erfordert die Integration komplexer Umwelt- und Alltagsbedingungen der Patienten, was in einem psychologisch-diagnostischen Setting, z.B. in einer Klinik, kaum möglich ist. Störungen der Exekutivfunktionen sind jedoch von hoher Alltagsrelevanz und kommen deswegen v.a. bei komplexen Anforderungen im beruflichen und privaten Alltag der Betroffenen zum Tragen. Patienten mit *exekutiven Dysfunktionen* zeigen in unterschiedlichen Ausprägungen eine erhöhte interne sowie externe Ablenkbarkeit. Sie werden von ihrem sozialen Umfeld oftmals entweder als impulsiv-ungesteuert oder antriebsarm erlebt und weisen Schwierigkeiten auf, Handlungen sinnvoll zu planen und Feedbacks des Umfelds zu integrieren.

Untersuchung der Exekutivfunktionen Die klinisch-neuropsychologische Diagnostik kann jeweils nur einzelne Komponenten der Exekutivfunktionen untersuchen. Zu diesem Zweck steht ihr eine wachsende Anzahl an psychometrischen Verfahren zur Verfügung. Es seien im Folgenden nur einzelne, für die Diagnostik von Exekutivfunktionen recht populäre Verfahren genannt.

BADS ▶ Das *Behavioural Assessment of the Dysexecutive Syndrome* (BADS; Wilson & Ufer, 2000) ist eine Testbatterie, die exekutive Leistungen über verhaltensorientierte Aufgaben beurteilt. Anwendung findet das BADS in der Diagnostik schwerer dysexekutiver Störungen.

▶ Der *Wisconsin Card Sorting Test* (WCST; Grant & Berg, 1993) diagnostiziert die Fähigkeit zur Abstraktion von Handlungskonzepten sowie Handlungsanpassung. Aufgabe ist es, 128 Itemkarten, die sich in Farbe, Form und Anzahl unterscheiden, vier unterschiedlichen Stimuluskarten zuzuordnen. Die Zuordnungskriterien müssen aus den Antworten des Testleiters erschlossen werden, sie werden einleitend nicht erläutert. Ohne Wissen des Patienten wechselt der Testleiter nach einer bestimmten Regel zwischen den Kategorien „Farbe, Form und Anzahl". Der WCST liegt seit 2000 in einer verkürzten Version mit 64 Karten vor (WCST-64; Kongs et al., 2000) **WCST**

▶ Der *Turm von London* (TL-D; Tucha & Lange, 2004) überprüft Exekutivfunktionen anhand von Transformationsaufgaben. Die Patienten erhalten die Aufgabe, den „Turm" am Ursprungsort abzubauen, um ihn an einem definierten Zielort nach bestimmten Regeln wieder aufzubauen. Überprüft wird die Fähigkeit zur gleichzeitigen Einhaltung mehrerer Handlungsregeln, ohne Vernachlässigung der Zielvorgabe. **TL-D**

▶ Mit dem *Farbe-Wort-Interferenz-Test* (FWIT; Bäumler, 1985) wird die sog. Interferenzneigung geprüft. Entsprechend dem Stroop-Paradigma müssen in drei Durchgängen abwechselnd Farbwörter gelesen, Farbstriche und zuletzt die Druckfarbe verschiedener Farbwörter benannt (nicht gelesen) werden. Bei vorliegender Interferenzneigung würde für die dritte Aufgabe (Benennen der Druckfarben der Farbwörter) deutlich mehr Bearbeitungszeit als bei den beiden ersten Aufgaben beansprucht. **FWIT**

Veränderungen des emotionalen Erlebens und Verhaltens: Wie in Kapitel 6.2.1 dargelegt, können infolge einer Hirnschädigung alle psychischen Funktionen (kognitive wie emotionale) verändert sein.

Die sog. *Post-Stroke-Depression* ist eine der bekanntesten affektiven Störungen nach einem Schlaganfall. Dabei muss sich dem Diagnostiker stets die Frage stellen, inwieweit die depressive Symptomatik eine „angemessene" Form der Verarbeitung des Krankheitsgeschehens ist oder ob ihre Intensität bereits die Frage nach einer hirnorganischen Wesensveränderung berechtigt. Diese diagnostische Schwierigkeit stellt sich auch für den Fall aggressiver Veränderungen bei prämorbid psychiatrisch unauffälligen Patienten. **Post-Stroke-Depression**

Die Psychodiagnostik dieser Symptomatik nutzt zunächst die unter Kapitel 6.1.4 vorgestellten Verfahren. Zur Objektivierung der subjektiven Krankheitsverarbeitung können Fragebögen, wie z.B. der *Freiburger Fragebogen zur Krankheitsverarbeitung* (FKV; Muthny, 1989), angewendet werden. **FKV**

FrSBe und IRSPC

Die Items sind jedoch für die Erfassung speziell neurologischer Schäden und neuropsychologischer Beeinträchtigung zu wenig sensitiv. Überdies gibt es eine überschaubare Anzahl an Fragebögen, die sich an der quantitativen und qualitativen Erfassung von Phänomenen der hirnorganischen Wesensveränderungen versuchen. Zu erwähnen wären z.B. die *Frontal Systems Behaviour Scale* (FrSBe; Grace & Malloy, 2001) oder die *Iowa Rating Scale for Personality Changes* (IRSPC; Barrash et al., 2000; 2008). Für fast alle Verfahren gilt, dass sie weder ausreichend normiert noch für den deutschsprachigen Raum adaptiert sind.

Die Entwicklung reliabler Instrumente zur diagnostischen Erfassung dieser komplexen und fachlich hochgradig spannenden Problematik wird in den kommenden Jahren die Klinische Neuropsychologie in besonderem Maße herausfordern.

Zusammengefasst: Sowohl die klinisch-psychologische als auch klinisch-neuropsychologische Diagnostik verfolgt in erster Linie das Ziel der Befunderhebung und damit Diagnosefindung. Die aus dem Befund resultierenden Diagnosen stellen eine unabdingbare Voraussetzung für die Selektion und Planung angemessener psychotherapeutischer oder neuropsychologischer Interventionen dar. Der gezielte Einsatz standardisierter psychometrischer Verfahren dient der Verifizierung resp. Falsifizierung der im klinischen Gespräch und auf Grundlage der Vorbefunde entwickelten Arbeitshypothesen. Zur differenzialdiagnostischen Abgrenzung werden Befunde der medizinischen Nachbardisziplinen (Psychiatrie, Neurologie, Innere Medizin, usw.) herangezogen.

Testfragen

1 Welche Informationsquellen stehen der klinisch-psychologischen Diagnostik zur Verfügung?
2 Welche Aufgaben verfolgt die klinisch-psychologische Diagnostik?
3 Nennen und erklären Sie die unterschiedlichen Indikationsformen.
4 Welche Beobachtungen fließen in den psychopathologischen Befund ein?
5 Welche Klassifikationssysteme werden in der Psychiatrie und Psychotherapie herangezogen?
6 Was bedeutet und ist die ICF?
7 Nennen und erläutern Sie die Prinzipien der medizinischen Rehabilitation.
8 Welche Störfaktoren müssen in der klinisch-neuropsychologischen Diagnostik berücksichtigt werden?

Pädagogisch-psychologische Diagnostik | 7

Inhalt

Die zentrale Aufgabe der pädagogisch-psychologischen Diagnostik besteht in der Bedingungs-, Verlaufs- und Ergebnisanalyse institutionalisierter Lehr-Lern-Prozesse mit dem Ziel einer Optimierung individuellen Lernens.

Im Mittelpunkt steht das individuelle Lernverhalten von Schülern, das anhand diagnostischer Verfahren analysiert und seitens der Ergebnisse als Grundlage für die Schullaufberatung oder einer individuellen Schülerhilfe verwendet wird. Dabei richtet sich die Schullaufbahnberatung (auch Studien- oder Berufslaufbahnberatung) an einzelne Personen, die eine Orientierungs- oder Entscheidungshilfe für die Realisierung ihrer Bildungsziele benötigen. Die individuelle Schülerhilfe wird hingegen zumeist von Eltern oder Pädagogen nachgefragt, die mit Lern-, Leistungs- oder allgemeinen Verhaltensstörungen einzelner Kinder konfrontiert sind (s. Ingenkamp & Lissmann, 2008).

Eine erweiterte Definition der pädagogisch-psychologischen Diagnostik zählt die berufliche Aus- und Weiterbildung und die Erziehungsberatung dazu. Zunehmend spielen auch Lernumwelten, also die Kontextfaktoren des Lehrens und Lernens, eine zentrale Rolle bei pädagogisch-diagnostischen Maßnahmen. Hierzu bedarf es häufig einer Systemberatung, die sich direkt auf die Lehr-Lern-Prozesse bzw. die betroffenen Rahmenbedingungen bezieht.

7.1 | Erfassung pädagogisch-diagnostischer Merkmale

Die Feststellung von Lernvoraussetzungen und die Diagnose von Lern-potenzialen im schulischen oder beruflichen Kontext stellen wichtige Aufgabenfelder der pädagogisch-psychologischen Diagnostik dar.

Entwicklungstest
Im ersten Fall werden v. a. *Entwicklungstests* eingesetzt, die eine Diag-nose des Entwicklungsstands eines Kindes in einem oder mehreren Funktionsbereichen erlauben. Entsprechende Tests fungieren als Breit-banddiagnostika (wie z. B. der Wiener Entwicklungstest – WET, der den Entwicklungsstand 3- bis 6-jähriger Kinder in den Bereichen Motorik, visuelle Wahrnehmung und Visumotorik, Lernen und Gedächtnis, Kog-nition, Sprache und sozial-emotionale Fähigkeiten erfasst; Kastner-Koller & Deimann, 2002) oder als spezifische Testverfahren für um-grenzte Fähigkeitskonstrukte, Fertigkeiten oder Wissenskomponenten (s. → Kap. 3.2.1).

Lern- oder dynamischer Test
Bei derartigen Fähigkeitstests für Kinder ist eine stark vom Alter ab-hängige intra- und interindividuelle Dynamik der kognitiven Entwick-lung zu erwarten, die längerfristige Prognosen sehr unzuverlässig macht. Aus dieser Problematik heraus wurden Alternativen insbesonde-re zur Intelligenzmessung (fluider Intelligenz) entwickelt, die als *Lerntests* oder *dynamische Tests* bekannt sind. Diese Verfahren sind zumeist auf die Diagnose von intellektuellen Potenzialen ausgerichtet (Guthke & Wiedl, 1996; Guthke et al., 2003). Sie sind insofern dynamisch, als im Verlauf der Testung gezielte Verhaltensänderungen induziert werden, die zur Diagnose von Eigenschaftsausprägungen und deren Veränderbarkeit dienen. Faktisch geschieht dies, indem Lernsituationen (durch Feedback, Vermittlung von Heuristiken oder Trainingskomponenten) in die Proze-dur des Testens eingebettet werden, mit denen sich kognitive Reserven aktivieren lassen. Die Diagnostik entscheidet, ob ein Proband von dieser Unterstützung effektiv profitieren kann.

Werden solche Tests als *Langzeitlerntests* eingesetzt, resultiert daraus ein Untersuchungsdesign, das einen Prätest (eine Testung vor der Inter-vention), eine Intervention (eine Trainingsphase mit einer oder mehre-ren Sitzungen) und einen Posttest (für die wiederholte Testung) unter-scheidet (wie z. B. im Lerntest Schlussfolgerndes Denken – LTS, der in-duktive Fähigkeiten bei Schülern der Klassen 6–9 erfasst; Guthke et al., 1983). Bedingt durch den zeitlichen Aufwand, der durch das Trainings-programm und die wiederholte Testung entsteht, sind *Kurzzeitlerntests* entwickelt worden. Bei diesen ist die Trainingsphase (in Form eines de-taillierten Feedbacks über gemachte Fehler, entsprechend abgestimmter Hilfen und expliziter Lösungshinweise) in die Testprozedur integriert (wie z. B. in der Kurzzeitform des Raven-Tests; Carlson & Wiedl, 1979).

Obwohl sich der Validitätszuwachs (die inkrementelle Validität) durch den Einsatz von Lerntests gegenüber traditionellen Intelligenztests durchaus nachweisen lässt (insbesondere bei Personen mit ungünstigen Ausgangsbedingungen), werden diese Tests derzeit in der diagnostischen Praxis aufgrund des hohen Aufwands und vorläufiger Normierungen und Validierungen eher selten eingesetzt. Dennoch gilt das dynamische Testen als vielversprechende Alternative gegenüber den klassischen Ein-Punkt-Messungen.

Neben der Diagnose des Entwicklungsstands oder -potenzials eines Kindes hinsichtlich eines oder mehrerer Funktionsbereiche erweisen sich v.a. Konzentrations- und Aufmerksamkeitsleistungen als weitere wichtige Fähigkeitsmerkmale erfolgreichen Lernens. Entsprechende *Konzentrationstests* ermitteln diese Fähigkeit zumeist über eine Reihe einfacher Aufgaben, die unter einer Zeitbegrenzung zu bearbeiten sind. Die Anzahl bearbeiteter Aufgaben und aufgetretener Fehler werden dabei als Maß der Konzentrationsfähigkeit verwendet (wie z.B. im Aufmerksamkeits-Belastungs-Test d2, der ein typisches Durchstreichverfahren darstellt; Brickenkamp, 2002; oder der Konzentrations-Leistungs-Test – KLT-R, der ein Rechenverfahren darstellt; Lukesch & Mayrhofer, 2001). | *Konzentrationstest*

Schließlich spielen bei der pädagogisch-psychologischen Diagnose neben den Fähigkeitsmerkmalen auch *emotionale und motivationale Aspekte* eine zentrale Rolle, welche die Leistungen begünstigen oder behindern können. Dazu gehören | *emotionale und motivationale Aspekte*

▶ Aspekte wie Ängstlichkeit (Bewertungs-, Leistungs- oder Prüfungsangst),
▶ Selbstwirksamkeitserwartungen (Einschätzungen hinsichtlich der Effektivität eigener Handlungsmöglichkeiten),
▶ Kontrollüberzeugungen (die Erwartung, dass bestimmte Resultate das Ergebnis eigenen Handelns – internal – oder situativer Umstände – external – sind),
▶ Selbstkonzept (eine kognitiv-affektive Beschreibung und Bewertung eigener Merkmale) und
▶ Leistungsmotivation.

Für die Erfassung dieser Faktoren stehen spezifische Verfahren zur Verfügung (wie z.B. der Angstfragebogen für Schüler – AFS, Wieczerkowski et al., 1981; das Frankfurter Kinder-Selbstkonzept-Inventar – FKSI, Deusinger, 2002; oder der Fragebogen zur Kausalattribuierung in Leistungssituationen – FKL, Keßler, 1988).

Daran gekoppelt sind schließlich auch Verfahren, die sich mit der *Bewältigungsfähigkeit* von Kindern im Hinblick auf soziale Probleme mit | *Bewältigungsfähigkeit*

Mitschülern auseinandersetzen (wie z. B. der Fragebogen zur Erhebung von Stress und Stressbewältigung im Kindes- und Jugendalter – SSKJ 3–8; Lohaus et al., 2006).

Zusammengefasst: Die Diagnose von Lernvoraussetzungen stützt sich vorwiegend auf Fähigkeits- und Leistungstests. In diesem Zusammenhang kommen Entwicklungs- und Lerntests zum Einsatz. Im schulischen Bereich besitzen darüber hinaus Merkmale der sozialen und emotionalen Entwicklung eines Kindes besondere Relevanz.

7.2 | Erfassung von Lernleistungen

Schulleistungstests

Bei der Bewertung von Lernresultaten lassen sich neben der klassischen Methode mündlicher oder schriftlicher Prüfungen auch *Schulleistungstests* (sog. Kenntnistests für bestimmte Unterrichtsfächer oder fachspezifische Kompetenzen) einsetzen. Sie sind entweder auf der Grundlage psychometrischer Modelle und Methoden konstruiert (formelle Schulleistungstests) oder dienen vom Lehrenden selber entwickelt als direkte Leistungskontrolle (informelle Schulleistungstests).

formell vs. informell

Da die *formellen Tests* für Klassenstufen und Schularten normiert sind, erlauben sie überregionale Leistungsvergleiche von Schülern, Klassen oder Schulen – ggf. sind dabei regionale Besonderheiten einzelner Schulen oder Schulformen zu berücksichtigen. *Informelle Tests* dienen hingegen eher der Information von Lehrenden hinsichtlich des Wissensstandes einzelner Schüler und der weiteren Lehrplanung. Beide Verfahren dienen dazu, aus den Resultaten zum Wissensniveau der Lernenden Anhaltspunkte für zukünftige pädagogisch-didaktische Maßnahmen zu gewinnen (s. → Kap. 3.2.4).

lehrzielorientierte Tests

Klausuren, mündliche Prüfungen und Testate können hingegen (im weitesten Sinne) als *lehrzielorientierte Tests* aufgefasst werden, mit denen nachgewiesen werden soll, ob gezeigte Leistungen einem bestimmten Kriterium genügen. Dabei wird vorausgesetzt, dass die gestellten Aufgaben den geforderten Inhaltsbereich umfassend abdecken (*inhaltliche Validität*). Ferner wird erwartet, dass mit dem Test angegeben werden kann, ob und in welchem Ausmaß das Ziel erreicht wurde. Dazu bedarf es der Angabe eines *Kompetenzkriteriums*, mit dem sich über die Zielerreichung entscheiden lässt.

Anforderungsebenen

Neben den zu lernenden Inhalten spielen hinsichtlich der geforderten Leistung v. a. spezifische *Anforderungsebenen* eine zentrale Rolle:

▶ Dabei wird als *Reproduktion* die korrekte Wiedergabe gelernten Wissens als auch die Beschreibung und Verwendung geübter Techniken und Verfahrensweisen verstanden.

▶ Unter *Reorganisation* wird hingegen die Wiedergabe von Wissen unter geänderten Parametern, also mit einer spezifischen Auswahl, in neuer Anordnung oder in besonderer Darstellung, verstanden.

▶ Beim *Transfer* soll eine gelernte Methode auf ein neues Gebiet angewendet werden. Dazu bedarf es der Verwendung des Wissens, welche Methode zur Lösung führen wird.

▶ Das *Problemlösen* fordert schließlich, mit dem verfügbaren Wissen neue Aufgaben in neuen Gebieten zu bearbeiten, zu selbstständig erarbeiteten Lösungen zu finden, Schlussfolgerungen zu ziehen, Bewertungen vorzunehmen und Methoden und Verfahren in neuen Situationen auszuwählen und anzuwenden.

Diese vier im Schwierigkeitsgrad ansteigenden Niveaus kennzeichnen auch den Grad des *Abstraktionsvermögens*, der bei entsprechenden Lernerfolgskontrollen nach spezifischer prozentualer Verteilung abgedeckt werden soll (z. B. gilt in Bayern hinsichtlich der 4 Anforderungsebenen eine Gewichtung der Fragen im Verhältnis 20 % Reproduktion, 40 % Reorganisation, 30 % Transfer, 10 % Problemlösen).

Zusammengefasst: Die Kontrolle eines Lernerfolgs erfolgt klassischerweise entweder über spezialisierte lehrzielorientierte Tests, die v. a. inhalts- und kriteriumsvalide sein müssen, oder – im Kontext von Schule – durch allgemeine Schulleistungstests.

Diagnostik bei der Schullaufbahnberatung | 7.3

Die Schullaufbahnberatung soll bei der Entscheidung über den angemessenen Ort der weiteren Beschulung eines Schülers helfen. Sie ist zunächst originäre Aufgabe jedes Lehrers, der sich von Beratungslehrern und Schulpsychologen unterstützen lassen kann. Ziel der Beratung ist es, eine Prognose über das weitere Lernverhalten eines Schülers und eine Passung zum vorhandenen Bildungsangebot festzustellen (s. Amelang & Schmidt-Atzert, 2006).

Soll die Schulfähigkeit bzw. Schuleignung bereits vor der Einschulung festgestellt werden, bieten sich *Schuleignungstests* an. Sie prüfen, ob Kinder im Einschulungsalter die Voraussetzungen einer erfolgreichen Teilnahme am Unterricht erfüllen (wie z. B. die Weilburger Testaufgaben für Schulanfänger – WTA; Hetzer & Tent, 1994). Inzwischen werden der-

Schuleignungstest

artige Schulreifetests nur noch in Zweifelsfällen eingesetzt, um noch nicht schulfähigen Kindern Überforderungserlebnisse zu ersparen und ihnen ggf. in Vorklassen eine angemessene Lernumwelt bereitzustellen. Entscheidungen über den Verbleib an einer Schule sollten allerdings nicht allein durch Schulreife- oder Entwicklungstests bestimmt werden, sondern immer auch eine Diagnose des Kenntnisstandes und darüber hinausgehende Fördervorschläge beinhalten.

Kriterium Sonderschule

Eine besonders kritische Situation stellt sich, wenn Kinder als *sonderschulbedürftig* gelten, weil sie physisch beeinträchtigt, verhaltensgestört, geistig behindert oder lernbehindert sind. Als allgemeines Kriterium gilt zunächst ein nachweisbarer Leistungsrückstand in der Grundschule, der sich nicht durch eine weitere Klassenwiederholung kompensieren lässt. Dieser wird zumeist durch den Einsatz allgemeiner Schulleistungstests diagnostiziert. Ferner muss als weiteres Kriterium ein Intelligenzquotient unter 85 vorliegen, um eine Empfehlung zur Umschulung in eine Sonder-/Förderschule zu rechtfertigen. Damit soll verhindert werden, dass Kinder überwiesen werden, die zwar Schulleistungsdefizite aufweisen, aber nicht in ihrer Lernfähigkeit eingeschränkt sind (dazu werden bevorzugt sprachunabhängige IQ-Tests eingesetzt).

Das Feststellungsverfahren sollte dabei immer von einem versierten Fachmann (Psychologen oder Sonderpädagogen) durchgeführt werden, der ein entsprechendes Gutachten auf der Basis von Beobachtungen, einem Probeunterricht sowie informellen und psychologischen Tests erstellt. Ein vorrangiges Ziel des Bildungssystems sollte zudem darin bestehen, die Sonderschulselektion durch integrative Maßnahmen einer frühzeitigen pädagogisch-psychologischen Diagnostik und gezielte Fördermaßnahmen so gering wie möglich zu halten.

Kriterium Schulart

Im Übergang zu weiterführenden Schulen ist die Schullaufbahnberatung v.a. auf Entscheidungshilfen im Hinblick auf die zu wählende *Schulart* (Haupt-, Real-, Gesamtschule oder Gymnasium) ausgerichtet. Eine zentrale Rolle spielen die Schulleistungen, Übertrittsempfehlungen durch Lehrer, Schülerinteressen und der Elternwunsch.

Weniger subjektive Testverfahren (wie z.B. speziell konstruierte Übertrittstests wie die Aufgaben zum Nachdenken – AzN 4+ für Kinder der 4. und 5. Klasse; Hylla et al., 1993) haben sich dabei hinsichtlich ihres Vorhersagezeitraums gegenüber den Schulleistungsergebnissen als nicht überlegen herausgestellt. Langfristige Prognosen bleiben in diesem Kontext mit statusdiagnostischen Verfahren schwierig. Empfehlungen der Grundschulen ermöglichen durch den längeren Beobachtungszeitraum zwar zuverlässigere Einschätzungen, sie sind jedoch durch die eingeschränkte Vergleichbarkeit von Schulzensuren aufgrund unterschiedlicher Lernanforderungen, Leistungserwartungen und Bewertungsmaßstäbe in hohem Maße fehlerbehaftet. Häufig bleibt daher nur die zeitlich begrenzte Bewährung in einer Schule, deren Resultat nach Abschluss über den Verbleib oder den Wechsel der Schulart entscheidet.

Der Übergang von der Schule in die Universitäten verlangt durch die *Nachfrage nach Studienplätzen* gegenüber vorhandenen Studienplätzen im Verhältnis 2:1 (in Studiengängen wie der Psychologie sogar 4:1) nach Selektionskriterien. Da die Universitäten inzwischen auch Studienplätze für NC-Fächer selbst vergeben, lässt die Forderung nach weiteren Indikatoren neben der Durchschnittsnote im Abschlusszeugnis (für die allgemeine Studieneignung) lauter werden: Neben der Gewichtung von Einzelnoten des Abschlusszeugnisses wird v. a. die Entwicklung von studienfach- bzw. studienfeldbezogenen Eignungstests und Auswahlgesprächen gefordert. Durch eine bessere Passung von individuellen Voraussetzungen und Neigungen von Studierenden mit den Anforderungen durch ein Studienfach (die Organisationspsychologie würde hier von einem *person-job-fit* sprechen) soll darauf abgezielt werden, Studienabbrüche, Fachwechsel und Prüfungswiederholungen zu vermeiden.

Kriterium Studienplatz

Kritik

Schwierig erscheint in diesem Zusammenhang, dass nicht nur die Auswahl, sondern auch die Vermittlung von Kenntnissen und Fähigkeiten hinsichtlich anstehender beruflicher Erfordernisse diese Passung bestimmen. Ob die Anforderungen an bestimmte Studienfächer und die Zentralität bestimmter Ausbildungsinhalte insbesondere von den Fachvertretern auch einheitlich beurteilt wird, ist dabei zumindest fraglich (dies gilt typischerweise für die Psychologie, die gerne im Spannungsfeld zwischen einer mathematisch-naturwissenschaftlichen und einer kultur- und geisteswissenschaftlichen Orientierung angesiedelt wird).

Zusammengefasst: Diagnostische Verfahren dienen bei der Schullaufbahnberatung dazu, Lernvoraussetzungen von Kindern im Hinblick auf schulische Anforderungen zu prüfen. Typische Übergänge sind der Schuleintritt, die ggf. notwendige Sonder- bzw. Förderschulüberweisung, der Übertritt in weiterführende Schulen und ggf. der Übergang in den tertiären Bildungsbereich.

Hochbegabtendiagnostik: Eine Sonderstellung bei der Schullaufbahnberatung nimmt die Hochbegabtendiagnostik ein. Eine Hochbegabung wird unter Verwendung eines Kriteriums dann diagnostiziert, wenn eine Per-

Intelligenztest

son in ihrer *allgemeinen Intelligenz* zwei Standardabweichungen über dem Populationsmittelwert liegt; dies entspricht einem Richtwert für den IQ von 130 oder einem Prozentrang von 98. Ein entsprechender standardisierter und normierter *Intelligenztest* sollte sich über mehrere Teilbereiche der Intelligenz erstrecken, möglichst aktuell sein (um der beobachteten Zunahme an Intelligenz – auch Flynn-Effekt genannt – vorzubeugen) und besonders im oberen Leistungssegment (IQ > 130) gut differenzieren. Lehrerurteile haben sich als wenig reliabel erwiesen – sie ersetzen keine gründliche Intelligenztestung, können aber zur Vorselektion „guter Schüler" dienen.

Achiever und Underachiever

Die Notwendigkeit gezielter Tests verdeutlicht sich auch, wenn bei den Hochbegabten *Achiever* (Personen, die entsprechend ihres Potenzials überdurchschnittliche Leistungen zeigen) von *Underachievern* (Personen, die Leistungen zeigen, die unter ihrem wahren Potenzial liegen) unterschieden werden sollen. Besonders hochbegabte Underachiever lassen sich, wenn überhaupt, erst durch den gezielten Einsatz eines geeigneten Intelligenztests diagnostizieren. Da eine Hochbegabung nicht automatisch zu besseren Leistungen führt, stehen eine Reihe von Fördermaßnahmen zur Diskussion (von vorzeitiger Einschulung, Überspringen von Klassen bis hin zu speziellen Freizeitangeboten). Sie solln helfen, das vorhandene Potenzial von Hochbegabten zu entwickeln. Die Maßnahmen sind allerdings auf den jeweiligen Einzelfall abzustimmen, um psychosoziale Anpassungsprobleme zu vermeiden.

7.4 | Diagnostik von Kontextfaktoren des Schulumfelds

Schul- und Klassenklima

Schulische Umweltmerkmale wie das Schul- bzw. Klassenklima, das Lehrerverhalten bzw. die Lehrer-Schüler-Interaktion und die Beziehungen unter Schülern stellen wesentliche Bestimmungsstücke der kognitiven, emotionalen und sozialen Entwicklung von Kindern dar. Das *Schul- und Klassenklima* bestimmt sich wesentlich aus

(a) den Dimensionen individueller Merkmale des Lehrers und seines Verhaltens sowie des Unterrichts (Geschlecht, Alter, Erfahrung, Engagement, Selbstwertgefühl, Lehrerkompetenzen etc.),

(b) individuellen Merkmalen der Schüler und der Schülerschaft (Geschlecht, Alter, Schichtzugehörigkeit, soziale Kompetenz, Selbstwertgefühl, soziale Stellung, Klassengröße und Klassenzusammensetzung etc.),

(c) Merkmalen der Schule als Institution (räumliche Lage, Größe, Organisationsstruktur, d.h. Curriculum, Leitungsstil der Schulleitung,

Concept-Map zur pädagogisch-psychologischen Diagnostik | **Abb. 7.1**

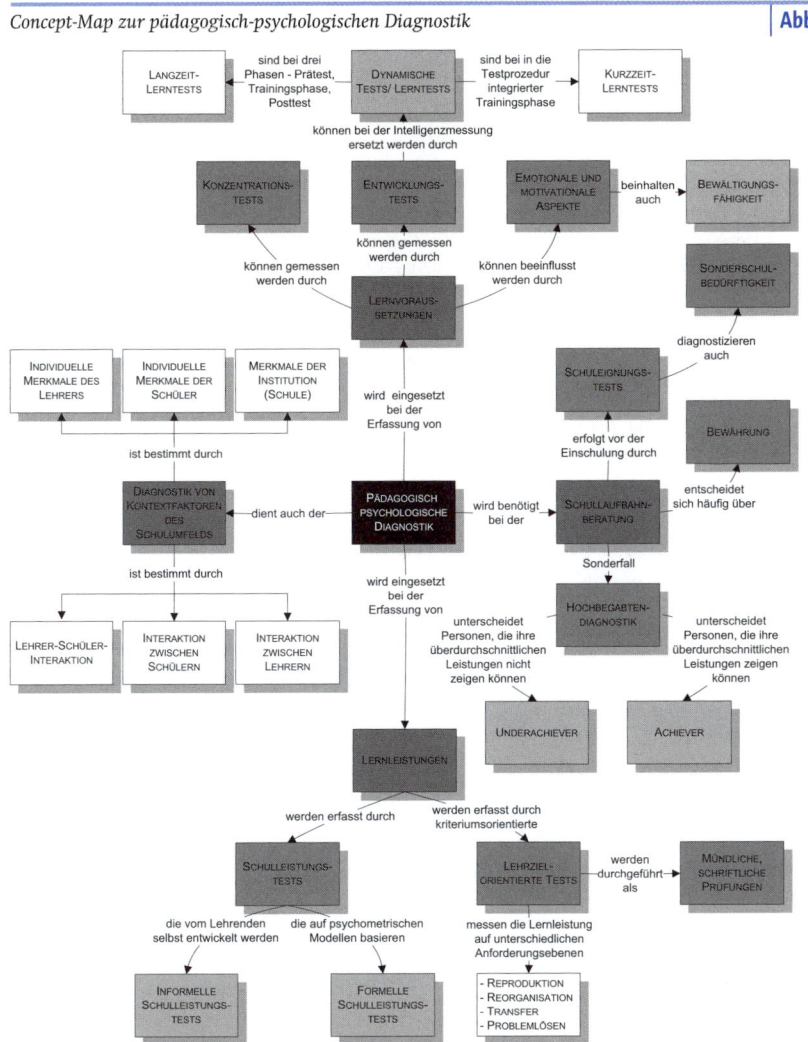

Weiterbildung des Kollegiums, Einbindung der Elternschaft, Öffnung der Schule nach außen etc.),

(d) Merkmalen der Interaktion und des Verhältnisses zwischen den Schülern und Lehrern (Disziplin, Vertrautheit, Diskussionsstil etc.),

(e) Merkmalen der Interaktion und des Verhältnisses zwischen den Schülern untereinander (Kohäsion, Konkurrenz, Disziplin etc.) und

(f) Merkmalen der Interaktion und des Verhältnisses zwischen den Lehrern untereinander (Kollegialität, Respekt, Kooperation).

Definition

Schulklima ist ein multivariates Konstrukt, das als subjektive Wahrnehmung von Umweltmerkmalen durch die betroffenen Organisationsmitglieder verstanden werden kann (s. Eder, 1996).

Entsprechende standardisierte Verfahren erheben Merkmale wie das erzieherische Verhältnis zwischen Lehrern und Schülern, das Verhältnis der Schüler untereinander sowie erzieherisch bedeutsame kollektive Einstellungen und Verhaltensbereitschaften von Lehrern und Schülern innerhalb der jeweiligen Lernumwelt (z.B. im Linzer Fragebogen zum Schul- und Klassenklima – LFSK 4–8 und LFSK 8–13; Eder & Mayr, 2000).

Lehrer-Schüler-
Interaktion

Zur Analyse der Lehrer-Schüler-Interaktion bieten sich zudem systematische Beobachtungsverfahren an, die formal die Verteilung von Sprechakten bei Lehrern und Schülern erfassen (z.B. die Flanders Interaction Categories – FIAC; Flanders, 1970) oder die inhaltlich v.a. methodisch-didaktische Aspekte des Lehrerverhaltens fokussieren (wie z.B. im Lehrerverhaltensinventar – LVI; Lukesch et al., 1982).

Zusammengefasst: Das Unterrichtsklima kann als wichtigster Kontextfaktor benannt werden, bei dem die sozialen Beziehungen zwischen den Schülern, die Beziehung zwischen Lehrer und Schüler und allgemeine Unterrichtsmerkmale zusammenspielen. Maßnahmen zur Klimaverbesserung sind immer von der Zusammensetzung der Gruppe abhängig. Nachweislich positive Wirkung auf die Zufriedenheit und gegenseitige Akzeptanz seitens der Schüler und die gezeigten Einzelleistungen zeigt ein Unterricht, in dem von einem Wettbewerbsklima auf kooperative Arbeitsstrukturen umgestellt wurde.

Testfragen

1 Definieren Sie die allgemeinen Aufgaben einer pädagogisch-psychologischen Diagnostik.

2 Erklären Sie die diagnostische Verfahrensweise bei Lerntests.

3 Was unterscheidet formelle von informellen Schulleistungstests?

4 Welches sind die typischen Anforderungsebenen, die an lehrzielorientierte Tests gestellt werden?

5 Welche Kriterien werden bei der Feststellung der Sonderschulbedürftigkeit herangezogen?

6 Welches Kriterium wird zur Feststellung einer Hochbegabung herangezogen?

7 Was unterscheidet Achiever von Underachievern?

8 Welche Aspekte bestimmen das Schul- oder Klassenklima?

8 | Probleme, Leistungen und Herausforderungen in der Diagnostik

8.1 | Probleme diagnostischer Urteile und Prognosen

8.1.1 | Verhaltensvariabilität und Verhaltenskonformität

Verhaltensvariabilität und *Verhaltenskonformität* stellen ein besonderes Gegensatzpaar dar. Liegen situative Faktoren vor, die den Verhaltensspielraum von Individuen einschränken (z.B. eine rote Ampel), verschwinden (nahezu) interindividuelle Unterschiede in den Verhaltensmerkmalen, die personeninhärent sind (alle Kraftfahrer halten – hoffentlich – an). In solchen Situationen ist ein Konzept sinnlos, das auf der Grundlage von Eigenschaftsmaßen spezifische Vorhersagen und Varianzaufklärung leisten will. In der Konsequenz bedeutet dies: Ein Testen von eigenschaftsbezogenen Merkmalen erfordert Situationen, die gering oder unscharf strukturiert sind, so dass unterschiedliche Bedeutungszuweisungen für verschiedene Individuen möglich sind. Nur so kann sichergestellt werden, dass eine gewisse interindividuelle Variabilität erhalten bleibt und durch Testwerte vorhergesagt werden kann.

Einige Testverfahren legen für die Anregung individuellen Verhaltens Versuchsmaterialien vor, die gering oder unscharf strukturiert sind. Dies ist z.B. bei projektiven Testverfahren der Fall, die breiten Spielraum für Interpretationen und Deutungen lassen. Andere Verfahren provozieren nahezu ein bestimmtes Verhalten, v.a. wenn situative Umstände (wie eine Auslese-, Konkurrenz- oder Wettbewerbssituation) dies nahelegen. Persönlichkeitstests sind daher von Einflüssen sozial erwünschter Antworttendenzen stärker betroffen als Leistungstests, die es nicht erlauben, einen leistungsfähigeren Eindruck zu hinterlassen als den, der wirklich vorhanden ist (Amelang & Schmidt-Atzert, 2006).

Grundsätzlich kann nicht ausgeschlossen werden, dass verhaltenseinschränkende Situationen interindividuell unterschiedlich aufgenommen werden. Dabei spielen Mediatoren eine besondere Rolle, die zwischen Persönlichkeitseigenschaften und konkreten Verhaltensweisen als individuelle Perzeptionen und Kognitionen fungieren.

Selektivität und Varianzeinschränkung
8.1.2

Ein weiteres interpretatives Problem ergibt sich im Rahmen der Reliabilitätsschätzung bei Verfahren, die nach der Klassischen Testtheorie konstruiert wurden. Bei allen Methoden der Reliabilitätsschätzung ist problematisch, dass die Testwerte – umgerechnet in Korrelationsmaße oder Varianzanteile – eine hohe Abhängigkeit von der Grundgesamtheit zeigen, aus der eine Testperson stammt. Im Gegensatz dazu sollte aber das Konzept zufälliger Messfehler aus der Klassischen Testtheorie logisch unabhängig von der Grundgesamtheit sein, zu der eine Testperson gehört. Ein Beispiel mag dieses Problem verdeutlichen (s. Moosbrugger & Kelava, 2007; Abb. 8.1):

Beispiel

Die Gegenüberstellung eines Reliabilitätskoeffizienten, erzielt aus einer Grundgesamtheit von Schulkindern aller Schulformen einer bestimmten Altersklasse, wird voraussichtlich höher ausfallen als aus einer Grundgesamtheit von Realschülern der gleichen Altersklasse. Dies liegt aber nicht an einer höheren gemessenen Ungenauigkeit des Tests bei den Realschülern, sondern daran, dass die Populationsvarianz und (im Falle einer Messwiederholung auch die) Kovarianz der wahren Messwerte in der Grundgesamtheit der Schulkinder größer ist als in der Grundgesamtheit der Realschüler. Diese *Varianzeinschränkung* bei den Realschülern, die eher aus dem mittleren Leistungsspektrum stammen, führt zu einer Minderung der Reliabilität. Diese Abhängigkeit eines Testwertes von der jeweils betrachteten Referenzpopulation (auch wenn es sich um eine normierte Grundgesamtheit handelt) führt zu unterschiedlichen Interpretationen ein und desselben Testergebnisses. In der Folge sind Kennwerte nach der Klassischen Testtheorie also grundsätzlich mit Umsicht im Hinblick auf ihre Populationsabhängigkeit zu interpretieren.

8.1.3 | Einschränkung der Reliabilität bei extremen Werten

Die Reliabilität eines Tests bestimmt sich auf der Grundlage der Klassischen Testtheorie immer für das *gesamte* Testverfahren, ist also ein Genauigkeitsmaß über alle Testwerte und alle Personen hinweg. Demgegenüber kann die Genauigkeit eines einzelnen Testwertes bei einer bestimmten Person nicht bestimmt werden. Die Genauigkeit eines Testergebnisses kann allerdings für verschiedene Personen durchaus unterschiedlich genau sein (s. Moosbrugger & Kelava, 2007).

Abb. 8.1 | *Concept-Map zum Zusammenhang von Selektivität der Grundgesamtheit und Varianzeinschränkung*

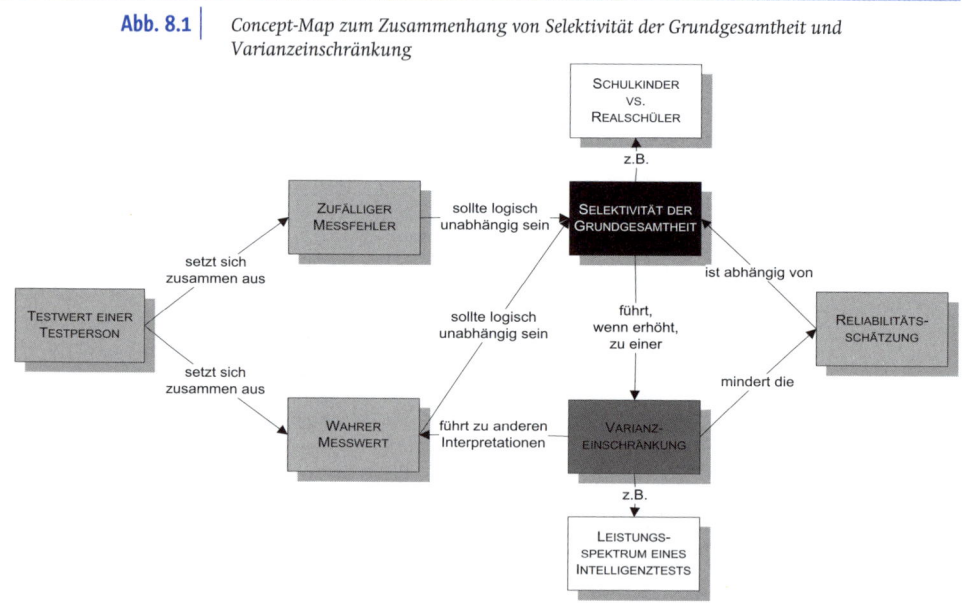

Besonders bei extrem hohen oder extrem niedrigen Werten kann sich das Ausmaß des Messfehlers in Abhängigkeit vom wahren Wert bei einer Person ändern, da in diesen Extrembereichen aufgrund einer geringeren Anzahl verfügbarer Items nicht mehr so genau gemessen werden kann wie im mittleren Bereich. Sind Merkmale grundsätzlich beliebig hoch oder niedrig ausgeprägt, Testwerte aber konstruktionsbedingt nicht, kann ein eingeschränkter Wertebereich ein potenziell beliebig ausgeprägtes Merkmal nicht mehr adäquat erfassen. Erreicht eine Person den extremsten erzielbaren Messwert eines Tests (z. B. den niedrigsten oder höchsten messbaren IQ), kann sie mit einer noch extremeren Merkmalsausprägung nicht mehr differenziert werden. Sie erhält dann zwangsläufig den gleichen Messwert, verbunden mit einem größeren Messfehler. Tests auf der Grundlage der Klassischen Testtheorie sollten daher mit Vorsicht für Vorhersagen bei ungewöhnlich hohen oder niedrigen Merkmalsausprägungen herangezogen werden.

extreme Merkmalsausprägungen

Die Genauigkeit von Testergebnissen einzelner Personen kann gesteigert werden, wenn einzelne Messungen in Abhängigkeit von der Schwierigkeit der Aufgabe und der Merkmalsausprägung bei der Testperson betrachtet werden. Dabei liefern die Items die höchste Trennschärfe, deren Schwierigkeit exakt der Merkmalsausprägung der Testperson entsprechen. Verfahren wie das *adaptive Testen* (das auf der in → Kap. 2 vorgestellten Probabilistischen Testtheorie basiert) greifen dieses Prinzip auf und passen die Aufgabenschwierigkeit an die Fähigkeit der Testperson an.

Grenzen linear-additiver und Vorteile nichtlinearer Modelle

| 8.1.4

Die in Kapitel 4 getroffene Unterscheidung zwischen klinischer und statistischer Urteilsbildung verdeutlicht, dass sich durch statistische Analysemethoden die höheren Prognosegenauigkeiten erzielen lassen. Grundlage dafür sind statistische Algorithmen (z. B. auf der Grundlage eines regressionsanalytischen Modells), die aus den vorhandenen Daten (z. B. einer Menge von Prädiktoren und einem validen Kriterium) ein mathematisch-standardisiertes Modell (z. B. eine Regressionsgleichung) ableiten.

Problematisch erweist sich bei diesen klassischen Verfahren die Tatsache, dass sich nur lineare (nach der Kleinst-Quadrat-Methode) oder logit-Zusammenhänge (für logarithmische Beziehungen nach der Maximum-Likelihood-Methode) modellieren lassen, diese Verfahren keine Messfehler berücksichtigen (d. h. die spezifische Varianz nicht von der Fehlervarianz trennen können) und ein linear-additives Messmodell annehmen (wodurch ein gering ausgeprägtes Merkmal durch ein maximal ausgeprägtes Merkmal kompensiert werden kann). Zwar lassen sich

Probleme linearer Modelle

nichtlineare Effekte, Wechselwirkungen und Suppressionseffekte durch die Verwendung quadrierter Prädiktoren bzw. multiplikativer Terme modellieren, diese müssen allerdings a priori durch ein empirisch valides Modell spezifiziert werden. Für diagnostische Fragestellungen liegen derartige Modelle aber häufig nicht vor, so dass linear-additive Modelle trotz ihrer Unzulänglichkeit einfach unterstellt werden müssen.

Künstliche neuronale Netzwerke: Als Alternative einer statistischen Urteilsbildung bieten sich künstliche neuronale Netzwerke (*artifical neural networks*, im psychologischen Kontext auch *konnektionistische Netzwerke* genannt) an. Diese Modelle stellen voraussetzungsarme und robuste Schätzverfahren dar, die sich zur Mustererkennung und Musterklassifikation einsetzen lassen. Anwendungen liegen v.a. im Aufbau von Vorhersagemodellen für eine oder mehrere abhängige Variablen, die auf den Werten der Einflussvariablen beruhen. Im diagnostischen Kontext kann dies z.B. die Zuordnung von Personen (z.B. Bewerbern für Beruf oder Studium) anhand von Prädiktorvariablen zu definierten Kategorien (z.B. berufliche Eignung, Ausbildungserfolg) sein.

Aufbau neuronaler Netzwerke

Der Aufbau künstlicher neuronaler Netzwerke erfolgt durch geschichtet angeordnete Verarbeitungseinheiten (*units*), die über konstant oder variabel gewichtete Verbindungen vollständig oder partiell in Kontakt stehen. Dabei bestimmt sich die Anzahl der Einheiten in der Eingabeschicht (*input layer*) durch die Anzahl der Prädiktorvariablen, während die Ausgabeschicht (*output layer*) das Kriterium repräsentiert. Zwischen diesen Schichten können sich ein oder zwei (selten mehr) verborgene Schichten (*hidden layer*) befinden. In Abhängigkeit von der Komplexität der zu modellierenden Daten wird die Netzwerktopologie (Anzahl von Einheiten und Schichten und deren Verbindungsstruktur) an das Problem angepasst (s. Abb. 8.2). Besondere Aufmerksamkeit ist der Wahl der Einheiten in der verborgenen Schicht zu widmen, die meist unter Verwendung von Sparsamkeitsindizes (wie Akaike Information Criterion – *AIC*, Bayes Information Criterion – *BIC*, und das adjustierte Bestimmtheitsmaß – *adjR2*) angepasst werden, um den optimalen Kompromiss aus Validität und Sparsamkeit des Vorhersagemodells zu finden.

Lernalgorithmus

Künstliche neuronale Netzwerke sind unterspezifiziert, besitzen negative Freiheitsgrade und lassen sich hinsichtlich der Gewichtungen nicht eindeutig schätzen. Daher wird (anstatt eines Schätzalgorithmus) ein spezifischer *Lernalgorithmus* verwendet, um die Gewichte der einzelnen Verbindungen optimal anzupassen. Zur graduellen Anpassung der Gewichte ist eine ausreichend große Lernstichprobe nötig, bei der die Ausprägungen der Prädiktorvariablen und des Kriteriums vorliegen. Anfänglich auf Zufallswerte gesetzt, werden die einzelnen Gewichte durch

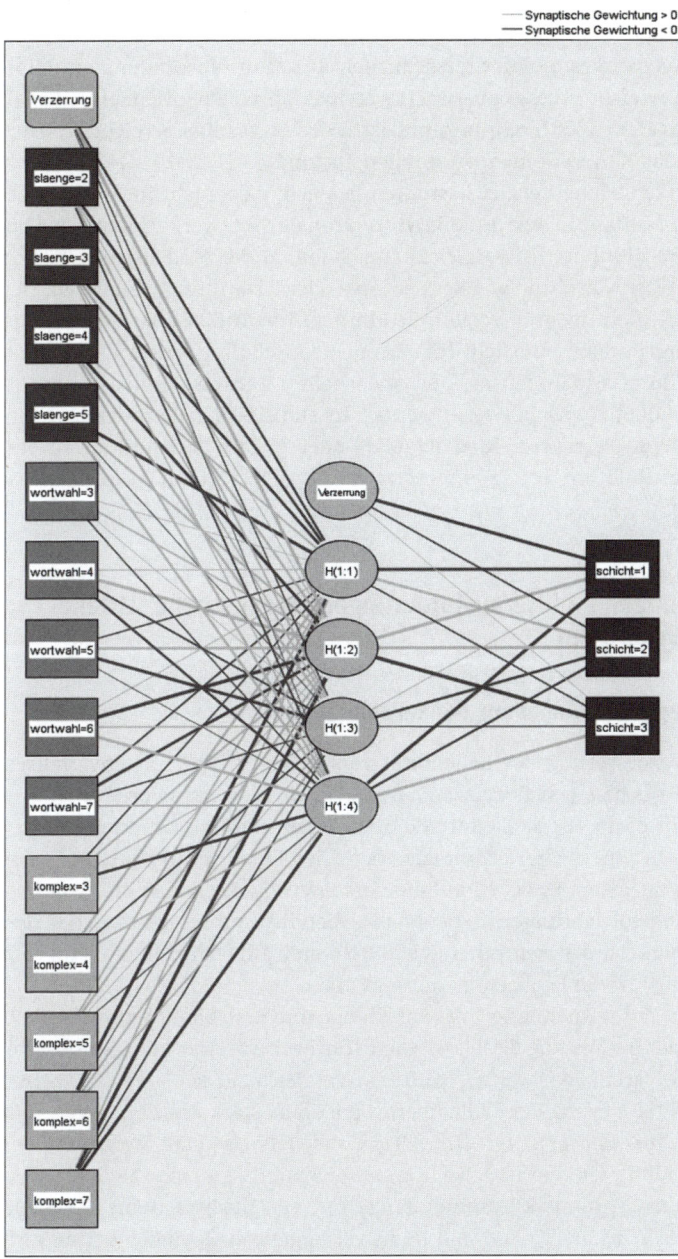

Aktivierungsfunktion für verborgene Schicht: Hyperbeltangens

Aktivierungsfunktion für Ausgabeschicht: Softmax

Abb. 8.2

Beispiel eines dreischichtigen Perzeptron-Modells zur Vorhersage der Schichtzugehörigkeit anhand von Merkmalen zur geäußerten Satzlänge, zur Vielfalt der Wortwahl und zur Komplexität der Satzkonstruktion

einen iterativen Trainingsprozess so lange angepasst (entweder verstärkt oder abgeschwächt), bis die Abweichung zwischen der Schätzung des Netzwerkes und der tatsächlichen Kriteriumsausprägung ein Minimum erreicht – dieses überwachte Lernverfahren entspricht einer Regel, die als *Hebb'sches Lernen* bekannt ist. Wird dieses Ziel erreicht, konvergiert das Netzwerk in einen stabilen Zustand.

Verschiedene Vergleichsstudien belegen, dass nichtlineare Klassifikationsverfahren wie prädiktive neuronale Netzwerke identische bis bessere Resultate bei vergleichbarer Stabilität der Modellierung liefern als lineare Verfahren wie Regressions- oder Diskriminanzanalysen. Der Vorteil nichtlinearer Verfahren nimmt in dem Maße zu, in dem die Datengrundlage hinsichtlich ihrer Eigenschaften (Metrik, Varianz, Verteilungsannahmen etc.) Besonderheiten aufweist (Häusler & Sommer, 2006). Typischerweise werden in statistischen Kontexten mehrschichtige Perzeptron-Modelle (MLP) oder radiale Basisfunktions-Netzwerke (RBF) mit Erfolg eingesetzt (s. das SPSS®-Modul *Neuronale Netzwerke*).

8.2 | Leistungen und Herausforderungen diagnostischer Urteile und Prognosen

8.2.1 | Strategien zur Anhebung der Reliabilität

Zur Verbesserung der Reliabilität von Skalen in Fragebogenverfahren und Tests bieten sich v.a. zwei Strategien an: Eine erste Vorgehensweise besteht darin, die Skala durch die Aufnahme zusätzlicher Items zu verlängern. Eine weitere Strategie ist in der Eliminierung inhomogener Items zu sehen. In Bezug auf die Verbesserung der Reliabilität von Verhaltensbeobachtungen, in denen die Übereinstimmungen zwischen den Beobachtern den zentralen Reliabilitätsindikator darstellen, bietet sich der Einsatz von Beobachtertrainings an.

Aufnahme zusätzlicher Items | Der Zusammenhang von Skalenlänge und Reliabilität wurde im Rahmen der Einführung der Klassischen Testtheorie besprochen (s. → Kap. 2.1.1). Da die Varianz der wahren Werte im Vergleich zur Fehlervarianz bei einer Verlängerung der Skala überproportional stark ansteigt, ergibt sich durch die *Aufnahme zusätzlicher Items* üblicherweise eine Steigerung der Reliabilität. Hierbei ist jedoch entscheidend, dass die zusätzlich aufgenommenen Items Zusammenhänge mit den übrigen Items der Skala zeigen. Wird die Skala durch Items verlängert, die lediglich geringe Zusammenhänge mit den bereits bestehenden Items der Skala haben, so führt dies zu einem Rückgang der Reliabilität.

Die Homogenität einer Skala wurde bereits als Ausmaß der formalen und inhaltlichen Ähnlichkeit ihrer Items eingeführt (s. → Kap. 2.3.4). Sind die Items homogen, so ist davon auszugehen, dass sie von Probanden in gleicher Art und Weise bearbeitet werden. Dies führt zu einer hohen Interkorrelation der einzelnen Items und damit zu einer hohen Reliabilität. Die Reliabilität einer Skala kann daher durch die *Eliminierung inhomogener Items* erhöht werden. Zur Identifikation inhomogener Items bieten sich drei Zugänge an: Ein erster ist in der Inspektion der inhaltlichen Ähnlichkeit der Items zu sehen. Erfasst ein Item inhaltlich andere Aspekte als die übrigen Items, so ist es als inhomogen zu beurteilen. Weiterhin kann eine Inspektion der Interkorrelationen zwischen den einzelnen Items der Skala zur Identifikation inhomogener Items, die lediglich geringe Korrelationen zu den übrigen Items zeigen, genutzt werden. Ein letzter Ansatzpunkt zur Identifikation inhomogener Items ist in der Inspektion der Itemschwierigkeiten zu sehen. Items, die geringere oder höhere Lösungswahrscheinlichkeiten zeigen als die übrigen Items der Skala, sind hierbei als inhomogen zu beurteilen.

Eliminierung inhomogener Items

Im Kontext von Verhaltensbeobachtungen ist die *Inter-Rater-Reliabilität*, d.h. die Übereinstimmung zwischen Beobachtungsprotokollen verschiedener Beobachter, als zentraler Reliabilitätsindikator aufzufassen (s. → Kap. 3.5.2). Zur Anhebung der Reliabilität von Verhaltensbeobachtungen gilt es daher, den Beobachtern einheitliche Strategien zur Beobachtung und Protokollierung von Verhalten zu vermitteln. Einen Überblick über Formen derartiger Beobachtertrainings geben Woehr und Huffcutt (1994), die v.a. vier prominente Trainingsansätze ausmachen konnten:

Beobachtertrainings

▶ *Beobachterfehlertrainings* (*rater error trainings*) gehen davon aus, dass Beobachter prinzipiell in der Lage sind, ihnen bekannte Beobachtungsfehler (z.B. Halo-Effekte, Mildefehler) zu vermeiden. Ziel dieser Trainingsformen ist es daher, Beobachter über diese Fehler aufzuklären und sie zu einer Vermeidung derselben anzuhalten.

▶ *Beobachtungsdimensionstraining* (*performance dimension trainings*) verfolgen das Ziel, Beobachter vor der eigentlichen Beobachtung mit den relevanten Beobachtungsdimensionen vertraut zu machen und es ihnen auf diesem Wege zu ermöglichen, ihre Eindrücke entsprechend der Beobachtungsdimensionen zu organisieren.

▶ In *Bezugsrahmentrainings* (*frame-of-reference trainings*) werden den Beobachtern Referenzpunkte auf den Beobachtungsdimensionen vorgegeben, anhand derer eine Relativierung des beobachteten Verhaltens möglich ist. Diese Referenzpunkte werden üblicherweise in der Form von Verhaltensweisen vorgegeben, die für verschiedene Ausprägungsgrade der Beobachtungsdimension als typisch angesehen werden.

▶ *Verhaltensbeobachtungstrainings* (*behavioral observation trainings*) sollen die Beobachter befähigen, Beobachtung und Einstufung getrennt voneinander zu leisten. Hierdurch soll es den Beobachtern ermöglicht werden, Verhaltensweisen in einer möglichst objektiven Art und Weise zu registrieren.

Effektivität der Beobachtertrainings

Eine metaanalytische Betrachtung der Effektivität der genannten Trainingsansätze findet sich in dem bereits eingangs erwähnten Artikel von Woehr und Huffcutt (1994). In diesem wird die Effektivität der genannten Beobachtertrainings hinsichtlich verschiedener Indikatoren von Beobachterfehlern bzw. Kriterien der Genauigkeit von Beobachtung und Beurteilung überprüft. Als Ergebnis dieser auf insgesamt 55 Effektstärken beruhenden Analyse lässt sich v. a. ein differentieller Befund festhalten: Beobachterfehler- und Beobachtungsdimensionstrainings erwiesen sich mit gemittelten Effektstärkenmaßen von 0,33 bzw. 0,30 als moderat effektiv bei der Reduktion von Halo-Effekten. Bezugsrahmen- und Verhaltensbeobachtungstrainings waren mit gemittelten Effektstärken von 0,83 bzw. 0,77 hoch effektiv bei der Verbesserung der Genauigkeit der Beobachtung und mit mittleren Effektstärken von 0,37 bzw. 0,49 immerhin moderat effektiv bei der Verbesserung der Genauigkeit der Beurteilung.

Mildefehler konnten durch keine der vier betrachteten Varianten des Beobachtertrainings bedeutsam reduziert werden. Die Entscheidung für die Durchführung einer bestimmten Form des Beobachtertrainings sollte daher also in erster Linie davon abhängig gemacht werden, welche Fehler vermieden bzw. bezüglich welcher Genauigkeitskriterien Verbesserungen erzielt werden.

8.2.2 | Techniken zur Validitätsgeneralisierung

Definition

Unter dem Begriff der **Validitätsgeneralisierung** versteht man eine Gruppe von Verfahren, mit Hilfe derer Befunde zur Validität eines Prädiktors quantitativ zusammengefasst werden können.

Grundlegende Idee hierbei ist, dass es eine „wahre" Validität des Prädiktors gibt und Unterschiede zwischen einzelnen Befunden v. a. auf studienspezifische Störeinflüsse zurückgehen. Obwohl in der Literatur eine Reihe verschiedener Strategien beschrieben wird (s. Hunter & Schmidt, 2004; Hedges & Olkin, 1985; Rosenthal, 1991), besteht das Vorgehen bei der Durchführung einer Validitätsgeneralisierung darin, (1) Studien zu einer bestimmten Thematik zu recherchieren, (2) die berichteten Validitätskennwerte um die jeweils vorhandenen Störeinflüsse zu korrigieren und (3) die Verteilung der korrigierten Effektstärken auf Homogenität zu prüfen. Kann keine Homogenität festgestellt werden, so gilt es (4) Moderatoren zur Bildung homogenerer Subgruppen zu finden. Schlägt diese Suche fehl, so wird (5) überprüft, ob sich der Mittelwert der Verteilung signifikant von 0 unterscheidet.

(1) Der erste Schritt in einer Validitätsgeneralisierung besteht in der *Recherche von Studien* zu der jeweiligen Thematik (z. B. in Bibliotheken, Literaturdatenbanken, Sammelreferaten). Ziel hierbei ist die Zusammenstellung einer möglichst vollständigen Stichprobe aller relevanten Studien. Neben der Suche nach publizierten Befunden ist die Berücksichtigung „grauer", d. h. nicht publizierter Literatur von besonderer Bedeutung. Hierdurch soll der sog. „File Drawer Effect" reduziert werden, der die Verzerrung publizierter Befunde zugunsten signifikanter Ergebnisse bezeichnet.

Studienrecherche

(2) Nach Abschluss der Recherche gilt es, die in den Studien berichteten *Kennwerte* um die jeweils vorhandenen Störeinflüsse zu *korrigieren*. Je nach Strategie wird mittels geeigneter Formeln um unterschiedliche Einflüsse korrigiert. Üblich ist hierbei eine Korrektur der Validitätskoeffizienten hinsichtlich der Stichprobengröße sowie der Reliabilität und der Varianzeinschränkung von Prädiktor und Kriterium. Die Angaben, die zur Korrektur der Störeinflüsse benötigt werden, gehen im günstigsten Fall aus der jeweiligen Literatur hervor. Liegen keine diesbezüglichen Angaben vor, so müssen die entsprechenden Kennwerte geschätzt werden. Ist eine derartige Schätzung nicht möglich, muss ggf. auf eine Verwendung einzelner Quellen verzichtet werden.

Korrektur der Kennwerte

(3) Wurden die Validitätskoeffizienten um die entsprechenden Störeinflüsse korrigiert, so wird die *Homogenität* der korrigierten Kennwertverteilung *überprüft*. Als homogen kann diese verstanden werden, falls sie keine bedeutsame Streuung mehr zeigt. Die Überprüfung der Homogenitätsannahme kann hierbei mittels eines X^2-Tests oder der sog. 75 %-Regel erfolgen. Mit dem X^2-Test kann überprüft werden, inwiefern die Streuung der Verteilung signifikant von 0 abweicht. Zeigt sich keine signifikante Abweichung, so kann die Verteilung als homogen angenommen werden. Da dieser Test als relativ konservativ zu beurteilen ist, schlagen Hunter und Schmidt (2004) die Verwendung der *75 %-Regel* vor. Hierbei wird die Verteilung als homogen angenommen, sofern durch die Korrektur der Validitätskoeffizienten mindestens 75 % der Streuung der Kennwerteverteilung reduziert

Überprüfung der Homogenität

wurde. Kann die Homogenität der Verteilung angenommen werden, so wurde die Validitätsgeneralisierung erfolgreich durchgeführt. Die mittlere korrigierte Validität wird in diesem Fall als Schätzer der „wahren" Validität des Prädiktors angenommen.

Identifikation von Moderatoren

(4) Ergibt sich nach der Korrektur der Validitätskoeffizienten keine homogene Verteilung, so besteht die Möglichkeit, durch die *Identifikation von Moderatoren* (zur Bedeutung des Moderatorkonzepts s. → Kap. 8.2.3) homogenere Subgruppen zu bilden. Hierbei werden die korrigierten Validitätskoeffizienten entsprechend der Moderatorstufen einzelnen Substichproben zugeteilt. Unterscheiden sich die mittleren korrigierten Validitäten und zeigt sich Homogenität innerhalb der Substichproben, so kann ein moderierender Effekt der Variable, nach der die Stichproben aufgeteilt wurden, angenommen werden.

Nullabweichung

(5) Können durch den Versuch der Bildung von Moderatoren keine homogenen Substichproben identifiziert werden, so wird überprüft, ob die mittlere korrigierte Validität der Gesamtstichprobe signifikant von 0 abweicht. Hierzu wird auf Basis der Streuung der Kennwerteverteilung ein Konfidenzintervall um die mittlere korrigierte Validität gelegt, in der die „wahre" Validität mit einer gegebenen Wahrscheinlichkeit (üblicherweise 90 %) zu finden ist. Schließt dieses Konfidenzintervall die 0 nicht ein, so kann die „wahre" Validität des Prädiktors als signifikant größer 0 betrachtet werden, obwohl eine genaue numerische Bestimmung nicht möglich ist.

8.2.3 | Moderation und Suppression

Zwei spezifische Effekte spielen in der psychologischen Diagnostik eine gesonderte Rolle: Moderation und Suppression.

Abb 8.3 | *Datenbeispiel zu Moderationseffekten*

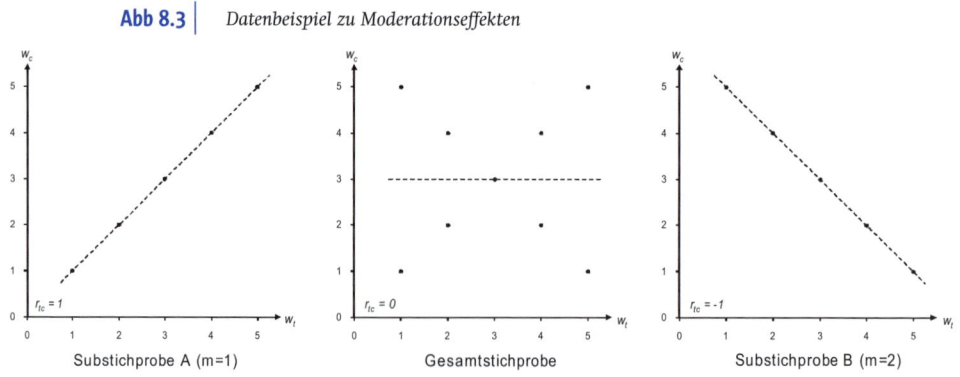

Substichprobe A (m=1)   Gesamtstichprobe   Substichprobe B (m=2)

Moderationseffekt: Das Konzept des Moderationseffekts geht davon aus, dass die Fähigkeit eines Prädiktors zur Vorhersage eines Kriteriums von einer dritten Variablen beeinflusst sein kann. Ein einleitendes Beispiel verdeutlicht diese Überlegungen.

Die Diagramme in Abbildung 8.3 stellen einen fiktiven Datensatz dar, in dem sich Prädiktor- (w_t) und Kriteriumswerte (w_c) von zehn Probanden befinden. Eine Hälfte der Stichprobe unterscheidet sich von der anderen Hälfte hinsichtlich eines dichotomen Merkmals (m), wodurch zwei Substichproben entstehen. Bei den Probanden in Substichprobe A (m = 1) zeigt sich ein perfekt positiver Zusammenhang zwischen Prädiktor und Kriterium (r_{tc} = 1), in Substichprobe B (m = 2) ein perfekt negativer (r_{tc} = −1). Wird der Zusammenhang zwischen Prädiktor und Kriterium in der Gesamtstichprobe (d.h. unter Vernachlässigung von m) betrachtet, so ergibt sich trotz der hohen Korrelationen in den Substichproben kein Zusammenhang zwischen den beiden Werten (r_{tc} = 0). Die Variable m würde in einer solchen Konstellation als Moderator bezeichnet werden, da auf ihrer Basis eine Vorhersage der Validität des Prädiktors möglich ist.

Zur Untersuchung von Moderationseffekten bestehen zwei Vorgehensweisen: die Fraktionierungsmethode und die moderierte Regression. Die *Fraktionierungsmethode* wurde bereits in dem einleitenden Beispiel dargestellt. Sie besteht darin, die Stichprobe hinsichtlich der Moderatorvariablen aufzuteilen, die Zusammenhänge zwischen Prädiktor und Kriterium in den so entstandenen Substichproben zu berechnen und die erhaltenen Korrelationen mittels eines Signifikanztests zu vergleichen. Zeigt sich ein signifikanter Unterschied zwischen den Korrelationen, so kann diese auf den Effekt der Moderatorvariable zurückgeführt werden. *(Randnotiz: Fraktionierungsmethode)*

Die *moderierte Regression* nach Saunders (1956) basiert auf der Überlegung, die Steigung der linearen Regression von den Prädiktor- auf die Kriteriumswerte mit Hilfe der Moderatorvariablen vorherzusagen (zur Herleitung und Anwendung s. Bartussek, 1970; Frazier et al., 2004). *(Randnotiz: moderierte Regression)*

Generell ist keine der beiden Methoden bei der Betrachtung von Moderationseffekten vorzuziehen. Die Entscheidung muss hierbei vielmehr vor dem Hintergrund der jeweiligen Fragestellung bzw. dem Skalenniveau der Datenbasis getroffen werden. Eine Anwendung der Fraktionierungsmethode ist sinnvoll, sofern der Moderator in einer dichotomen (z.B. Geschlecht) bzw. mehrklassig diskreten (z.B. Muttersprache) Form vorliegt. Liegt die Moderatorvariable in einer kontinuierlichen oder zumindest ordinalen Form (z.B. Werte in einem psychologischen Test, Schulnoten) vor, so ist die Wahl der moderierten Regression v.a. aus drei Gründen heraus sinnvoller:

▶ Zunächst kann die Einteilung in Untergruppen, die vor der Überprüfung mittels der Fraktionierungsmethode notwendig ist, relativ willkürlich erfolgen (z.B. anhand von Größe, Homogenität, Extremlage etc.). Bei der Überprüfung mittels moderierter Regression ist dieser Schritt nicht notwendig, da die Moderatorvariable in ihrer eigentlichen kontinuierlichen Form in die Analyse eingeht.

▶ Weiterhin vergrößert sich bei Anwendung der Fraktionierungsmethode der Stichprobenfehler, da aus der Gesamtstichprobe kleinere Untergruppen gebildet werden. Da bei der moderierten Regression die Gesamtstichprobe verwendet wird, ergibt sich dieses Problem nicht.

▶ Zuletzt können die auf den einzelnen Stufen des fraktionierten Moderators erhaltenen Prädiktor-Kriteriums-Korrelationen nicht im Sinne einer exakten Beziehung zwischen Moderatorvariable und Validität des Tests interpretiert werden. Dies ist wiederum auf Basis der von der Regressionsanalyse geschätzten Vorhersagegleichung möglich.

Suppression: Um möglichst präzise Vorhersagen machen zu können, werden Prädiktoren gewählt, die möglichst hoch mit dem Kriterium korreliert sind. Im Konzept der Suppression zeigt sich, dass zur Verbesserung der Validität eines Verfahrens auch Prädiktoren von Interesse sein können, die keine nennenswerten Zusammenhänge mit dem Kriterium aufweisen.

Definition

Als **Suppressor** wird eine Variable verstanden, die hoch mit dem eigentlichen Prädiktor, aber nur gering mit dem Kriterium korreliert ist.

Abb. 8.4

Beispiel zu Suppressionseffekten

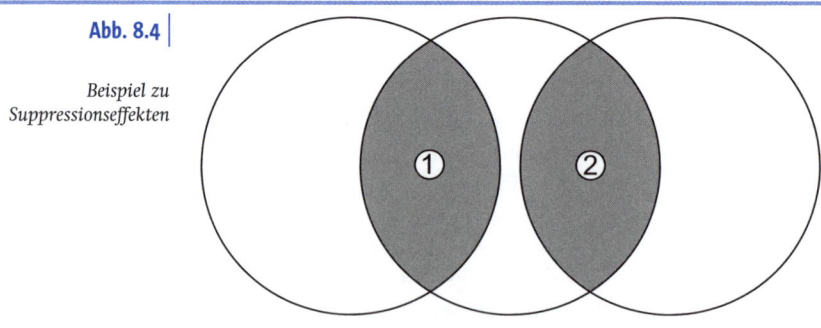

Suppressor   Prädiktor   Kriterium

Abbildung 8.4 veranschaulicht diese Überlegung. Die Kreise stellen die Varianz von Suppressor, Prädiktor und Kriterium dar. Die Überlappungsflächen (1 und 2) stellen die Varianzanteile dar, die von den Variablen geteilt werden und für die Korrelationen zwischen den jeweiligen Variablen verantwortlich sind. Der Prädiktor ist in der Abbildung sowohl mit dem Suppressor (1) als auch mit dem Kriterium (2) korreliert, während Suppressor und Kriterium keine Zusammenhänge zeigen. In dieser Konstellation beruhen die Zusammenhänge zwischen Suppressor und Prädiktor damit auf Varianz, die für die Vorhersage von Kriterium aus Prädiktor irrelevant ist. Da der Suppressor diese irrelevante Varianz „bindet", trägt er zu einer Steigerung der Validität der Vorhersage bei. Mit Hilfe der multiplen Regression kann eine diesbezügliche Vorhersagegleichung konstruiert werden. Die Suppressorvariable erhält ein negatives Gewicht, weshalb die irrelevanten Anteile der Prädiktorvarianz entsprechend der Ausprägung des Suppressors vom geschätzten Kriteriumswert abgezogen werden.

Testfragen

1 Wie müssen Testsituationen beschaffen sein, in denen Eigenschaftsmaße erhoben werden sollen?

2 Wie wirkt sich eine geringere Selektivität in der Grundgesamtheit auf die Reliabilitätsschätzung aus?

3 Was ist zu beachten, wenn Tests, die nach der Klassischen Testtheorie konstruiert wurden, zur Vorhersage extremer Merkmalsausprägungen verwendet werden?

4 Welche Einschränkungen besitzen lineare Datenanalyseverfahren (wie z. B. die Regressionsanalyse)?

5 Wie ist ein künstliches neuronales Netzwerk aufgebaut?

6 Wozu dient bei einem künstlichen neuronalen Netzwerk der Lernalgorithmus?

7 Welche Vorgehensweisen bieten sich für die Anhebung der Reliabilität von Fragebogentests an?

8 Welche Vorgehensweisen bieten sich für die Anhebung der Reliabilität von Verhaltensbeobachtungen an?

9 Welche drei grundlegenden Schritte werden bei der Durchführung einer Validitätsgeneralisierung ausgeführt.

10 Welche Schritte können im Rahmen einer Metaanalyse zusätzlich durchgeführt werden, sofern sich keine Homogenität der Verteilung der korrigierten Validitätskoeffizienten zeigt?

11 Welche Vorgehensweisen bestehen zur Untersuchung von Moderationseffekten?

12 Was bezeichnet das Konzept der Suppression?

Literatur

Abels, D. (1974). *Konzentrations-Verlaufs-Test KVT*. Göttingen: Hogrefe.

Amelang, M. & Schmidt-Atzert, L. (2006). *Psychologische Diagnostik und Intervention* (4. Aufl.). Heidelberg: Springer.

Amelang, M., Schäfer, A. & Yousfi, S. (2002). Comparing verbal and nonverbal personality scales: psychometric properties, the influence of social desirability, and the effects of fake good instruction. *Psychologische Beiträge, 44*, 24–41.

Asendorpf, J. (2007). *Persönlichkeitsforschung in großen repräsentativen Stichproben*. Vortrag auf der 9. Fachgruppentagung Differentielle Psychologie, Persönlichkeitspsychologie und Psychologische Diagnostik (DPPD), Wien, 24.–26.09.2007.

Asendorpf, J. B., Banse, R. & Mücke, D. (2002). Double dissociation between implicit and explicit personality self-concept: The case of shy behavior. *Journal of Personality and Social Psychology, 83*, 380–393.

Bales, R. F. & Cohen, S. P. (1982). *SYMLOG – Ein System für die mehrstufige Beobachtung von Gruppen*. Stuttgart: Klett-Cotta.

Baller, G., Brandt, M., Kalbe, E. & Kessler, J. (2006). *Inventar zur Gedächtnisdiagnostik IGD*. Göttingen: Hogrefe.

Barrash J., Tranel, D. & Anderson, S. W. (2000). Acquired personality disturbances associated with bilateral damage to the ventromedial prefrontal region. *Developmental Neuropsychology, 18*, 355–381.

Barrash J., Tranel, D. & Anderson, S. W. (2008). *Iowa scales of personality change*. Unpublished document. University of Iowa: Carver College of Medicine.

Bartenwerfer, H. (1964). Allgemeine Leistungstests. In R. Heiss (Hrsg.), *Handbuch der Psychologie, Psychologische Diagnostik* (S. 385–410). Göttingen: Hogrefe.

Bartussek, D. (1970). Eine Methode zur Bestimmung von Moderatoreffekten. *Diagnostica, 16*, 57–76.

Baumann, U. & Perrez, M. (2005). *Lehrbuch klinische Psychologie-Psychotherapie* (3. Aufl.). Bern: Huber.

Baumert, J., Brunner, M., Lüdtke, O. & Trautwein, U. (2007). Was messen internationale Schulleistungsstudien? – Resultate kumulativer Wissenserwerbsprozesse. Eine Antwort auf Heiner Rindermann. *Psychologische Rundschau, 58*, 118–127.

Bäumler, G. (1974). *Lern- und Gedächtnistest LGT 3*. Göttingen: Hogrefe.

Bäumler, G. (1985). Farb-Wort-Interferenz Test. FWIT. Göttingen: Hogrefe.

Beckmann, D., Brähler, E. & Richter, H. E. (1991). *Der Gießen-Test. Ein Test für Individual- und Gruppendiagnostik*. Handbuch (4. Aufl.). Bern: Huber.

Bergmann, C. & Eder, F. (2005). *AIST-R-Allgemeiner Interessen-Struktur-Test mit Umwelt-Struktur-Test (UST-R)*. Göttingen: Beltz.

Berufsverband Deutscher Psychologinnen und Psychologen (2002). *DIN 33430 für Eignungsbeurteilung*. www.bdp-verband.org/bdp/politik/din.html

Borkenau, P. & Ostendorf, F. (1993). *NEO-Fünf-Faktoren-Inventar (NEO-FFI)*. Göttingen: Hogrefe.

Borkenau, P. & Ostendorf, F. (2008). *NEO-Fünf-Faktoren-Inventar (NEO-FFI)*. (2. Aufl.). Göttingen: Hogrefe.

Brähler, E. & Brähler, C. (1993). *Paardiagnostik mit dem Gießen-Test*. Bern: Huber.

Brähler, E., Holling, H., Leutner, D. & Petermann, F. (2002). *Brickenkamp Handbuch psychologischer und pädagogischer Tests*, Bd. 1 und 2 (3. Aufl.). Göttingen: Hogrefe.

Brem-Gräser, L. (1995). *Familie in Tieren – Die Familiensituation im Spiegel der Kinderzeichnung* (7. Aufl.). München: Reinhardt.

Brickenkamp, R. (Hrsg.) (1975). *Handbuch psychologischer und pädagogischer Tests*. Göttingen: Hogrefe.

Brickenkamp, R. (2002). *Aufmerksamkeits-Belastungs-Test d2* (9. Aufl.). Göttingen: Hogrefe.

Bronisch, T., Hiller, W., Mombour, W. & Zaudig, M. (1995). *Internationale Diagnose Checklisten für Persönlichkeitsstörungen IDCL-P*. Göttingen: Hogrefe.

Carlson, J. S. & Wiedl, K. H. (1979). Toward a differential testing approach: Testing-the-limits employing the Raven matrices. *Intelligence, 3*, 323–344.

Carroll, J. B. (1993). *Human cognitive abilities: a survey of factor-analytical studies*. New York: Cambridge University Press.

Cattell, R. B. (1972). The 16PF and basic personality structures: A reply to Eysenck. *Journal of Behavioral Science, 17*, 169–187.

Cattell, R. B. & Warburton, F. W. (1967). *Objective personality and motivation tests*. Chicago: University of Illinois Press.

Cohen, J. (1960). A coefficient of agreement for nominal scales. *Educational and Psychological Measurement, 20*, 37–46.

Cronbach, L. J. (1990). *Essentials of psychological testing* (5th ed.). New York: Harper & Row.

Crowne, D. P. & Marlowe, D. (1960). A new scale of social desirability independent of psychopathology. *Journal of Consulting Psychology, 24*, 349–354.

Deich, S. (2005). Zielvereinbarungen. In U. Preis (Hrsg.), *Innovative Arbeitsformen*. S. 561–622. Köln: Schmidt.

Derogatis, L. R. (2002). *Symptom-Checkliste SCL-90-R*. Göttingen: Beltz.

Deusinger, I. M. (2002). *Frankfurter Kinder-Selbstkonzept-Inventar (FKSI)*. Frankfurt a. M.: Johann Wolfgang-Goethe-Universität, Institut für Psychologie.

Deutsches Institut für medizinische Dokumentation und Information (DIMDI) (2005). www.dimdi.de/dynamic/de/klassi/downloadcenter/icf/endfassung/icf_endfassung-2005-10-01.pdf

DIN (2002). *DIN 33430: Anforderungen an Verfahren und deren Einsatz bei berufsbezogenen Eignungsbeurteilungen*. Berlin: Beuth.

Dixon, R. A. & Bäckman, L. (1999). Principles of compensation in cognitive neurorehabilitation. In D. T. Stuss, G. Winocur & I. H. Robertson (Eds.), *Cognitive neurorehabilitation* (pp. 59–72). New York: Cambridge University Press.

DuBois, P. H. (1970). *A history of psychological testing*. Boston, MA: Allyn & Bacon.

Düker, H. & Lienert, G. A. (2001). *Konzentrations-Leistungs-Test – Revidierte Fassung (KLT-R)*. Neubearb. v. H. Lukesch & S. Mayrhofer. Göttingen: Hogrefe.

Eckardt, H. H. & Schuler, H. (1992). Berufseignungsdiagnostik. In R. S. Jäger & F. Petermann (Hrsg.), *Psychologische Diagnostik* (2. Aufl., S. 533–551). Weinheim: Psychologie Verlags Union.

Eder, F. (1996). *Schul- und Klassenklima. Ausprägung, Determinanten und Wirkungen des Klimas an weiterführenden Schulen*. Innsbruck: Studien Verlag.

Eder, F. & Mayr, J. (2000). *Linzer Fragebogen zum Schul- und Klassenklima. LFSK 4–8*. Göttingen: Hogrefe.

Egloff, B. & Schmukle, S. C. (2002). Predictive validity of an Implicit Association Test for assessing anxiety. *Journal of Personality and Social Psychology, 83*, 1441–1455.

Egloff, B., Schwerdtfeger, A. & Schmukle, S. C. (2005). Temporal stability of the Implicit Association Test-Anxiety. *Journal of Personality Assessment, 84*, 82–88.

Ehlers, A., Margraf, J. & Chambless, D. L. (2001). *Fragebogen zu körperbezogenen Ängsten, Kognitionen und Vermeidung AKV* (2. Aufl.). Göttingen: Beltz.

Elliot, A. J. (1999). Approach and avoidance motivation and achievement goals. *Educational Psychologist, 34*, 169–189.

Erzigkeit, H. (2001). *Kurztest zur Erfassung von Gedächtnis- und Aufmerksamkeitsstörungen SKT* (24. Aufl.). Göttingen: Hogrefe.

European Journal of Personality (2007): Special Issue: European Personality Reviews 2007; Issue Edited by Jens B. Asendorpf; Volume 21 Issue 5, p 547–787.

Fahrenberg, J., Hampel, R. & Selg, H. (2001). *Das Freiburger Persönlichkeitsinventar* (7. Aufl.). Göttingen: Hogrefe.

Faßnacht, G. (1995). *Systematische Verhaltensbeobachtung*. München: Ernst Reinhardt.

Fippinger, F. (1991). *Allgemeiner Schulleistungstest für 3. Klassen (AST3)* (2. Aufl.). Weinheim: Beltz.

Fippinger, F. (1992). *Allgemeiner Schulleistungstest für 4. Klassen (AST4)* (3. Aufl.). Weinheim: Beltz.

Fischer, G. H. (1996). IRT-Modelle als Forschungsinstrumente der Differentiellen Psychologie. In K. Pawlik (Hrsg.), *Grundlagen und Methoden der Differentiellen Psychologie* (S. 673–729). Göttingen: Hogrefe.

Fisseni, H.-J. (1982). *Persönlichkeitsbeurteilung. Zur Theorie und Praxis des psychologischen Gutachtens*. Göttingen: Hogrefe.

Fisseni, H.-J. (1990). *Lehrbuch der psychologischen Diagnostik*. Göttingen: Hogrefe.

Flanders, N. A. (1970). *Analyzing teaching behavior*. Reading, MA: Addison-Wesley.

Flynn, J. R. (1984). The mean IQ of Americans: massive gains 1932 to 1978. *Psychological Bulletin, 95*, 29–51.

Forman, A. K. & Piswanger, K. (1979). *Wiener Matrizen-Test WMT*. Göttingen: Hogrefe.

Franken, T. & Melzer, M. (2007). Rechtliche Grundlagen der Eignungsbeurteilung. In M. John & G. W. Maier (Hrsg.), *Eignungsdiagnostik in der Personalarbeit* (S. 73–100). Düsseldorf: Symposion.

Frazier, P. A., Tix, A. P. & Barron, K. E. (2004). Testing Moderator and Mediator Effects in Counseling Psychology. *Journal of Counseling Psychology, 51*, 115–134.

Frieling, E. & Graf Hoyos, C. (1978). *Fragebogen zur Arbeitsanalyse (FAA)*. Bern/Stuttgart/Wien: Huber.

Gast, U., Oswald, T., Zündorf, F. & Hofmann, A. (2000). *Strukturiertes Klinisches Interview für Dissoziative Störungen SKID-D*. Göttingen: Hogrefe.

Gawronski, B. & Conrey, F. R. (2004). Der Implizite Assoziationstest als Maß automatisch aktivierter Assoziationen: Reichweite und Grenzen. *Psychologische Rundschau, 55*, 118–126.

Gehrau, V. (2002). *Die Beobachtung in der Kommunikationswissenschaft*. Konstanz: UVK.

Gough, H. G. (1957). *Manual for the California Psychological Inventory*. Palo Alto: Consulting Psychologists Press.

Grace, J. & Malloy, P. F. (2001). *Frontal Systems Behavior Scale FrSBe*. Professional Manual. Lutz, FL: Psychological Assessment Resources.

Grant, D. A. & Berg, E. A. (1993). *Wisconsin Card Sorting Test WCST*. Göttingen: Hogrefe.

Gray, N. S., MacCulloch, M. J., Smith, J., Morris, M. & Snowden, R. J. (2003). Forensic psychology: Violence viewed by psychopathic murderers. *Nature, 423*, 497–498.

Greenwald, A. G. & Farnham, S. D. (2000). Using the Implicit Association Test to measure self-esteem and self-concept. *Journal of Personality and Social Psychology, 79*, 1022–1038.

Greenwald, A. G., McGhee, D. E. & Schwartz, J. L. K. (1998). Measuring individual differences in implicit cognition: the Implicit Association Test. *Journal of Personality and Social Psychology, 74*, 1464–1480.

Greve, W. & Wentura, D. (1997). *Wissenschaftliche Beobachtung*. Weinheim: Beltz.

Grimm, H. & Schöler, H. (1998). *Heidelberger Sprachentwicklungstest (HSET)* (2. Aufl.). Göttingen: Hogrefe.

Grubitzsch, S. (1991). *Testtheorie – Testpraxis* (2. Aufl.). Eschborn: Verlag Dietmar Klotz.

Guthke, J. & Wiedl, K. H. (1996). *Dynamisches Testen. Zur Psychodiagnostik der intraindividuellen Variabilität*. Göttingen: Hogrefe.

Guthke, J., Beckmann, J. F. & Wiedl, K. H. (2003). Dynamik im dynamischen Testen. *Psychologische Rundschau, 54*, 225–232.

Guthke, J., Jäger, C. & Schmidt, I. (1983). *Lerntestbatterie „Schlußfolgerndes Denken" (LTS)*. Berlin: Humboldt-Universität, Psychodiagnostisches Zentrum.

Häcker, H. & Stapf, K. H. (Hrsg.) (2004). *Dorsch Psychologisches Wörterbuch* (14. Aufl.). Bern: Huber.

Häcker, H., Schmidt, L. R., Schwenkmezger, P. & Utz, H. E. (1975). *OATB 75 Objektive Testbatterie*. Weinheim: Beltz.

Häcker, H., Schwenkmezger, P. & Utz, H. E. (1979). Über die Verfälschbarkeit von Persönlichkeitsfragebogen und objektiven Persönlichkeitstests unter SD-Instruktion und in einer Auslesesituation. *Diagnostica, 25*, 7–23.

Hahn, S. R., Kroenke, K., Spitzer, R.L. & Williams, J. B. W. (1999). PRIME-MD Instrument. In M. E. Maruish (Ed.), The use of psychological testing for treatment planning and outcome assessment (2nd ed.) S. 871–920. Hillsdale, NJ: Laurence Erlbaum.

Hamilton, M. (1976a). Hamilton Angstskala HAMA. In Collegium internationale psychiatrie scalarum (Hrsg.), *Internationale Skalen für Psychiatrie* (5. Aufl.) S. 261–270. Göttingen: Hogrefe.

Hamilton, M. (1976b). Hamilton Depressions-Skala HAMD. In Collegium internationale psychiatriae scalarum (Hrsg.), *Internationale Skalen für Psychiatrie* (5. Aufl.). S. 281–286. Göttingen: Hogrefe.

Hampel, P. & Petermann, F. (2005). *Screening psychischer Störungen im Jugendalter SPS-J*. Deutsche Adaptation des Reynolds Adolescent Adjustment Screening Inventory (RAASI). Bern: Huber.

Hänsgen, K. D. & Merten, T. (1994). *Hogrefe Testsystem*. Göttingen: Hogrefe.

Harackiewicz, J. M., Barron, K. E. & Elliot, A. J. (1998). Rethinking achievement goals: When are they adaptive for college students and why? *Educational Psychologist, 33*, 1–21.

Härting, C., Markowitsch, H. J., Neufeld, H., Calabrese, P. & Deisinger, K. (2000). *Wechsler Gedächtnis Test – Revidierte Fassung WMS-R.* Göttingen: Hogrefe.

Hathaway, S. R., McKinley, J. C., Deutsche Bearb. v. R. Engel (2000). *Minnesota Multiphasic Personality Inventory 2.* Göttingen: Hogrefe.

Häusler, J. & Sommer, M. (2006). Neuronale Netze: Nichtlineare Methoden der statistischen Urteilsbildung in der psychologischen Eignungsdiagnostik. *Zeitschrift für Personalpsychologie, 5(1)*, 4–15.

Hautzinger, M. & Bailer, M. (1993). *Allgemeine Depressionsskala ADS.* Göttingen: Hogrefe.

Hautzinger, M., Bailer, M., Worall, H. & Keller, F. (1995). *Beck-Depressions-Inventar BDI* (2. Aufl.). Göttingen: Hogrefe.

Heckhausen, H. (1989). *Motivation und Handeln* (2. Aufl.). Berlin: Springer.

Hedges, L. V. & Olkin, I. (1985). *Statistical Methods for Meta-Analysis.* Orlando: Academic Press.

Hetzer, H. & Tent, L. (1994). *Weilburger Testaufgaben für Schulanfänger (WTA).* Göttingen: Hogrefe.

Hiller, W., Zaudig, M. & Mombour, W. (1995). *Internationale Diagnose Checklisten für ICD-10 – IDCL.* Bern: Huber.

Holland, J. L. (1997). *Making vocational choices* (3rd ed.). Odessa, FL: Psychological Assessment Ressources.

Horn, W. (1983). *Leistungsprüfsystem (LPS)* (2. Aufl.). Göttingen: Hogrefe.

Hossiep, R. & Mühlhaus, O. (2005). *Personalauswahl und -entwicklung mit Persönlichkeitstests.* Göttingen: Hogrefe.

Hossiep, R. & Paschen, M. (2003). *Bochumer Inventar zur berufsbezogenen Persönlichkeitsbeschreibung BIP* (2. Aufl.). Göttingen: Hogrefe.

Huffcutt, A. I., Conway, J. M., Roth, P. L. & Klehe, U. C. (2004). The impact of job complexity and study design on situational and behavior description interview validity. *International Journal of Selection and Assessment, 12*, 262–273.

Hunter, J. E. & Hunter, R. F. (1984). Validity and utility of alternative predictors of job performance. *Psychological Bulletin, 96*, 72–98.

Hunter, J. E. & Schmidt, F. L. (2004). *Methods of Meta-Analysis: Correcting Error and Bias in Research Findings.* New York: Sage.

Hylla, E., Kraak, B., Horn, H., Schwarz, E. & Kühn, R. (1993). *Aufgaben zum Nachdenken. AzN4+.* Göttingen: Hogrefe.

Iacono, W. G. (2001). Forensic lie detection: procedures without scientific basis. *Journal of Forensic Psychology Practice, 1*, 75–86.

Ingenkamp, K.-H. & Lissmann, U. (2008). *Lehrbuch der Pädagogischen Diagnostik* (6. Aufl.). Weinheim: Beltz.

Ingenkamp, K., Wolf, B., Christmann, H., Lißmann, U., Knapp, A. & Haenisch, H. (1977). *Bildungs-Beratungs-Test für 4. bis 6. Klassen (BBT 4–6).* Weinheim: Beltz.

Jackson, D. N. (1967). *Manual for the Personality Research Form (2nd ed. 1974).* Goshen: Research Psychologists Press.

Jäger, A. O., Süß, H.-M. & Beauducel, A. (1997). *Berliner Intelligenzstruktur-Test (BIS-Test) (Form 4).* Göttingen: Hogrefe.

Jäger, R. S. (1986). *Der diagnostische Prozeß.* Göttingen: Hogrefe.

John, O. P., Angleitner, A. & Ostendorf, F. (1988). The lexical approach to personality: A historical view of trait taxonomic research. *European Journal of Personality, 2*, 171–203.

Jörin, S., Stoll, F., Bergmann, C. & Eder, F. (2004). *EXPLORIX – Das Werkzeug zur Berufswahl und Laufbahnplanung.* Bern: Huber.

Kastner-Koller, U. & Deimann, P. (2002). *Der Wiener Entwicklungstest (WET)* (2. Aufl.). Göttingen: Hogrefe.

Kerkhoff, G. & Marquardt, C. (1998). Standardized analysis of visual-spatial perception with after brain damage. *Neuropsychological Rehabilitation, 8*, 171–189.

Kessler, J., Calabrese, P., Kalbe, E. & Berger, F. (2000). DemTect: Ein neues Screening-Verfahren zur Unterstützung der Demenzdiagnostik. *Psycho, 26*, 343–347.

Kessler, J., Denzler, P. & Markowitsch, H. J. (1999). *Demenz-Test DT* (2. Aufl.). Göttingen: Hogrefe

Keßler, M. (1988). *Fragebogen zur Kausalattribuierung in Leistungssituationen (FKL).* Weinheim: Beltz.

Klann, N., Hahlweg, K. & Heinrichs, N. (2003). *Diagnostische Verfahren für die Beratung.* (2. Aufl.). Göttingen: Hogrefe.

Klauer, K. J. (1978). *Handbuch der pädagogischen Diagnostik.* Düsseldorf: Schwann Verlag.

Klinck, D. (2002). *Computergestützte Diagnostik.* Göttingen: Hogrefe.

Kongs, S. K., Thompson, L. L., Iverson, G. L. & Heaton, R. K. (2000). *Wisconsin Card Sorting Test-64 – WCST-64.* Göttingen: Hogrefe.

Krohne, H.-W. & Hock, M. (2007). *Psychologische Diagnostik.* Stuttgart: Kohlhammer.

Kubinger, K. D. (2006). *Psychologische Diagnostik: Theorie und Praxis psychologischen Diagnostizierens*. Göttingen: Hogrefe.

Kubinger, K. D. & Wurst, E. (2000). *Adaptives Intelligenz Diagnostikum 2 (AID2)*. Göttingen: Beltz.

Kubinger, K. D., Wagner, M. M. & Alexandrowicz, R. (1999). Zur Interpretation der Paardiagnostik mit dem Gießen-Test: Ein Algorithmus samt Auswertungsprogramm für die Bestimmung des Typus. *Psychotherapie, Psychosomatik und Medizinische Psychologie, 49,* 249–253.

Laux, L., Glanzmann, P., Schaffner, P. & Spielberger, C. D. (1981). *State-Trait-Angstinventar STAI*. Weinheim: Beltz.

Lehrl, S. & Fischer, B. (1997). *c.I.-Test. Kurztest zur Frühdiagnostik von Demenzen* (5. Aufl.). Göttingen: Hogrefe.

Leitner, W. G. (2000). Zur Mängelerkennung in familienpsychologischen Gutachten. *Familie und Recht. Zeitschrift für die anwaltliche und gerichtliche Praxis, 2,* 57–63.

Lezak, M. D., Howieson, D. B., Loring, D. W., Hannay, H. J. & Fischer, J. S. (2004). *Neuropsychological assessment* (4th ed.). New York: Oxford University Press.

Lienert, G. A. & Raatz, U. (1994). *Testaufbau und Testanalyse*. Weinheim: Beltz PVU.

Lohaus, A., Eschenbeck, H., Kohlmann C.-W. & Klein-Heßling, J. (2006). *Fragebogen zur Erhebung von Stress und Stressbewältigung im Kindes- und Jugendalter. (SSKJ 3–8)*. Göttingen: Hogrefe.

Lück, H. E. (1991). *Geschichte der Psychologie*. Stuttgart: Kohlhammer.

Lukesch, H. (1998). *Einführung in die pädagogisch-psychologische Diagnostik*. Regensburg: Roderer.

Lukesch, H. & Mayrhofer, S. (2001). *Konzentrations-Leistungs-Test – Revidierte Fassung*. Göttingen: Hogrefe.

Lukesch, H., Haenisch, H., Kischkel, K. H. & Fend, H. (1982). *Lehrerverhaltensinventar. LVI (Bericht Nr. 10)*. Regensburg: Institut für Psychologie.

Marcus, B. (2003). Persönlichkeitstests in der Personalauswahl: Sind „sozial erwünschte" Antworten wirklich nicht wünschenswert? *Zeitschrift für Psychologie, 211,* 138–148.

Masur, H. (2000). *Skalen und Scores in der Neurologie*. Stuttgart: Thieme.

Mc Cormick, E. (1989). *Position Analysis Questionnaire*. Mountain View, CA: Consulting Psychologists Press.

Mc Cormick, E. J., Jeanneret, P. R., Mecham, R. C. (1969). *The development and background of the Position Analysis Questionnaire (PAQ) (No. 6)*. West Lafayette: Purdue University, Occupational Research Center Report.

McCrae, R. R. & Costa, P. T. Jr. (1997). Personality trait structure as a human universal. *American Psychologist, 52,* 509–516.

McDaniel, M. A., Whetzel, D. L., Schmidt, F. L. & Maurer, S. D. (1994). The validity of employment interviews: a comprehensive review and meta-analysis. *Journal of Applied Psychology, 79,* 599–616.

Mees, U. (1977). Verhaltensbeobachtung in der natürlichen Umgebung. In U. Mees & H. Selg (Hrsg.), *Verhaltensbeobachtung und Verhaltensmodifikation*. S. 14–32. Stuttgart: Klett.

Melchers, P. & Schürmann, S. (2004). *Kaufman-Neuropsychologischer Kurztest K-NEK*. Göttingen: Hogrefe.

Messick, S. (1991). Psychology and methodology of response styles. In R. E. Snow & D. E. Wiley (Eds.), *Improving inquiry in social science: a volume in honor of Lee J. Cronbach* (pp. 161–200). Hillsdale, NJ: Laurence Erlbaum.

Metzler, P., Voshage, J. & Rösler, P. (1992). *Berliner Amnesietest BAT*. Göttingen: Hogrefe.

Möller, H. J. & Laux, G. (2007). *Psychiatrie und Psychotherapie*. Berlin: Springer.

Mombour, W., Zaudig, M., Berger, P., Gutierrez, K., Berner, W., Berger, K., Cranach, M. von, Giglhuber, O. & von Bose, M. (1996). *International Personality Disorder Examination IPDE*. Göttingen: Hogrefe.

Montgomery, S. A. & Asberg, M. (1979). Montgomery-Asberg-Depression-Ratingskala MADRS. In Collegium internationale psychiatriae scalarum (Hrsg.), *Internationale Skalen für Psychiatrie* (5. Aufl.). S. 271–278. Göttingen: Hogrefe.

Moosbrugger, H. & Goldhammer, F. (2007). *Frankfurter Adaptiver Konzentrationsleistungs-Test Fakt-II* (2. Aufl.). Göttingen: Apparatezentrum.

Moosbrugger, H. & Kelava, A. (Hrsg.) (2007). *Testtheorie und Fragebogenkonstruktion*. Heidelberg: Springer.

Moosbrugger, H. & Oehlschlägel, J. (1996). *FAIR. Frankfurter Aufmerksamkeits-Inventar*. Bern: Huber.

Moreno, J. L. (1954). *Die Grundlagen der Soziometrie*. Köln: Westdeutscher Verlag.

Müller, R. (2003). *Diagnostischer Rechtschreibtest für 1. Klassen (DRT 1)* (2. Aufl.). Weinheim: Beltz.

Murray, H. A. (1938). *Explorations in personality.* New York: Oxford University Press.

Murray, H. A. (1943). Thematic Apperception Test. Cambridge: Harvard University Press.

Muthny, F. A. (1989). *Freiburger Fragebogen zur Krankheitsverarbeitung FKV.* Göttingen: Hogrefe.

Neisser, U., Boodoo, G., Bouchard, T. J. Jr., Boykin, A. W., Brody, N., Ceci, S. J., Halpern, D. F., Loehlin, J. C., Perloff, R., Sternberg, R. J. & Urbina, S. (1996). Intelligence: Knowns and unknowns. *American Psychologist, 51,* 77–101.

Neubauer, A. & Stern, E. (2007). *Lernen macht intelligent.* München: DVA.

Obermann, C. (1992). *Assessment Center.* Wiesbaden: Gabler.

Oehlschlägel, J. & Moosbrugger, H. (1991). Konzentrationsleistung ohne Konzentration? Zur Schätzung wahrer Leistungswerte im Aufmerksamkeits-Belastungs-Test d2. *Diagnostica, 37,* 42–51.

Ones, D. S., Viswesvaran, C. & Reiss, A. D. (1996). Role of social desirability in personality testing for personnel selection: the red herring. *Journal of Applied Psychology, 81,* 660–679.

Ostendorf, F. & Angleitner, A. (2004). *NEO-Persönlichkeitsinventar nach Costa und McCrae (NEO-PI-R).* Göttingen: Hogrefe.

Oswald, W. D. & Fleischmann, U. M. (1997). *Nürnberger-Alters-Inventar NAI* (4. Aufl.). Göttingen: Hogrefe.

Oswald, W. D. & Roth, E. (1987). *Zahlen-Verbindungstest ZVT.* Göttingen: Hogrefe.

Paulhus, D. L. (1984). Two-component models of socially desirable responding. *Journal of Personality and Social Psychology, 46,* 598–609.

Pauls, C. A. & Crost, N. W. (2005). Effects of different instructional sets on the construct validity of the NEO-PI-R. *Personality and Individual Differences, 39,* 297–308.

Paunonen, S. V., Jackson, D. N. & Keinonen, M. (1990). The structured nonverbal assessment of personality. *Journal of Personality, 58,* 481–502.

Pawlik, K. & Buse, L. (1996). Verhaltensbeobachtungen in Labor und Feld. In K. Pawlik (Hrsg.), *Enzyklopädie der Psychologie: Differentielle Psychologie und Persönlichkeitsforschung: Bd. 1. Grundlagen und Methoden der*

Differentiellen Psychologie (S. 360–394). Göttingen: Hogrefe.

Petermann, F. (1997). Familie in Tieren – Die Familiensituation im Spiegel der Kinderzeichnung. *Zeitschrift für Differentielle und Diagnostische Psychologie, 18,* 90–92.

Petermann, F. & Petermann, U. (2008). *Hamburg-Wechsler-Intelligenztest für Kinder – IV.* (2. Aufl.). Göttingen: Hogrefe.

Pettit, F. A. (2002). A comparison of world-wide web and paper-and-pencil personality questionnaires. *Behavior Research Methods, Instruments, & Computers, 34,* 50–54.

Pospeschill, M. (2004). *Konnektionismus und Kognition.* Stuttgart: Kohlhammer.

Prenzel, M., Walter, O. & Frey, A. (2007). PISA misst Kompetenzen. Eine Replik auf Rindermann (2006): Was messen internationale Schulleistungsstudien? *Psychologische Rundschau, 58,* 128–136.

Rammstedt, B., Holzinger, B. & Rammsayer, T. (2004). Zur Äquivalenz der Papier-Bleistift- und einer computergestützten Version des NEO-Fünf-Faktoren-Inventars (NEO-FFI). *Diagnostica, 50,* 88–97.

Rey, A. & Osterrieth, P. A. (1944/2004). Complex Figure Test CFT. In Lezak/Howieson/Loring/Hannay/Fischer (2004). S. 459–461/547–548.

Rieder, O. (1991). *Allgemeiner Schulleistungstest für 2. Klassen (AST2)* (2. Aufl.). Weinheim: Beltz.

Rindermann, H. (2006). Was messen internationale Schulleistungsstudien? *Psychologische Rundschau, 57,* 69–86.

Rohmert, W., Landau, K. (1979). *Das arbeitswissenschaftliche Erhebungsverfahren zur Tätigkeitsanalyse (AET).* Handbuch. Stuttgart: Huber.

Rorschach, H. (1921). *Psychodiagnostik. Der Rorschach Test.* Bern: Huber.

Rosen, W. G., Mohs, R. C., Davis, K. L., Ihl, R. & Weyer, G. (1993). *Alzheimer's Disease Assessment Scale ADAS.* Göttingen: Hogrefe.

Rosenthal, R. (1991). *Meta-Analytic Procedure for Social Research.* Beverly Hills: Sage.

Rost, D. H. (2001). Hochbegabung. In D. H. Rost (Hrsg.), *Handwörterbuch Pädagogische Psychologie.* S. 233–245. Weinheim: Beltz PVU.

Rost, J. (2004). *Lehrbuch Testtheorie – Testkonstruktion.* Bern: Huber.

Rubinstein, S. (1966). Die Interessen. In H. Thomae (Hrsg.), *Die Motivation menschlichen Handelns* (S. 136–144). Köln: Kiepenheuer & Witsch.

Saß, H., Wittchen, H. U. & Zaudig, M. (2003). *Diagnostische Kriterien. DSM-IV-TR.* Göttingen: Hogrefe.

Saunders, R. D. (1956). Moderator Variables in Prediction. *Educational and Psychological Measurement, 16,* 209–222.

Schmalt, H.-D., Sokolowski, K. & Langens, T. A. (2000). *Das Multi-Motiv-Gitter zur Erfassung von Anschluss, Leistung und Macht MMG.* Frankfurt: Swets Test Services.

Schmidt, F. L. & Hunter, J. E. (1998). The validity and utility of selection methods in personnel psychology. *Psychological Bulletin, 124,* 262–274.

Schmidt, L. R. (1975). *Objektive Persönlichkeitsmessung in diagnostischer und klinischer Psychologie.* Weinheim: Beltz.

Schmidt, L. R., Häcker, H., Schwenkmezger, P. & Cattell, R. B. (1987). *Objektive Testbatterie (OA-TB). Revidierte und gekürzte Fassung.* Weinheim: Beltz.

Schmidt-Atzert, L. (2004). *Objektiver Leistungsmotivationstest OLMT.* Mödling: Schuhfried.

Schmidt-Atzert, L., Bühner, M., Rischen, S. & Warkentin, V. (2004a). Erkennen von Simulation und Dissimulation im Test d2. *Diagnostica, 50,* 124–133.

Schmidt-Atzert, L., Büttner, G. & Bühner, M. (2004b). Theoretische Aspekte von Aufmerksamkeits-/Konzentrationsdiagnostik. In G. Büttner & L. Schmidt-Atzert (Hrsg.), *Diagnostik von Aufmerksamkeit und Konzentration* (S. 3–22). Göttingen: Hogrefe.

Schneider, K. & Schmalt, H.-D. (2000). *Motivation* (3. Aufl.). Stuttgart: Kohlhammer.

Schneider, S. & Margraf, J. (2006). *Diagnostisches Interview bei psychischen Störungen DIPS.* Heidelberg: Springer.

Schuhfried, G. (o. J.). *Wiener Testsystem.* Mödling: Schuhfried.

Schuler, H. (1992). Das multimodale Einstellungsinterview. *Diagnostica, 38,* 281–300.

Schuler, H. (2000). *Psychologische Personalauswahl: Einführung in die Berufseignungsdiagnostik.* Göttingen: Verlag für Angewandte Psychologie.

Schuler, H. (2002). *Das Einstellungsinterview.* Göttingen: Hogrefe.

Schuler, H. & Hell, B. (2005). *Analyse des Schlussfolgernden und Kreativen Denkens (ASK).* Bern: Huber.

Schuler, H. & Prochaska, M. (2001). *Leistungsmotivationsinventar LMI.* Göttingen: Hogrefe.

Schuler, H., Frier, D. & Kaufmann, M. (1993). *Personalauswahl im europäischen Vergleich.* Göttingen: Hogrefe.

Smith, E. & Jonides, J. (1999). Storage and executive processes in the frontal lobe. *Science, 283,* 1657–1660.

Spinath, B., Stiensmeier-Pelster, J., Schöne, C. & Dickhäuser, O. (2002). *Die Skalen zur Erfassung von Lern- und Leistungsmotivation (SELLMO).* Göttingen: Hogrefe.

Stern, W. (1911). *Intelligenzproblem und Schule.* Leipzig: Teubner.

Steyer, R. & Eid, M. (1993). *Messen und Testen.* Berlin: Springer.

Strauß, B. & Schumacher, J. (Hrsg.) (2005). *Klinische Interviews und Ratingskalen.* Göttingen: Hogrefe.

Tewes, U. (1991). *HAWIE-R – Hamburg-Wechsler Intelligenztest für Erwachsene* Revision 1991. Bern: Huber.

Troche, S., Rammstedt, B. & Rammsayer, T. (2002). Vergleich einer Papier-Bleistift- und einer computergestützten Version des Leistungsprüfsystems (LPS). *Diagnostica, 48,* 115–120.

Tucha, O. & Lange, K. W. (2004). *Turm von London TL-D.* Göttingen: Hogrefe.

Van de Ven, A. H. & Ferry, D. L. (1980). *Measuring and assessing organizations.* New York: Wiley.

Van der Linden, W. J. & Hambleton, R. K. (Eds.) (1996). *Handbook of modern item response theory.* New York: Springer.

Van Zomeren, A. H. & Brouwer, W. H. (1994). *Clinical neuropsychology of attention.* New York: Oxford University Press.

Wälte, D. & Kröger, F. (2000). *Interaktionsforschung mit dem SYMLOG-Methodeninventar. Theorie und Praxis.* Frankfurt a. M.: Verlag für akademische Schriften.

Warrington, E. K. & James, M. (1992). *Testbatterie für visuelle Objekt- und Raumwahrnehmung VOSP.* Übers. v. K. Beckers & A. Canavan. Bury St. Edmunds: Thames Valley Test Company.

Wechsler, D. (2006). *Wechsler Intelligenztest für Erwachsene WIE.* Übers. v. M. von Aster, A. Neubauer & R. Horn. Frankfurt a. M.: Harcourt Test Services.

Weinert, A. B. (2004). *Organisations- und Personalpsychologie.* Weinheim: Beltz PVU.

Weltgesundheitsorganisation, Dilling, H., Mombour, W. & Schmidt, M. H. (Hrsg.) (2008). *Internationale Klassifikation psychischer*

Störungen: ICD-10 Kapitel V (F) Klinisch-diagnostische Leitlinien. Bern: Huber.

Westhoff, K. & Kluck, M.-L. (2003). *Psychologische Gutachten schreiben und beurteilen*. Berlin: Springer.

Wieczerkowski, W., Nickel, H., Janowski, A., Fittkau B. & Rauer, W. (1981). *Angstfragebogen für Schüler (AFS)*. Göttingen: Hogrefe.

Wilson, B. A. & Ufer, K. (2000). *Behavioural Assessment of the Dysexecutive Syndrome BADS*. Bury St. Edmunds: Thames Valley Test Company.

Wilson, B. A., Cockburn, J. & Baddeley, A. (2003). *Rivermead Behavioral Memory Test RBMT*. Bury St. Edmunds: Thames Valley Test Company.

Wittchen, H.-U. & Pfister, H. (1997). *Expertensystem zur Diagnostik psychischer Störungen DIA-X*. Frankfurt: Swets Test Services.

Wittchen, H.-U. & Semler, G. (1991). *Composite international diagnostic interview CIDI – Interviewerheft*. Weinheim: Beltz PVU.

Wittchen, H.-U., Zaudig, M. & Fydrich, T. (1997a). *Strukturiertes Klinisches Interview für DSM-IV, Achse I – SKID-I*. Göttingen: Hogrefe.

Wittchen, H.-U., Zaudig, M. & Fydrich, T. (1997b). *Strukturiertes Klinisches Interview für DSM-IV, Achse II – SKID-II*. Weinheim: Beltz.

Woehr, D. J. & Huffcutt, A. I. (1994). Rater training for performance appraisal: A quantitative review. Journal of Occupational and Organizational Psychology, 64, 189–205.

World Health Organization (Ed.) (1991). *Composite international diagnostic interview CIDI*. Geneva: World Health Organization.

Zaudig, M., Hiller, W., Geiselmann, B., Hansert, E., Linder, G., Mombour, W., Reischies, F. M. & Thora, C. (1996). *Strukturiertes Interview für die Diagnose einer Demenz vom Alzheimer Typ, der Multiinfarkt- (oder vaskulären) Demenz und Demenzen anderer Ätiologie nach DSM-III-R, DSM-IV und ICD-10 – SIDAM*. Göttingen: Hogrefe.

Zerssen, D. von (1976). *Depressivitätsskala D-S*. Weinheim: Beltz.

Zimmermann, P. & Fimm, B. (2007). *Testbatterie zur Aufmerksamkeitsüberprüfung TAP*. Herzogenrath: PsyTest.

Zoppelt,D. & Daum, I. (2003). Exekutive und mnestische Funktionen. In: Karnath, H. O. & Thier, P. (2003). Neuropsychologie. Kap. 44, S. 541–550.

Zung, W. W. K. (1976a). *Anxiety Status Inventory ASI*. In W. Guy (Ed.), Early clinical drug evaluation unit ECDEU. Assessment manual for psychopharmacology (pp. 199–204). National Institute of mental health: Rockville.

Zung, W. W. K. (1976b). *Depression Status Inventory DSI*. In W. Guy (Ed.), Early clinical drug evaluation unit ECDEU. Assessment manual for psychopharmacology (pp. 171–178). National Institute of mental health: Rockville.

Zuschlag, B. (2006). *Richtlinien für die Erstellung psychologischer Gutachten* (2. Aufl.). Bonn: Deutscher Psychologen Verlag.

Glossar

Achiever:
Hochbegabte, die entsprechend ihres Potenzials überdurchschnittliche Leistungen zeigen (→ Underachiever, → Hochbegabung).

Adaptive Indikation:
Kontinuierliche Anpassung der therapeutischen Verfahren an den (vom Einfluss der Therapie mitbestimmten) Verlauf der Symptomatik.

Adaptiver Test:
Test, bei dem die Aufgabenschwierigkeit durch gezielte Verwendung entsprechender Items an die geschätzte Lösungsfähigkeit der Testperson angeglichen wird.

Akquieszenz:
Tendenz, den Aussagen von Fragebogenitems unabhängig von deren Inhalt zuzustimmen.

Aktualisierungseffekte:
Abhängigkeit zweier aufeinanderfolgender Testitems, wobei das vorangegangene → Item Kognitionen aktiviert, welche die Beantwortung des darauffolgenden Items erleichtern können.

Anamnese:
→ Eigen-, → Fremd-, → Krankheitsanamnese, → biografische Anamnese.

Antworttendenz:
Die Neigung von Probanden, Fragebogenitems nach anderen Prinzipien als dem Wahrheitsprinzip zu beantworten (→ Akquieszenz, → soziale Erwünschtheit).

Arbeits- und Anforderungsanalyse:
Analyse konkreter Arbeitstätigkeiten bezüglich der Arbeitssituationen und -aufgaben (Arbeitsanalyse) sowie der für die Tätigkeit erforderlichen Verhaltensweisen und Qualifikationen (Anforderungsanalyse).

Assessment-Center:
Technik zum Vergleich von Kandidaten, wobei diese an einem gemeinsamen Ort über mehrere Tage hinweg verschiedenen Tests unterzogen und anschließend bewertet werden (→ situationsorientierte Diagnostik).

Aufgabeninventar:
Instrument zur Beschreibung von Tätigkeiten, wobei einzelne Aufgabenmerkmale bezüglich bestimmter Kriterien (z. B. Häufigkeit oder Schwierigkeit) bewertet werden.

Augenscheinvalidität:
Nachvollziehbarkeit eines Tests durch Laien.

Auswertungsobjektivität:
→ Objektivität, welche dadurch erreicht wird, dass verschiedene Beobachter das Antwortverhalten von Probanden stets nach den gleichen Regeln bewerten.

Axiom:
Grundannahme, die den Ausgangspunkt einer deduktiven Theorie bildet (→ Existenz-, → Unabhängigkeits-, → Verknüpfungsaxiom).

Befund:
Zusammentragung aller, durch → Anamnese und sonstige Untersuchungen gewonnenen Erkenntnisse über den Patienten und Grundlage für die spätere → Indikation.

Biografische Anamnese:
Erhebung aller lebensgeschichtlichen Ereignisse, die möglicherweise für die vorliegende Symptomatik von Bedeutung sind (→ Eigen-, → Fremd-, → Krankheitsanamnese).

Branched Testing:
→ adaptiver Test.

Computerverfahren:
Testverfahren, bei denen sowohl Vorgabe der Aufgaben als auch deren Bearbeitung durch die Probanden (teilweise) am Computer erfolgt.

Culture-fair:
Bezeichnung für Tests, welche sprachfrei sind und die daher, ohne den Test (z. B. durch Übersetzen) zu verändern, kulturübergreifend eingesetzt werden können.

Deterministische Modelle:
→ Latent-Trait-Modelle, nach denen das Antwortverhalten vollständig durch → Item- und → Personenparameter bestimmt ist.

Differentielle Indikation:
Auswahl eines von mehreren möglichen Therapieverfahren zur Behandlung der vorliegenden Symptomatik.

Differenzierung:
Fähigkeit eines Tests, die Leistungen der Probanden durch die mittleren Lösungswahrscheinlichkeiten der → Items zu unterscheiden.

Distraktoren:
Aufgabenirrelevante Reize, die in einen Test aufgenommen werden, um von den relevanten Reizen abzulenken.

Durchführungsobjektivität:
→ Objektivität, welche gegeben ist, wenn durch eine standardisierte Testsituation kein Einfluss des Testleiters auf das Antwortverhalten des Probanden besteht.

Durchstreichtests:
Form von → Konzentrationstests, bei der in einem vorgegebenen Zeitrahmen möglichst viele vorgegebene → Items durchgestrichen und → Distraktoren ignoriert werden müssen.

Dynamische Tests:
Form von → Entwicklungstests, bei denen, neben den eigentlichen Testphasen, Trainingsphasen in den Testverlauf integriert werden, um den Effekt von Fördermaßnahmen für die Probanden besser vorhersagen zu können.

Eigenanamnese:
Erhebung von Daten zur aktuellen Symptomatik sowie subjektiver Krankheitstheorien und Erklärungsmodelle durch Auskünfte des Patienten (→ biografische Anamnese, → Fremd-, → Krankheitsanamnese).

Eigenschaftsorientierte Diagnostik:
→ Eignungsdiagnostik auf der Grundlage einmaliger Messungen (→ Statusdiagnostik).

Eignungsdiagnostik:
Diagnostik der Befähigung von Bewerbern mit dem Ziel, die berufliche Leistung und Zufriedenheit zu optimieren (→ eigenschaftsorientierte Diagnostik, → situationsorientierte Diagnostik).

Entwicklungstests:
Tests, welche zur Feststellung von Lernpotenzialen und Lernvoraussetzungen bei Kindern eingesetzt werden (→ dynamische Tests).

Existenzaxiom:
Grundannahme in der Klassischen Testtheorie, wonach der Erwartungswert einer Person

in einem Test dem wahren Wert der zu erfassenden Merkmalsausprägung bei dieser Person entspricht (→ Axiom).

Formelle Schulleistungstests:
→ Schulleistungstests, welche auf der Grundlage psychometrischer Modelle und Methoden konstruiert sind und die, durch ihre Normierung, überregionale Vergleiche von Schülern, Klassen und Schulen erlauben.

Freies Antwortformat:
Beantwortung von Testaufgaben mittels vom Probanden selbst generierter Lösungen (→ offenes Antwortformat).

Fremdanamnese:
Erhebung von Daten zur aktuellen Symptomatik durch Dritte, z. B. Vorbefunde anderer Untersuchungen, Gutachten, Informationen von Angehörigen (→ biografische Anamnese, → Eigen-, → Krankheitsanamnese).

Funktionsstörungsprofil:
Profil der neuropsychologischen Defizite eines Patienten, welches zugleich die Grundlage für die Einschätzung des → rehabilitativen Potenzials bildet.

Gebundenes Antwortformat:
Beantwortung von Testaufgaben durch eine Auswahl aus fest vorgegebenen Antwortalternativen.

Gruppendiagnostik:
Verfahren bei denen, anders als bei anderen → Gruppenverfahren, insbesondere die Interaktion der Probanden mit anderen Personen in verschiedenen Situationen berücksichtigt wird.

Gruppenverfahren:
Tests, welche so gestaltet sind, dass sie die gleichzeitige Testung mehrerer Probanden erlauben (→ Individualverfahren).

Hochbegabung:
Schüler, deren allgemeine Intelligenz mindestens zwei Standardabweichungen über dem Populationsmittelwert liegt, gelten als hochbegabt (→ Achiever, → Underachiever).

Indikation:
Zuordnung von Patienten zu einer der vorliegenden Symptomatik angemessenen Behandlungsform (→ selektive-, → adaptive-, → differentielle Indikation).

Individualverfahren:
Tests, welche so gestaltet sind, dass zu einem Testzeitpunkt jeweils nur ein einzelner Proband getestet werden kann (→ Gruppenverfahren).

Informelle Schulleistungstests:
→ Schulleistungstests, welche direkt vom Lehrenden entwickelt werden und vorwiegend der direkten Leistungskontrolle einzelner Schüler und der Lehrplanung dienen.

Inhaltsvalidität:
Gültigkeit der im Test enthaltenen → Items als repräsentative Stichprobe aus allen möglichen Items.

Intelligenztests:
Tests, welche der Erfassung von quantitativer und qualitativer intellektueller Leistungsfähigkeit dienen.

Interessentests:
Tests, die vornehmlich auf die Erfassung von relativ stabilen und in der Persönlichkeit verankerten Handlungstendenzen bezüglich eines konkreten Gegenstandes ausgerichtet sind.

Interpretationsobjektivität:
→ Objektivität, welche gegeben ist, wenn verschiedene Testanwender bei gleichen Testergebnissen zu den gleichen Schlussfolgerungen gelangen.

Inter-Rater-Methode:
Methode zur Bestimmung der → Reliabilität von Ratingskalen, bei der die Übereinstimmung des Antwortverhaltens verschiedener Urteiler ausschlaggebend ist.

Item:
Eine einzelne Frage oder Aufgabe in einem Test oder Fragebogen.

Itemanalyse:
Untersuchung einzelner → Items hinsichtlich ihrer Eignung zur Aufnahme in einen Test, welche sich aus der Untersuchung von → Schwierigkeitsindex, → Itemvarianz, → Itemhomogenität und → Trennschärfe zusammensetzt.

Itemcharakteristische Funktion (IC-Funktion):
Mathematische Funktion, in welcher die Ausprägungen von → Personen- und → Itemparameter festgelegt sind.

Itemhomogenität:
Ausmaß inhaltlicher und formaler Einheitlichkeit eines → Items.

Iteminformationsfunktion:
Funktion, die angibt, wie viel Information ein → Item über die Merkmalsausprägungen verschiedener Personen liefert und die mit dem Grad der Übereinstimmung von → Personen- und → Itemparameter variiert.

Itemparameter:
Numerischer Kennwert für die Schwierigkeit oder Anforderung eines Testitems.

Item-Response-Theorie (IRT):
Theorie, die zwischen (direkt beobachtbaren) → manifesten Variablen und (übergeordneten) → latenten Variablen unterscheidet und die Rückschlüsse von manifesten zu latenten Variablen zulässt.

Itemvarianz:
Maß, welches die Fähigkeit eines → Items angibt, zwischen den Probanden einer Stichprobe zu differenzieren.

Klassische Testtheorie (KTT):
Theorie, nach der sich ein individueller Messwert aus wahrem Wert und Fehlerwert zusammensetzt und die zu klären versucht, welchen Anteil der wahre am gemessenen Wert hat.

Klinisches Interview:
Diagnostisches Gespräch, in dem die anamnestischen Daten des Patienten erhoben werden, um einen möglichst komplexen Eindruck über dessen Gesamtbefindlichkeit zu erhalten (→ Eigen-, → Krankheits-, → biografische Anamnese).

Klinisch-neuropsychologische Diagnostik:
Diagnostik der Auswirkungen von Schädigungen und Veränderungen des zentralen Nervensystems auf die menschliche Informationsverarbeitung.

Klinisch-psychologische Diagnostik:
Diagnostik psychischer und psychosomatischer Erkrankungen, welche in erster Linie der Stellung einer → Indikation dient.

Konsistenzanalyse:
Erfassung der → Reliabilität durch Bestimmung der Korrelationen zwischen den einzelnen → Items eines Tests.

Konsistenzeffekt:
In sich stimmige Beantwortung aufeinanderfolgender → Items, wenn beim Probanden der Eindruck entsteht, dass sie das gleiche Merkmal erfassen.

Konstruktvalidität:
Maß, in dem aus dem Antwortverhalten eines Probanden in einem Test auf Persönlichkeitskonstrukte, die diesem Verhalten zugrunde liegen, geschlossen werden kann.

Kontrollskalen:
→ Lügenskalen.

Konzentrationstests:
Tests, welche die Fähigkeit erfassen, sich aufgabenrelevanten Reizen über längere Zeit hinweg zuzuwenden, während irrelevante Reize ignoriert werden (→ Durchstreichtest, → Rechentest).

Krankheitsanamnese:
Erhebung des Bedingungsgefüges, welches
die aktuelle Symptomatik des Patienten
umgibt (→ biografische Anamnese).

Kriteriumsvalidität:
Maß, in dem die Testdaten einer Person mit
ihrem Verhalten außerhalb der Testsituation
übereinstimmen.

Künstliche neuronale Netzwerke:
Modelle, die mehr oder weniger deutlich den
neuronalen Netzwerkstrukturen des Gehirns
nachempfunden sind und die sich u. a. als
Schätzverfahren zur Mustererkennung und
Musterklassifikation einsetzen lassen.

Latente Variable:
Nicht unmittelbar beobachtbare Fähigkeit
oder Disposition einer Person, welche die
Ausprägung einer bestimmten → manifesten Variable bedingt.

Latent-Trait-Modelle:
Statistische Modelle, die davon ausgehen,
dass das Antwortverhalten auf ein → Item
entweder vollständig durch die Ausprägung
von → Item- und → Personenparameter
(→ deterministische Modelle) oder durch die
stochastische Beziehung beider Parameter
bestimmt sind (→ probabilistische Modelle).

Lehrzielorientierte Tests:
Mündliche oder schriftliche Tests, mit denen
nachgewiesen werden soll, inwiefern die
gezeigte Lernleistung einem bestimmten
Kriterium genügt.

Leistungsbeurteilung:
Systematische Einschätzung der von
Beschäftigten erbrachten Leistungen.

Leistungsstörungsprofil: → Funktionsstörungsprofil.

Likelihoodfunktion:
Funktion, welche die Wahrscheinlichkeiten
zur Schätzung von → Item- und → Personenparameter angibt.

Lokale stochastische Unabhängigkeit:
Voraussetzung dafür, dass in der Item-
Response-Theorie → Items als Indikatoren
für die → latenten Variablen gelten. Sie ist
gegeben, wenn bei konstanter latenter
Variable keine Korrelationen zwischen den
Items bestehen.

Lügenskalen:
Skalen, welche in Fragebögen aufgenommen
werden, um → Antworttendenzen im Sinne
→ sozialer Erwünschtheit festzustellen.

Manifeste Variable:
Beobachtbares Antwortverhalten auf Testitems, welches in der Item-Response-Theorie

als von → latenten Variablen abhängig
betrachtet wird.

Minderungskorrektur:
Korrigiert nach der Klassischen Testtheorie
die Korrelation zwischen zwei Tests, welche
zu niedrig ausfällt, wenn beide Tests jeweils
nicht vollständig reliabel sind.

Multiple-Choice-Format:
→ gebundenes Antwortformat.

Nichtsprachliche Persönlichkeitstests:
→ Persönlichkeitstests, die ausschließlich
nichtsprachliche → Items (z. B. Bilder, Zeichnungen) beinhalten und somit besonders für
interkulturelle Vergleiche (→ culture-fair)
sowie für die Anwendung bei Personen mit
geringer Lesekompetenz geeignet sind.

Nosologie:
Beschreibung der typischen Symptome und
des Krankheitsverlaufs definierter Erkrankungen.

Objektive Persönlichkeitstests:
→ Persönlichkeitstests mit geringer →
Augenscheinvalidität, bei denen das unmittelbare Verhalten in standardisierten Situationen erfasst wird, wobei sich die Probanden in der Regel nicht selbst beurteilen.

Objektivität:
Unabhängigkeit der erhobenen Daten vom
Urteil/Einfluss des Beobachters (→ Aus-
wertungs-, → Durchführungs-, → Interpretationsobjektivität).

Offenes Antwortformat:
In der Testinstruktion festgelegte strukturelle Vorgabe, aufgrund derer die Testauf-
gabe vom Probanden eigenständig beantwortet wird, z. B. in Form eines
Kurzaufsatzes oder einer Ergänzungsaufgabe
(→ freies Antwortformat).

Organisationsdiagnostik:
Psychologische Diagnostik, die der Analyse
des Erlebens und Verhaltens von Mitgliedern
in Organisationen und der Beschreibung,
Erklärung und Entwicklung personeller Ressourcen im Kontext organisationaler Strukturen dient (→ Strukturdiagnostik).

Organisationsentwicklung:
Längerfristig angelegte Veränderungsplanungen, die zumeist mit personellen und
strukturellen Konsequenzen (Wandel
sozialer Strukturen) verbunden sind.

Papier-Bleistift-Verfahren:
Tests, bei denen sowohl die Vorgabe der
Aufgaben als auch deren Bearbeitung durch
die Probanden auf dem Papier erfolgt.

Paralleltest-Reliabilität:
Erfassung der → Reliabilität einer Messung durch Vergleich der Daten mit denen eines anderen Tests, der das gleiche Konstrukt erfasst.

Paramorphe Modelle:
Statistische Modelle zur Urteilsbildung, welche die Zusammenhänge zwischen den erhobenen Informationen und der Entscheidungsfindung professioneller Diagnostiker reproduzieren.

Personalbeurteilung:
→ Leistungsbeurteilung, → Potenzialbeurteilung.

Personalentwicklung:
Oberbegriff für Maßnahmen zur Förderung spezifischer Kompetenzen von Beschäftigten und im Bereich des Managements.

Personenparameter:
Numerischer Kennwert für die individuelle Ausprägung einer Person auf einer → latenten Variable.

Persönlichkeitstests:
Tests, welche → Traits erfassen, die als Verhaltensdispositionen einer Person angesehen werden können.

Potenzialbeurteilung:
Einschätzung der beruflichen Entwicklungsmöglichkeiten von Beschäftigten auf der Grundlage → eignungsdiagnostischer Daten.

Power-Tests:
Testverfahren, welche die Güte des Antwortverhaltens erfassen und bei denen die vorgegebene Bearbeitungszeit großzügig genug bemessen ist, um keinen Einfluss auf das Testergebnis auszuüben (→ Speed-Tests, → Speed-and-power-Tests).

Probabilistische Modelle:
→ Latent-Trait-Modelle, bei denen jeder Ausprägung der → latenten Variablen eine Wahrscheinlichkeit zugeordnet wird.

Probabilistische Testtheorie:
→ Item-Response-Theorie.

Projektive Tests:
Testverfahren, bei denen meist anhand mehrdeutigen Bildmaterials Antworten eines Probanden erfragt werden, welche Rückschlüsse auf dessen Verhaltensdispositionen zulassen sollen.

Prozessdiagnostik:
(Wiederholte) Messung der Veränderung von Eigenschaften zur Beurteilung der Effektivität von Modifikationsstrategien.

Prozess- und Evaluationsdiagnostik:
Untersuchung des Verlaufs einer Erkrankung, sowie die Bewertung von Therapieerfolgen.

Psychometrische Verfahren:
Verfahren, die dem psychologischen Messen dienen.

Range:
Differenz zwischen dem niedrigsten und dem höchsten Messwert (Spannweite), der bei einer Testung erreicht wurde.

Rechentest:
Form von → Konzentrationstests, bei der in einem vorgegebenen Zeitrahmen möglichst viele, einfache Rechenaufgaben erledigt werden müssen.

Rehabilitatives Potenzial:
Individuelle Ressourcen eines neuropsychologischen Patienten, welche auf der Grundlage des → Funktionsstörungsprofils eingeschätzt werden und für die Prognose des Rehabilitationserfolgs maßgeblich sind.

Reliabilität:
Zuverlässigkeit, mit der eine wiederholte Messung zum gleichen Messergebnis führt (→ Retest-, → Split-Half-, → Paralleltest-Reliabilität, → Konsistenzanalyse).

Retest-Reliabilität:
Erfassung der → Reliabilität einer Messung durch den Vergleich erhobener Daten mit denen einer erneuten Erhebung.

Schuleingangstests:
Tests, welche durch die Erfassung einfacher Grundfertigkeiten prüfen sollen, ob ein schulpflichtiges Kind für die betreffende Schule geeignet ist.

Schulleistungstests:
Kenntnistests zur Erfassung fachspezifischer Kompetenzen, welche der Bewertung von Lernresultaten dienen (→ formelle und → informelle Schulleistungstests).

Schwierigkeitsindex:
Maß, welches die Schwierigkeit eines → Items als den prozentualen Anteil der korrekten Antworten an der Gesamtzahl aller Antworten auf dieses Item angibt; je größer der Schwierigkeitsindex eines Items, desto leichter ist es zu lösen.

Selbstbeobachtung:
In der kognitiven Verhaltenstherapie angewandte Beobachtungstechnik, bei der die Patienten belastende Situationen, Verhaltensweisen und damit einhergehende Gedanken, Gefühle und Reaktionen protokollieren.

Selektionskennwert:
Kennwert, welcher, unter Berücksichtigung von → Trennschärfe und Aufgabenstreuung, zur Itemselektion herangezogen wird.

Selektive Indikation:
Auswahl bestgeeigneter Therapiemethoden für einen bestimmten Patienten.

Situationsorientierte Diagnostik:
→ Eignungsdiagnostik auf der Grundlage wiederholter Messungen (→ Prozessdiagnostik), wie sie beispielsweise im → Assessment-Center erfolgt.

Soziale Erwünschtheit:
Tendenz von Probanden, → Items im Sinne einer möglichst positiven Selbstdarstellung zu beantworten (→ Akquieszenz).

Speed-and-power-Tests:
Testverfahren, welche sowohl die Bearbeitungsgeschwindigkeit als auch die Güte der Antwort erfassen und die somit eine Kombination aus → Speed- und → Power-Tests darstellen.

Speed-Tests:
Testverfahren, welche die Bearbeitungsgeschwindigkeit erfassen, wobei die Aufgabenschwierigkeit durchweg so niedrig angesetzt ist, dass sie keinen Einfluss auf das Messergebnis ausübt (→ Power-Tests, → Speed-and-power-Tests).

Split-Half-Reliabilität:
Erfassung der → Reliabilität durch Halbierung des Datensatzes und Vergleich einer Hälfte der Messdaten mit der anderen.

States:
Zeitlich (z. B. situationsbedingt) veränderliche Merkmale bzw. Eigenschaften einer Person.

Statusdiagnostik:
(Einmalige) Messung interindividueller und als zeitlich stabil angenommener Personenunterschiede.

Strukturdiagnostik:
→ Organisationsdiagnostik, welche die Unterschiede struktureller Merkmale von Organisationen untersucht.

Strukturiertes Interview:
Interview, dessen Struktur fest vorgegeben ist (z. B. bezüglich der zu stellenden Fragen und der Reaktionsweise durch den Interviewer).

Syndromatologie:
Definierung von Symptomgruppen durch das Zusammenfassen einzelner Symptome, die häufig gemeinsam auftreten.

Testbatterie:
Zusammenstellung mehrerer Untertests, welche auch unabhängig voneinander zur Erfassung eines bestimmten Teilbereichs einer Fragestellung eingesetzt werden können.

Testinformation:
Summe der Iteminformationsbeträge aller → Items in einem Test.

Traits:
Zeitlich relativ stabile Merkmale bzw. Eigenschaften einer Person (z. B. Persönlichkeitsmerkmale).

Trennschärfe:
Maß für die Übereinstimmung der Differenzierung durch ein → Item mit der Differenzierung durch den Testwert aller Items eines Tests.

Unabhängigkeitsaxiom:
Grundannahme in der Klassischen Testtheorie, wonach die Fehlerwerte aus verschiedenen Tests voneinander unabhängig sind (→ Axiom).

Underachiever:
Hochbegabte, deren Leistungen unter ihrem wahrem Potenzial liegen (→ Achiever, → Hochbegabung).

Utilität:
Nützlichkeit eines Tests, die gegeben ist, wenn das zu erfassende Merkmal praktische Anwendungsmöglichkeiten bietet und nicht durch andere Tests, welche die Gütekriterien mindestens ebenso gut erfüllen, erfasst werden kann.

Validität:
Gültigkeit einer Messung, die dann gegeben ist, wenn sie das tatsächlich zu erfassende Konstrukt bzw. Merkmal trifft (→ Augenschein-, → Inhalts-, → Konstrukt-, → Kriteriumsvalidität).

Verhaltensbeobachtung:
Erhebungsverfahren, bei dem Verhaltensweisen von Personen systematisch beobachtet und protokolliert werden, um Rückschlüsse auf die dem Verhalten zugrunde liegenden Eigenschaften dieser Personen zu ziehen.

Verhaltenskonformität:
Eingeschränkte → Verhaltensvariabilität durch bestimmte situative Faktoren, welche bei nahezu allen Probanden gleiche Verhaltensweisen hervorrufen, z. B. eine rote Ampel.

Verhaltensvariabilität:

Verhaltensspielraum in bestimmten Situationen, der gegeben sein muss, um anhand der Verhaltensdaten eines Probanden in der jeweiligen Situation auf die ihnen zugrunde liegenden eigenschaftsbezogenen Merkmale schließen zu können (→ Verhaltenskonformität).

Verknüpfungsaxiom:

Grundannahme in der Klassischen Testtheorie, wonach sich der individuelle Messwert einer Person in einem Test additiv aus wahrem Wert und Messfehler zusammensetzt (→ Axiom).

Vigilanztests:

Tests, welche die Fähigkeit erfassen, selten und unregelmäßig auftretende geringfügige Veränderungen im Wahrnehmungsfeld zu verarbeiten.

Sachregister

Christel Salewski / Britta Renner

Differentielle und Persönlichkeitspsychologie

Mit 92 Übungsaufgaben
2009. 187 Seiten. 14 Abb. Innenteil zweifarbig.
UTB-basics (978-3-8252-3127-9) kt

Was zeichnet den Menschen aus? Was macht Individuen einzigartig? Damit befasst sich die Differentielle Psychologie: Sie erforscht die menschliche Persönlichkeit. Die Autorinnen erklären zentrale Persönlichkeitstheorien und schildern, wie man Merkmale experimentell erforscht und misst. Eigenschaften wie Kreativität, Angst, Ärger, Optimismus werden besonders beleuchtet. Jedes Kapitel gibt auch den Blick in die Praxis frei: Wo setzt man Persönlichkeitsmessung und -diagnostik ein?
Definitionen, Merksätze und Kästen erleichtern das Lernen. Im Glossar werden wichtige Fachbegriffe erklärt. Übungsaufgaben fördern das Verständnis. Ideal für die Prüfungsvorbereitung!

www.reinhardt-verlag.de

Rainer Leonhart

Psychologische Methodenlehre / Statistik

Mit 64 Übungsfragen
2008. 187 Seiten. 40 Abb. 21 Tab. Innenteil zweifarbig.
UTB-basics (978-3-8252-3064-7) kt

Oftmals ein ungeliebtes Fach – aber fundierte Kenntnisse der Statistik und
empirischer Methoden sind für angehende PsychologInnen unverzichtbar!
Dieses Basislehrbuch vermittelt die Grundlagen in kompakter Form und
hilft beim Pauken für die Prüfung. Die Zusammenstellung und Vermittlung
des Lehrstoffes ist insbesondere für Bachelor-Studiengänge geeignet.

 reinhardt
www.reinhardt-verlag.de

Margit Stein
Allgemeine Pädagogik

2009. 170 Seiten. 14 Abb. 25 Tab.
UTB-basics (978-3-8252-3215-3) kt

Grundbegriffe, Forschungsfelder und wissenschaftliche Methodik der Allgemeinen Pädagogik werden in diesem Buch verständlich dargestellt. Erziehung, Bildung und Lernen werden definiert und im Zusammenhang mit aktuellen gesellschaftlichen Entwicklungen und erziehungswissenschaftlicher Forschung vorgestellt. Ein Blick auf die AdressatInnen von Bildung und Erziehung und ein Überblick über die Forschungsmethoden runden diese umfassende Einführung für Studierende ab.

 reinhardt
www.reinhardt-verlag.de

Stefan Stürmer
Sozialpsychologie

2009. 190 Seiten. 12 Abb. 3 Tab. Innenteil zweifarbig.
UTB-basics (978-3-8252-3179-8) kt

Sozialpsychologie befasst sich mit dem individuellen und kollektiven Erleben und Verhalten im sozialen Kontext. Das Buch führt anschaulich in Theorien, Forschungsergebnisse und Anwendungsgebiete der Sozialpsychologie ein: Selbstkonzeptentwicklung, Beeinflussung von Wahrnehmung und Einstellungen, Verhalten in sozialen Beziehungen (z. B. Attraktion, Konflikte). Eingehend beleuchtet wird auch das Verhalten in und zwischen Gruppen: Wie entstehen Vorurteile? Was kann man bei Gruppenkonflikten tun? Prävention von Gewalt und die Förderung von Hilfeverhalten werden praxisbezogen diskutiert.

 reinhardt
www.reinhardt-verlag.de